华语教学语法

（修订本）

〔新加坡〕周清海 著

创于1897 商务印书馆 The Commercial Press

图书在版编目(CIP)数据

华语教学语法/(新加坡)周清海著. —修订本. —北京:商务印书馆,2021(2023.4重印)
ISBN 978-7-100-20009-7

Ⅰ. ①华…　Ⅱ. ①周…　Ⅲ. ①现代汉语—语法
Ⅳ. ①H146

中国版本图书馆CIP数据核字(2021)第116253号

华语教学语法(修订本)
〔新加坡〕周清海 著

商 务 印 书 馆 出 版
(北京王府井大街36号 邮政编码100710)
商 务 印 书 馆 发 行
北京虎彩文化传播有限公司印刷
ISBN 978-7-100-20009-7

2021年8月第1版　开本880×1230 1/32
2023年4月北京第2次印刷　印张10⅞

定价:68.00元

再版序言

《华语教学语法》2003 年由新加坡玲子传媒出版。编写这本书的目的与重点，我在本书前言里有交代。

这二十几年来，我对全球华语的看法仍旧没有改变。在语言规范方面，我一向强调华语必须有共同的核心，各地区的华语共同向这个核心靠拢，但我们也需要容忍语言的地区变体。只有在大同之下包容小差异，才有助于华语走向世界。

从 2003 年到现在，在中国和华语区朋友们的支持下，我们编成了《全球华语词典》《全球华语大词典》，同时也提出了“大华语”的概念，促成了“全球华语语法研究”项目。这是因为我和朋友们都觉得我们对华语文的未来负有责任。

2020 年 3 月 19 日，商务印书馆和传神语联网网络科技股份有限公司(Transn)签约，借助互联网、人工智能、区块链技术，升级《全球华语大词典》的编纂形式，要使词典成为全球华人共建共创共享的、图文影音多维全息的“大”词典。这是华语全球化的工程。我在签约视频上发言说：

《全球华语词典》解决了沟通的问题。《全球华语大词典》强调语言和谐，现在和传神公司签约，合作编纂《全球华语大词典》的融媒体版，真正做到了汉语是中国的，也是世界的。

这本教学语法书，就是在“汉语是中国的，也是世界的”(李宇明)

这个观念下编成的。当初编写时,我并没有那么明确地提出这个概念。

过去的几年,除了上面的工作之外,我在语言规划、华语研究以及华语教学等方面也发表了一些论文,但并没有改写旧作的打算。

新加坡南洋理工大学国立教育学院中文系主任胡月宝教授却建议我将《华语教学语法》修订后再出版,因为学院的学员仍需要这样的教材。她说:“老师,您一定要健康快乐,也希望您考虑重新再版您的重要著作《华语教学语法》,以便让更多后辈学习。”我重读了这本书,也发现有修订的价值。因为这本书所秉持的语言观念,适合今天的语言发展形势。我更期望这本书能成为华语区师资培训的共同语法教材。

感谢张连航、王晓梅和胡月宝三人的序言。他们肯定我所做过的事,让我感觉无比温馨。

商务印书馆卢娟责任编辑非常细心地校读书的初稿,尤其是注释部分,付出了不少心力。我也必须郑重地向她道谢。

周清海

2020 年 5 月 4 日

兼收并蓄，尊重差异

——贺周清海教授《华语教学语法》再版

张连航
香港教育大学人文学院副院长

二十世纪九十年代，曾有一段时间香港几所高校轮流举办国际语文学术研讨会，讨论中英文教学的课题。周清海教授常常被邀请做主题演讲嘉宾，在大会上常能听到他对语言政策和语文教育的睿智发言，我每次参加都大有收获。那时候正值香港回归祖国前后，周教授的许多看法、建言，常引人深思反省。香港教育大学中文系（当时仍叫香港教育学院）拿到香港特区政府优质教育基金的研究课题"在香港小学及初中使用普通话教授中国语文科的可行性研究及普通话作为课堂教学语言课程的设计"，请他任顾问。他欣然答允，更建议我们研究团队到新加坡考察，看看新加坡语言教学的情况。那一个研究项目，让我对新加坡的语言政策、语言环境及教学等，都有较深入的了解，同时亦更佩服周教授的眼光。

其实对周教授的认识，应该来自他在《中国语文》发表的一篇文章《两周金文里的被动式和使动式》(1992)，在那个年代研究"两周金文语法"是非常前沿的。将上面两个形象联系在一起，其实并不容易。古典的、纯学术的和现代的、重实用的，这也是后来我不断询问他为什么有这种转变的原因。但是有一点可以肯定，就是他的学养贯通古今,研究扎实专精,这让他在两个领域都处于研究的前沿。

2004年,我有幸从香港到新加坡南洋理工大学国立教育学院工作,跟周教授在一个系。那几年的经历非常难得,我有机会跟新加坡三代语文学者一起工作,当时的教研生活真是非常开心舒畅。由于都研究语言,我被分派任教“现代汉语”课。这里的学术风气非常自由,各位老师都有自己的教学材料或参考文献,但是我们还是选择了周教授的《华语教学语法》作为参考书,讲课的框架也跟着他的思路。《华语教学语法》除了解说详细,例句丰富外,更附有大量的习题,让学生可以练习巩固。而另一个特点是,它不采用专家语法的撰述方式,而是考虑语文老师的修养及将汉语作为一语、二语教学时的具体需要。在教学内容上,也随时点出新加坡华语语法的特点作为对比。我在使用这本书教学时,确实增长知识,教学相长。

周先生的书我大都读过,他的课我也上过。总结他的特点,我觉得可以用“贯通古今、尊重异同”来概括。这种百川归海、兼收并蓄的态度,令他的学问及著作很有个人风格。周先生在新加坡教书育人四十多年,到现在还孜孜不倦花精神仔细修订他的著作,我们作为后辈的都了解原因。他的大局观非常犀利,眼光深远。目前,华语在全世界非常红火,学习华语的人数不断上升。根据国家汉办的统计,近年学习的人数已经超过一亿。周先生认为当华语要走出中国、成为国际语言时,使用者、学习者会不断改变华语的面貌,而这种语言的地方变异,才是令华语成为国际语言的关键。那么,如何配合这种发展趋势?如何引领学习者的方向?这是他多年来一直念兹在兹的心事。他所提出的“大华语”概念,多年来,经过他不断努力,已经被更多专家学者所接受。他目前修订著作,对政策、发展趋势提供意见,都是在为这个大趋势做准备,引导方向,夯实基础。

我很幸运在教研生涯中曾经在新加坡南洋理工大学工作了五年，也感激周教授不嫌弃，让我可以跟他学习探讨语言研究的课题。能有幸为这本书写上几句话，大概是因为我在新加坡南洋理工大学教书的时候，亲自使用过他的书，见证了学生学习时的效果。而这么多年的相处，有无数次机会聆听教益，了解他的一些想法。所以我尝试说说这些，以志本书再版的因缘。

2020 年 3 月志于香港

华语情怀、国际视野

——学生眼中的周老师

王晓梅

厦门大学马来西亚分校中文系主任

2019年10月20日，老师发来微信，邀我为《华语教学语法》写序，并即刻将书稿发了过来。惶恐间，我不知该如何反应。自己的资历尚浅，从未为学术著作作序，更何况是恩师的大作。老师的用意不难揣度，这不是他第一次让学生给自己作序，这一次也邀了新加坡的月宝和香港的连航。身在马来西亚的我，深知老师近年来对马来西亚华语研究的关注以及对全球华语事业的推动，而这本《华语教学语法》是老师学术理念的具体体现。怀着敬畏之心，我想我能做的首先是把老师的大作仔细通读一遍，并与2003年的版本进行比对。捧书夜读，我发现这本书的内涵远远超过书名的范围，它虽然为语法教学而写，但是却贯穿了老师对现代汉语语法的前瞻性思考。首先，老师对新加坡华语语法的观察与描写十分到位，既有语言事实的描写，也指出其与普通话的异同，尤其是一些细微的差异。例如，新加坡华语的量词"个"与"位"的差异正在逐渐消失。其次，老师善于联系古代汉语来描写现代汉语语法。老师古汉语功底深厚，2006年曾出版《文言语法纲要》，一直以来也主张打通古代汉语与现代汉语的学习。例如，他在书中解释短语与宾语时，就介绍了相关结构在古汉语的情况。此外,《华语教学语法》的习题也很有特色,除了基础练习之外,更多的是启发式的题目以及联系相关文献进行观点分析的题目,当然还有大量的针对新加坡华语语法现象的专项练习,无处不体现老师的用心。这个版本也增加了阅读资料一项,让学生可以通过这些参考文献拓展思路、延伸学习。而且,这些阅读资料基本都是经典著作或者语法大家的论文,体现了老师向经典致敬的精神。掩卷沉思,我折服于老师的华语情怀和扎实学风,也不禁回忆起与老师二十几年的师生情谊。

二十二年前,我在北大五院二楼楼梯尽头的会客室里第一次见到周老师。他是我见过的第一位新加坡人,也是第一位新加坡教授,而且是语言学教授,温文尔雅,笑容可掬。谁知就是这次见面,改变了我人生的方向,把我从四季分明的温带带到了烈日炎炎的赤道,开始了我的热带经历。老师在二十多年前就看到了中新学术交流的重要性。他说:"让中国学生来新加坡读研究生,认识东南亚,将来回中国就不一样了。"虽然我毕业后没有回国,但是也留在了东南亚。二十年后,我把周老师请到了厦门大学马来西亚分校人文大讲堂,为厦大师生开讲《大华语与马来西亚》。看着满头银发的周老师,感触颇深。二十年的光景一闪而过,这位"谦谦君子"智慧的光芒却越发耀眼。我很庆幸自己的生命在不同的阶段都受到这束光的照耀,他或在一旁亲切地注视,或伸出手扶助一把,或将洞见亲授。而且,他生命的光芒不吝于分享给任何人,尤其是对后辈,他都以宽广的胸怀将他们拥抱,就像疼爱自己的孩子一样。面对这样一位长者,除了感恩,就只能以自己的实干和成绩来报答了。

周老师的回忆录题为《人生记忆——一个华文教学者的回忆》,这是周老师一贯谦逊的用词。他经常自谦为"华文教学者",而他的贡献又何止于华文教学呢？如果要总结周老师的“学术成果”，那么至少有三个层面的贡献，而且是层层递进的三层。

首先从华文教学说起。周老师在新加坡南洋理工大学国立教育学院任职最久，担任中文系主任多年，华文教学(尤其是新加坡的华文教学)一直是他最关心的。可以说，新加坡大多数的华文老师都是从周老师的课堂里走出去的。结合新加坡的华文教学实际情况，周老师提出了很多有建树的观点。例如针对文言文教学，他主张按照主题，将现代文与文言文组织在同一单元，让学生结合现代，理解古代。周老师华文教学方面的成果颇丰，除了《华语教学语法》之外，还有《文言语法纲要》《全球化环境下的华语文与华语文教学》等著作。更为重要的是，他培育了很多华文教学领域的研究者，为教育学院中文系奠定了良好的研究基础。这些都是对新加坡华文教育的直接贡献和宝贵财富。当年，教育学院的校园位于武吉知马的植物园旁，绿意油油。偶尔在长廊间看到周老师的身影，虽不伟岸，但很坚定，整齐的长袖衬衫下是一丝不苟的灵魂，这是一个华文教学者的形象。

如果说致力于华文教学是为新加坡而奋斗，那么周老师对于中华语言与文化的研究则是源自兴趣与对文化之根的呵护。他于1994年创办了南洋理工大学中华语言文化中心(CCLC)，推动了若干个东南亚语言与文化的研究课题，邀请中国大陆学者前来访学，促进了中国与新加坡的学术交流与合作。我也是在这样的机缘下，在陆俭明教授的推荐下，成为CCLC第一批中国研究生，在华裔馆红色大门后度过了两年研究生涯。周老师领导中心十年，缔造了很多辉煌，出版了很多学术研究成果，例如《新加坡华语词汇与语法》一书是第一本系统研究新加坡华语的著作，引用率非常高。周老师对于中华语言与文化的推广，显然早已跳脱出新加坡，是站在更高的层次上看这个问题的。从这个意义上来说，作为中华语言与文化的研究者，周老师是大家的，是中华文化圈的。

智者的脚步是从不停歇的，智者的视野总是高于普通人的。周老师不仅是一位杰出的学者，他也愿意做一位中华语言与文化的推广者与思考者。他审时度势，与时并进，于 2007 年促成了新加坡南洋理工大学孔子学院的成立，并担任理事长。他这么做无非是想建立一个新的平台来传播中华语言与文化，而这个平台又与正在崛起的中国密切相关。即使年近退休，周老师都没有停下他的脚步。他似乎越活越年轻，对于华语的发展与研究不断提出新的想法与建议。这些想法酝酿了很久，终于得到了学者们的响应。首先是《全球华语词典》(2010)的出版，然后是《全球华语大词典》(2016)的出版，紧接着是“全球华语语法”课题的启动。这一系列的国际合作课题是在“全球华语(大华语)”理念的推动下进行的，体现了这一代学人的前瞻性和国际视野。可以说，这些项目本身就是功德无量的，是具备宏观视野的跨国语言规划。作为马来西亚课题小组的成员，我有幸参与了这些重大项目的调研，深深地被周老师这一辈学者的风范折服。他们智慧与谦虚并存，重大我，轻小我，值得敬仰。

与周老师漫步厦门大学马来西亚分校芙蓉湖畔，他说现在脑子里还有一些想法，华语区应该加强双边与多边关系，增加交流，了解彼此，让华语成为连接彼此的纽带。正如周老师在人文大讲堂上的演讲所说，马来西亚在“大华语”的进程中应该扮演重要的角色，尤其是人力资源方面。他坚信厦门大学马来西亚分校中文系大有可为，并寄予厚望。周老师似乎已经绘就了一幅画卷，里面政通人和，国与国之间，人与人之间，因语言而相通，因语言而连接。

二十年弹指一挥间,从北京到新加坡,再到香港,最后到马来西亚,我走出的每一步背后都有周老师注视的目光。这目光亲切、温暖、熟悉,有时甚至让人感动落泪。我为有这样一位“华语情怀、国际视野”的老师而自豪。周老师,谢谢您!感恩有您!

2019 年 10 月 31 日

海纳百川、春风沐人

——贺《华语教学语法》再版，兼记周清海恩师

胡月宝

南洋理工大学国立教育学院中文系主任

1989年，我于新加坡教育学院接受为期一年的教师培训课程。那时，学院校园位于空气清新、林荫茂密的植物园旁。“教学应该让人如沐春风”，周老师在给我们上“中学华文教学法”的第一堂课上这么说。这句话犹如那天从植物园徐徐送来的晨风，从此温暖着我的心房。于是，我秉承了化作一阵春风的信念，在日后的教学道路上，把教育的蒲公英种子，吹送出去。

那时，由于台湾大学国文系课程里缺乏现代语法课，我深感不足。于是便在入职一年后，报读了由周老师主讲的《现代华语语法》短期课程。那一个学期里每周一次两小时的语法课至今仍历历在目；周老师福建乡音稍浓，字字轻吐却力道十足，中气十足的嗓音至今亦犹在耳际。那时，我老老实实地记下老师深入浅出讲解的一条条语法规律，仔仔细细地听着周老师貌似信手拈来，实则辛苦研究出来的，一个个来自生活、出自经典的例子。本土的、中国港台的、中国大陆的；现代的、古典的；报章上的、文学典籍里的……缤纷多彩。如今，再次翻读着老师重新审定、即将再版的书，字里行间不断跃出的尽是学生时代上课的情景，也更能感受到老师这些年来所下的苦功。

与此同时,我也深感汗颜,身为后辈的学人恐怕再也无法有此博古通今、纵横四海的深厚功力了。

语法于我,是语言中的数学,其实也是我的软肋。但是,周老师讲语法,特别清楚,容易明白。老师总是在每一次课后都提供变化丰富的语言素材充作练习题,不管是来自生活的语言,抑或是摘自文学经典中的文学语言,都让人感觉语法生动有趣,不那么枯燥乏味了。这与老师平日说话的风格一样,极少长篇大论,说理总是三言两语,实实在在、意简言赅;但事实论据却让人容易信服,也难以辩驳。

周老师立足赤道小岛,却纵观世界。讲华语语法、论大华语,视野都更远大、更宽广,这也是令人望尘莫及的。老师做事,也总有大局观,往来交流的学者遍布世界,所开拓的语言研究项目,团队都能囊括来自中国大陆、香港和台湾各地著作等身的知名学者。周老师提携后辈,也总是不遗余力,为新加坡高等教育学府培养了不少接班人。弟子不才,只能谨记老师谦虚为人、海纳百川的待人处事之道。

周老师的语法教材,绝版多年,一书难求,后来的人都苦寻不得。如今能再次看到老师修订后、更具有大华语区域语言色彩的语法教材,令人欣喜万分。

2020 年 3 月 1 日凌晨

旧版前言

关于语法教学，我一向主张语文教师必须掌握一套完整的、成系统的语法知识。有了这一套语法知识，在面对教学中的语法问题、为语言学习者解决语法困难时，语文教师才有办法做到知其然也知其所以然，才有办法更好地解释语法现象，设计更灵活的教学方法。

语文教师如果没有成系统的语法知识，那么不只课堂教学会受影响，连批改学生的作业也不能充满信心地决定哪一个词是用得正确的、哪一个句子是对的，更没有办法用浅近的语言向学习者解释他们所犯的语言错误。

成系统的语法知识固然是重要的，但课堂上的教学，我却不主张成系统地教语法，而强调根据课文的需要、学习者的需要，结合词语教学和课堂活动，随机讲授语法。因为对语言学习者而言，应用语言的能力才是最重要的，而不是成系统的语法知识。只有对所教学的语言的语法结构有深入的了解，语文教师才能更准确地把握教学重点，才能随机教学语法。

在语言规范方面，我主张华语必须有共同的核心，这样各地区的华语才能共同向这个核心靠拢，但我们也需要容忍语言的地区变体。只有在大同之下，包容小差异，才有助于华语走向世界。

本着上述的信念，我编写了这本教学语法书。本教材既提供一套成系统的教学语法知识，同时也突出语法教学的重点；既注意普通话的语法规范,同时也指出不同语言变体的语法现象。

我用本教材,在南洋理工大学国立教育学院中文系对不同课程的华文教师讲授语法已经有二十几年了。这二十几年来,不断地修改、补充——尤其是补充了许多语文教师日常教学中可能碰到的例句。我充分考虑语文教师的需要,少谈理论,多解决实际问题。我相信这套语法教材对华文教师学习与教学语法一定有帮助。

最后,我得感谢这二十几年来参加课程的同学。他们上课后的反馈,给我提供了不少修改的思路。同事符慧菁、林惜莱帮我上语法辅导课,她们也提议改进书中的一些说明,校正一些别字。吴英成教授也曾经用本教材讲授语法,并且提议我使用现在这个书名。和他们共事,是愉快的经历,也在这里向他们道谢。

三十多年的教育与研究工作,能有一些成绩,都是在家人的关心与爱护下才取得的。就把这本书送给内人丽珍,孩子翔志、欣燕和翔翰。

周清海

2003年5月6日

目 录

第一章 概论

1.1 汉字分类

汉字是记录汉语的符号。**汉字可以分为三类：**

第一类，有读音和形体，但没有意义，如"徘""徊""垃""圾""玻""璃"等。这类汉字，一个字只代表一个音节。

第二类，有读音，有形体，有意义，但不能独立运用，如"语""度""观"和"第"等。这类汉字，一个字是一个语素。这是指现代汉语说的，**在古代汉语里，这一类语素也能独立应用，所以也是词**。例如"有朋自远方来"的"朋"，在古代汉语里是一个词，而在现代汉语里却不能独用，只是一个语素。"父"在古代汉语里可以独用，在现代汉语里，却必须说"父亲"。"快"在古代汉语里能独用，表示"快乐"，现代汉语里除了"心里不快""大快人心"之外，一般都得用"快乐"。"快"当"速度高"，和当"锋利"的"快"("快刀斩乱麻"和"这把刀很快")，都能独用，都是词。

第三类，有读音，有形体，有意义，而且能够独立运用，如"人""从""铁"和"线"等，这一类汉字是语素，也是词。

1.2 语素

语素是**最小的**、**有意义**的语言单位。**所谓有意义，不只是指词汇**

意义，也包含语法意义。

如“步行”“落实”的“步”和“行”，“落”和“实”都有意义，而且意义都比较实在、具体，是具有词汇意义的语素；“者”“族”“们”和“呢”等，虽然没有具体的词汇意义，但“者”“族”可以构成词，如“记者”“研究者”“上班族”“追星族”等，表示从事某一类工作或喜欢做某一类事的人；“们”用在和人有关的代词或者名词后边，如“他们”“人们”“朋友们”“研究者们”等，表示复数；“呢”“吗”用在句子后边，表示提问。这些字都有一定的语法意义，因此，也都是语素。

一个语素可以有几个意思，只要这几个意思联得上，都只能算一个语素，如“温度”“量度”和“制度”里的“度”，只能算一个语素。如果这几个意思互相之间没有关系，就是几个不同的语素，如“本子”和“根本”里的“本”，就是两个不同的语素。

1.2.1 汉语的语素绝大多数是单音节的。上面 1.1 节中，第二和第三类的汉字，都是单音节语素。也有多音节的语素，如“逻辑”“玻璃”“垃圾”“犹豫”“从容”“法西斯”“凡士林”等[①]**。“啤酒”“酒吧”“咖啡”都是两个音节的语素，“啤”“吧”“咖”“啡”都是一个音节的字，而不是语素。但现在出现了“扎啤”“黑啤”“白啤”，“奶吧”“网吧”，“冷啡”“热啡”，等等，使“啤”“吧”“啡”变成有意义的语素。也有一个汉字代表两个音节、两个语素的，如“浬”和“瓩”，分别是“海里”和“千瓦”。但这两种语素，在现代汉语里只占少数。**

1.2.2 从运用上说，语素可以分为三类：

第一类是能独立运用的，叫**自由语素**，也就是**词**，如“人”“从”

---

① 吕叔湘(1979:15)：“有很多双音节，里边是两个语素还是一个语素可以讨论，例如含胡（比较含混、胡涂），什么（比较这么，那么，怎么）。”

"新"等。这一类语素除了能独立运用之外,也可以和别的语素组成多音词,如"人民""从前""新鲜"等。也就是1.1所说的第三类汉字。除了感叹词和助词以外,差不多所有的自由语素都可以和别的语素组成多音词。自由语素的独用,有的是有限制的独用,如"要",除了"你不要要我"之外,还有"要把戏、要花招"等,但"嗑",就只有"嗑瓜子"了。

第二类是**半独立语素**,如"民""级",只能构成"人民""民主""等级""级别"等词,但不能独立运用。这类语素组成词时,具有意义,而且位置不固定,如"人民"的"民"在后边,而"民主"的"民"却在前边。在某些语体或短语中,有些半独立语素也可以单独运用,如"本报记者摄"的"摄",正常的情况只能用"拍摄";"金枝玉叶"里的"金"和"玉"平常可以独立应用,但"枝"和"叶"平常是不独立运用的,只说"树枝""叶子",或"枝繁叶茂"。

第三类是不能独立运用,意义比较空泛,而且位置固定的,叫**黏着语素**,如"第""们""儿"等。这类语素也叫"语缀"。当然也有一些位置不固定的,吕叔湘称为类前缀和类后缀,如"员""品""物""界"等①。这第二类和第三类就是1.1所说的第二类汉字。

1.2.3　同一个字,有时是不同的两个语素,如"等",在"你等我"里是独立语素,但在"等待""等级"里却是半独立语素。同一个汉字"等",一个是独立语素,另一个是半独立语素。而作为半独立语素的"等",具有两个不同的意义。"花朵"和"花费"的"花",也是一个字代表两个不同的语素,因为"花"可以独用:"花开了""他花了不少钱",而"花"在这两个句子里意义完全不同,所以代表两个不同的独立语

① 关于后缀,可参考王绍新(2000:314—331)。

素。“打”在“一打铅笔”“打今天起”“打他一下”里，是一个字，但代表三个不同的意义，因此是三个不同的独立语素。

有些语素逐渐趋向虚化，位置日趋固定，如“员”，除了“员工”“员额”之外，都没有出现在前面构成新词，而“雇员”“职员”之类却不断产生新词，因此“员”一类的语素，有渐趋虚化的现象。这类语素如“手”“师”“迷”等，都从**自由语素**或**半自由语素**向**黏着语素**转化。

1.2.4 有些语素，在新加坡华语里是独立语素，但在普通话里却是半独立语素，如“面”，在**普通话**里是半独立语素，构成的词有“面目”“面额”“面色”“面对”等，一般不再用来造新词。“脸”是独立语素(词)，除了独用外，也用来造新词，如“脸盆”“脸色”等。南方方言里没有“脸”这个语素，只有“面”。新加坡华语受南方方言习惯的影响，将“脸盆”说成“面盆”，并且有“面纸”“面市”的说法。如果以普通话作为规范的标准，就该用“脸盆”“纸巾”和“上市”。现代汉语里有“面色”，也有“脸色”，“面色苍白”也说成“脸色苍白”，但只有“看人脸色”，没有“看人面色”。

“色”在普通话里是半独立语素，在南方方言里却能独用，是独立语素。新加坡华语里说“这是什么色?”的“色”，就是把半独立语素当独立语素(词)用。普通话的说法是“颜色”。

“阔”在普通话里也是半独立语素，新加坡华语里的“这条马路很阔”，是将半独立语素当独立语素用。如果依据普通话的用法，句子里的“阔”应该换用“宽”或者“宽阔”。“宽”是独立语素，“宽”和“宽阔”都是词。

表示“锋利”的**“快”**是独立语素，可以说“这把刀很快”;**“利”**是半独立语素，因此普通话不说“这把刀很利”。只有“锋利”和“快”才可以独用。新加坡华语将“利”用为独立语素。

“位”是半独立语素，新加坡华语里的“有没有位”，普通话说成“有没有位子”。

“今”除了构成“今天”“至今”外，普通话里没有“今次”“今期”的说法。中国香港的书面语以及新加坡的部分书面语受到粤语的影响，出现了“今次”和“今期”的说法，普通话都应该说成“这(一)次”和“这(一)期”。这是因为粤语里的“今”比普通话多了一个语素义。

“观”也是半独立语素，普通话只说“观察”“观看”，而香港的书面语却说：“开学初的第一个星期的观课……”，“观课”就是“课堂观察”。

“驾”是自由语素，也可以和“驶”组成双音节词“驾驶”。但“驶”却只是个语素，一般不能独用，只有在“急驶而过”“因故停驶”一类的书面短语里才独用。

“文”也是半独立语素，普通话只说“文章”。下面的句子便把半独立语素当词用：

“所”字是古代汉语中一个较难的虚词，……近几年来又有不少同志专门写文来研究它。《“所”字复议》(见《古汉语研究》第一辑第229页)

1.2.5　同一个字，语素义可能不同，如“劝”，“劝勉”“劝诱”“劝酒”“劝降”是说服人家做某事，而“劝架”“劝哭”等却是说服人家不要做某事。荀子的“劝学”用的是第一个意思。“去”既有“往”的意思，如“到你家去”“去英国”；也有离开的意思，如“去世”“去留”，以及成语“何去何从”“拂袖而去”等。在“出去”“上去”一类的双音节词里，“出”“上”表示位置的变化，“去”表示离开说话人。对于这种现象，必须明察，才能避免张冠李戴。

对语素的意义，如果不能准确掌握，就会出现语病。邢福义(2001a)曾举了下面的例子：

1993 年 6 月 20 日,某中级人民法院、某人民检察院等四个单位却贴出了这么个通告,某大城市里到处可以看到,标题是:关于**敦促**在逃刑事犯罪分子投案自首的通告。

通告对“在逃刑事犯罪分子”用“敦促”。“敦”有“诚恳”的意思,表示“尊重”,不能用在“在逃刑事犯罪分子”身上。“促”没有“尊重”的意思。通告如果用“催促”,就比用“敦促”好些。或者如邢教授的建议,改为“勒令”。

2000 年 6 月 9 日《杂文报》的《面试》一文有这样的句子:

面试开始了。按照抽签顺序,1 号候选人**率先**被召进了外企老总的办公室。(周建成,2001)

“率先”是“带头”,是主动性的行为,这里是“被召进了外企老总的办公室”,不能用“率先”,应该改为“首先”。如果了解“率”是“带领”的意思,就不会这样用。

下面的句子用了“乎于”:

向科学进军的道路是不平坦的,**明乎于此**,就不会对人们在实践中遇到的挫折大惊小怪了。(金文明,2001)

“乎”和“于”都是介词,语素意义相同,不可以连用。

1.2.6 语素也有褒贬义,“嘴”和“口”意义相近,但“嘴”多用于贬义,如“油嘴”“油嘴滑舌”“嘴脸”“嘴硬”;“口”却多褒义,如“口感”“口碑”等。这可能和“嘴”原来是指鸟类的“嘴”有关。粤方言没有这个分别,所以香港也用“口硬”。“巢”多含贬义,如“老巢”“巢穴”“匪巢”等,以及成语“倾巢而出”(又作“倾巢出动”)。“各政党的领导人都倾巢而出”就是贬义的,但写新闻稿的人显然没有贬义的语感。现在用的“共筑爱巢”,贬义就消失了。

1.2.7 周祖谟(1993:52)说:“……在词典里给出了整个词的词

义，而没有点到其中有必要解释的词素的意义。如'企图'的'企'，'情绪'的'绪'……在编者可能认为没有必要，也许觉得那样做会支离破碎，过于烦琐，不符合一般词典的体例，不过，我觉得要真正理解一个词的词义所包含的内容就应当有所说明。"周先生的看法是正确的，对语素有了正确的理解才可能准确应用词语，书写白字的现象才可能减少。

练习一

一、下面的语言单位，哪些是词，哪些是语素？

宽、阔　面、脸　快、利　色、颜色

重、沉、沉重　位、位子　裙、袜　桃、李、梨、橘

瓦　名　回　驾、驶、驾驶

（请查《现代汉语词典》以确定是词或是语素）

二、下面的词是由几个语素构成的？哪些是独立语素？哪些是半独立语素？哪些是黏着语素？

读者　蝌蚪　玫瑰　害处　初一　伟大　所有　电脑化　可爱　互联网

三、"啤酒""酒吧""咖啡"都是两个音节的语素，"啤""吧""咖""啡"都是一个音节的字，而不是语素。但现在出现了"扎啤""黑啤""白啤"，"奶吧""网吧"，"冷咖""热咖"，等等。应该怎样解释这种现象？

四、欧洲语言里，词是现成的单位；汉语却不同，"字"才是汉语的现成单位。用汉字代表的语素，不论独立成词或不成词，都是汉语表意的基本单位。在语言教学上，应该如何体现这个理解？

五、赵元任《中国话的文法》（2002b：293）说："完全没有意义的

单音节，在中文里总觉得有点别扭。”你同意吗？

六、为什么会造成下列的错误？

哀声叹气 英雄倍出 残无人道 脉膊正常

趁心如意 穿流不息 阴谋鬼计 轰堂大笑

默守陈规 陈词烂调 功亏一匮 莫不关心

七、下列成语/短语的写法，哪一个是正确的？请说明理由。

名符其实—名附其实—名副其实 度过难关—渡过难关

如雷贯耳—如雷灌耳 提心掉胆—提心吊胆 挤挤一堂—济济一堂

人才挤挤—人才济济 别出心栽—别出新裁—别出心裁—别出新栽

默守成规—墨守成规 欢渡国庆—欢度国庆 死心踏地—死心塌地

克苦耐劳—刻苦耐劳 克勤克俭—刻勤刻俭 平心而论—凭心而论

殉私舞弊—徇私舞弊 越组代庖—越厨代庖 切务喧哗—切勿喧哗

八、下列成语里画线的字是什么意思？

大快人心 快刀斩乱麻 痛哭流涕 走马看花

弄瓦之喜 去留两难 假公济私 之子于归

不胜感激 不名一文 目不转睛 同舟共济 掩耳盗铃

九、《现代汉语词典》收了“恼羞成怒”，也收“老羞成怒”，你有什么看法？

十、《现代汉语词典》对“卷”做了如下的解释：

1. 把东西弯转裹成圆筒形：把竹帘子卷起来……

2. 一种大的力量把东西撮起或裹住：风卷着雨点劈面打来……

课本的句子是：“一阵狂风吹来，卷起片片落叶。”课本的注释是“把东西弯转裹成圆筒形”。你对这个注释有什么看法？

十一、词缀都是定位语素，因此朱德熙《语法讲义》(1982：36)认为“子”是词缀，而“性、式、自”都不是词缀，为什么？

十二、下面的句子有什么特点？

1. 等到它发觉时，已经太迟了。

2. 东西这么重，你也提！

十三、语文练习问“无微不至”是什么意思，给了四个选择：

A. 照顾周到　B. 服务周到　C. 考虑周到　D. 安排周到

这有什么毛病？

十四、“救”，《说文解字》：“止也。”《论语》：“季氏旅于泰山。子谓冉有曰：女弗能救与？”（季氏要去祭祀泰山。孔子对冉有说：你不能阻止吗？）用的就是本义。《现代汉语词典》说：“援助人、物使免于（灾难、危险）：救亡｜救荒｜救灾｜救急。”《现代汉语规范词典》改为：“采取措施，使灾难或危急情况终止。”你有什么看法？

1.3　词

词是最小的,能独立运用的、有意义的语言单位。一个能独立运用的语素,也就是一个词。吕叔湘说:"一句话里边把所有可以单说的都提出来,剩下来不能单说,可也不是一个词的一部分的,也是词。例如我下午再来这句话里边,把我,下午,来提开,剩下再是一个词,虽然它不能单说。"①

1.3.1　汉语的词依照音节分,可以分为**单音节词、双音节词和多音词**,如:"我""一""羊"等是单音节词,"美丽""讨论""国家"等是双音节词,"笑盈盈""向日葵""白皮书"等是多音词。

依照结构分,词可以分为**单纯词和复合词**(合成词)。由一个语素构成的词是单纯词,如"葡萄""白兰地""我""来""看"等;由两个或两个以上的语素构成的是复合词(合成词),如"火车""分析""建议""教职员""自由主义"等。

复合词(合成词)根据不同的结构方式可以分为两大类:由两个语素构成的复合词,和由自由语素和黏着语素构成的复合词。复合词也有少部分关系不明的,如"功夫""知道""月亮"等。陆志韦等(1964:12):"实在不能归类的例子,四万多条之中只遇见一百多条。"

1.3.2　由两个语素构成的复合词(合成词):

并列式:品种　人民　帮助　动静　矛盾　开关

并列式的复合词是联合两个同义或者反义的语素组成的,如"人民"是由两个同义语素"人"和"民"组合而成的。这类同义语素组合

---

①　关于词、短语等,吕叔湘(1979:17—26)有很精辟的看法,请参考。

的词，在词义的理解上，只要了解其中一个语素的意义，就能了解整个词的意义，如“售卖、选择、阅读、邀请”等，语言学习者只要懂得“卖、选、读、请”等语素的意思，也就能了解整个词的意思。这一类词，在语文教学上是没有必要再进行词义解释的。反义语素的结合，如“动静”是由“动”和“静”组合而成的，“动”和“静”是反义语素。“开关”“冷热”都是这类结构。

并列式还有偏义的一类，如“人物”“忘记”“动静”“好歹”（他有什么好歹）“褒贬”等是并列式，而“人物”的意义偏在“人”，“忘记”的意义偏在“忘”，“动静”的意义偏在“动”，“好歹”的意义偏在“歹”，“褒贬”的意义偏在“贬”。这些都是并列式偏义词。

主从式：火车　奇迹　瓦解　云集　热爱　火热　风行　油炸

主从式的词是以一个语素为中心，另一个语素来修饰它，如“车”“迹”“解”“集”等是中心语素，而分别以“火”“奇”“瓦”“云”等为修饰语素。中心语素在后，修饰语素在前。“瓦解”和“云集”里的“解”和“集”都是动词性语素，用“瓦”和“云”这类名词性语素来修饰。用名词性语素修饰动词性语素，表示“像……一样地”的意思，是古代汉语的遗留。《左传·庄公八年》的“豕**人立**而啼”，“人立”，是“像人一样地站着”。这种结构的成语有“狼吞虎咽”“烟消云散”“星罗棋布”“川流不息”等。名词性语素，表示“像……一样地”，“瓦解”是“像瓦片一样地散开了”，“狼吞”是“像狼一样地吞食”，“虎咽”是“像虎一样地吞咽”，而不是“瓦散开”“狼吞食”“虎吞咽”。现代汉语口语的“猴急”“鬼混”也是用名词性语素修饰动词性语素。

“面谈”“面试”之类的词，是以“面”修饰后边的动词，表示“当面”而不表示“像……一样地”的意思。“火热”“雪白”“杏黄”“冰凉”“笔直”一类的形容词，也是用名词性语素修饰后边的成分，表示“像火一样热”“像雪一样白”“像杏一样黄”“像冰一样凉”“像笔一样直”等。

主从式的词也有少数中心语素在前，修饰语素在后的[1]，如“脚板”(比较“板鸭”，是以“鸭”为中心)、“脸蛋”(比较“鸭蛋脸”)、“骨盘”(《现代汉语词典》只收“骨盘”，不收“盘骨”)、“宅院”“卧病”等。闽南方言的“鸡母”一类词，性别的修饰语素在后，也是属于类似的结构。(如果把“片状”的东西，都叫“板”，那么，地面上的叫“地板”，脚上的叫“脚板”，用铁做的叫“铁板”，也就是修饰成分在前了，像“烟卷儿”“胶卷”等，都可以这样解释。)

动宾式：知心　出神　冒险　投票　提名

动宾式的词是由一个动词性语素，如“知”“出”“冒”“投”“提”等，和一个名词性语素，如“心”“神”“险”“票”“名”等构成的。这一类的词，应用时有的能够分开，如“出神——出了一下神”，合用时是一个词，分开时当两个词。动宾结构的词分开应用，也影响一些非动宾结构的词，如“幽默——幽了一下默”“冲凉——冲了一下凉”等。

动补式：说明　看见　完成　打倒　提前

动补式的词是由一个动词性语素和另一个动词性语素或者形容词性语素构成的，如“说”后边的补充成分是形容词性语素“明”，“看”后边的补充成分是动词性语素“见”。动补式也叫“述补式”。

还有一类由名词性语素和量词性语素构成的词，如“书本”“人口”等，是以名词性语素“书”“人”为主的，而后边补充的是量词性语素“本”“口”。这种结构的其他例子，如“纸张”“车辆”“事件”等。这

---

[1] 赵元任(2002b:439):“被修饰语—修饰语的造句次序，中文里是不可能有的。”但赵先生的结论不可靠。

一类词大部分表示复数[1]，因此**前面不能用表示单数的成分**，如不能说"一本书本"，而只能说"这些书本"；不能说"一辆车辆"，只能说"许多车辆"。如果将这类"名量"语素构成的词也包括在动补式里，那么这一类结构的词叫动补式或者述补式都不十分适当，应该称为"**补充式**"。

主谓式：民主　地震　人为　手软　头痛　肉麻

主谓式的词是由一个名词性语素和一个动词性或者形容词性语素构成的，"民""地""人""手""头""肉"是名词语素，在前面；后边的"主""震""为"是动词性语素，说明前面的成分做了什么；"软、痛、麻"是形容词性语素，说明前面的成分怎么样。

语素结合成复合词（合成词），**不同地区对语素的选择**，可能不同，因而出现不同的复合词，如"飞机起落"，新加坡有一些人用"飞机起降"。这也是语言区域变体的一种现象。

有些词，在古代汉语里是短语（词组）。"妻子"，是"妻子"和"儿子"，如杜甫诗"爷娘妻子走相送，尘埃不见咸阳桥"。"国家""社稷"等，在古代汉语里也都是短语，在现代汉语里才变为双音节词。

此外，还有重叠式和简略式的结构：

重叠式：纷纷　妈妈　渐渐　虎虎
雄赳赳　笑嘻嘻　轰轰烈烈[2]

---

① 赵元任（2002b：518—519）："名词后头加上他的量词，复合起来未必就是集体名词。例如：'一管笔'：'一个笔管(儿)'，其中'笔管'还是一个个体名词。"

② 周荐（2004：97—98）统计 32 346 个双音节复合词，得出如下的结论：可以用语法模式加以理解的共有 31 237 个，占 96.57%；无法套用语法模式解释的有 1109 个。能解释为主从的有 16 411 个，约占总数的 50.72%；动宾有 5030 个，约占 15.6%；补充的有 300 个，约占 0.93%；主谓的有 380 个，约占 1.17%；联合的有 8310 个，约占 25.7%；重叠的有 259 个，占 0.8%；剩下的是其他类型。

简略式:亚洲　优缺点　东南亚　化工

简略式所构成的词,往往有地域性的特点,如香港的“差生”(成绩差的学生)、“期末”(学期末)、“中默”(中文默写/默书)、“社经地位”(社会经济地位)、“达标”(达到目标)、“调适”(调整适应)等等。中国的“南大”是指“南京大学”或者“南开大学”,新加坡的“南大”过去是指“南洋大学”,现在是指“南洋理工大学”。《现代汉语词典》修订本收“人流”(人工流产),其他华语区域对这个词可能觉得不很自在,因为这个词容易让人把它和“水流”当作相同的结构。中国流行的带有数词的缩略词,如“三资企业”“五讲四美三热爱”等,都具有地域性的特点,只在中国大陆流行。

简略式所构成的词也应该考虑音节的因素,如“全国科学技术名词审定委员会”,简作“全国名词委”(周洪波,1999),五个音节,就让人觉得很拗口。如果用“全国名词审委”,就好多了。当然“全国名词审委”是不是就能成为“全国科学技术名词审定委员会”的简略式说法,也得看是不是被广泛接受。

简略式所构成的词能不能为全民所接受,是它存亡的关键,如“资料讯息”简缩为“资讯”,刚出现时,一般读者并不熟悉,现在却成为大家所熟悉的词了。“体格检查”在中国大陆被简缩为“体检”或“体查”,出现在书刊上时,尽管有人认为“这种现象给现代汉语的书面语带来了极大的混乱,必须及时纠正”。可是今天“体检”一词,不只见于中国大陆的书刊上,还出现在口语里,收入词典之中,并且也为其他华人社区所采用。“体检”之所以能稳定下来,而“体查”之所以不能稳定,完全决定于语言的使用者。

任意的简缩会造成误解,如“警方突围一幢六层民宅”,将“突然包围”简缩为“突围”,便是任意的简缩。“突围”是“突破包围”,如用在“突围脱险”里。

1.3.3　由自由语素和黏着语素构成的复合词(合成词)：

黏着语素在前：第一　老鼠　其次　打量　(打理、打埋伏)

黏着语素在后：水手　好处　热度　车夫　热点

词根在中间：反殖民主义　可靠性

1.3.4　也有由三个以上的语素构成的复合词(合成词)，如“结构主义”“反作用”“地震仪”“一国两制”等。“结构主义”是由“结”“构”两个语素组成并列式的词，再和黏着语素“主义”构成四个音节的词；“反作用”是由“作”和“用”两个语素组成并列式的词，再和黏着语素“反”构成三个音节的词；“地”和“震”两个语素组成主谓式的词，再和黏着语素“仪”构成三个音节的词；“一国”是主从式，“两制”也是主从式，再构成的“一国两制”，是主谓式。

1.3.5　根据上面的分析，我们可以将现代汉语词的结构表列如下：

单纯词(由一个语素构成)

1. 单音节词：人　马　来　吃
2. 双音节词：(双声)　蜘蛛　流利
   (叠韵)　糊涂　蜻蜓
   (译音词)　咖啡　沙发
   (象声词)　叮当　淅沥
   (其他)　芙蓉　蝴蝶
3. 多音节词：阿罗汉　水门汀　亚细安　披头士
   阿司匹林　乌鲁木齐

复合词(合成词)(由两个或两个以上的语素组成)

1. 复合式：并列式　贵重　新颖　尺寸
   主从式　电脑　恶意　口试

动宾式　　　　　革命　主席　管家

动补式(补充式)　克服　提前　人口　来不及　靠得住

主谓式　　　　　眼红　心疼　兵变

2. 重叠式:星星　妈妈　冷清清

3. 简略式:特区　教改　人大　安理会

4. 附加式:前缀+词根　　　老虎　可爱　反科学

词根+后缀　　　桃子　石头　文学

前缀+词根+后缀　可靠性　反殖民主义

现代汉语的词,无论是单纯词还是复合词(合成词),都是以单音节和双音节词占多数,多音节词都比较少。主要的构词手段是复合式的,因此词的界限往往不能一望而知。

1.4 词类

根据词的语法特点,可以将汉语的词分为不同的类别。首先将意义比较具体的,能单独充当句子成分的词归为实词;没有具体意义的,不能单独充当句子成分的词归为虚词。实词包括名词、动词、形容词、数词、量词和代词;虚词包括副词、介词、连词、助词和叹词①。

大部分的实词是开放性的,也就是数量是没有限制的,只有少数是封闭性的。语言教学里对词汇的选择和控制,就是对实词的选择和控制。**虚词绝对是封闭性的**,数量是有限的。

---

① “叹词”不是表示概念的实词,也不是表示关系或附加意义的虚词,因此也可以将它放在实词和虚词之外,独立成为一类。“副词”可以充当状语,有的还能充当补语,因此有的语法学家认为其是“半虚词”。

赵元任（2002b：513）说："中文里头的词类，主要是从造句方面来辨认；构词方面的记号，就算有的话，也只是次要而已。"

练习二

一、分析下列复合词的构成方式：

压倒　压力　压迫　透彻　兄弟　睡觉　窗户

毕业　上等　心酸　文教　匆促　说穿　超额

车辆　质量　吃惊　担心　自满　匆匆　打倒

舌头　操心　步行　冰凉　世代　美化　短处

是非　勘查　富于　帮忙　入神　赏罚　散发

二、试给每一类结构举出三个词：

并列式：

主从式：

动宾式：

动补式（补充式）：

主谓式：

三、大部分的实词是开放性的，也就是数量是没有限制的。语言教学里对词汇的选择和控制，就是对实词的选择和控制。虚词绝对是封闭性的，数量是有限的。这个说明对语言教学有什么意义？

四、词由语素构成，因此教学上需要做到"以词带字，由字释词"，你有什么看法？

五、说明你如何"以词带字，由字释词"，教学下列词语：

选择　择优　择日　择友　择善而从　不择手段

书写　大书特书　书写自如　振笔直书　罄竹难书

书信　家书　书如其人

售卖　零售　零售商　售旗日　售货员　售票员

造就　造林　可造之才　（培养）

爱戴　感戴　（拥护）

无聊　百无聊赖　民不聊生　（依靠、寄托）

1.5 词汇、词语、短语

词汇是指语言里词和词语(短语)的总和,如英语词汇、汉语词汇。也用来指各种不同的词和词语的总和,如书面语词汇、口语词汇、方言词汇、小学语文词汇、经济专用词汇、《水浒传》词汇、《儒林外史》词汇,等等。词汇不能用来指单个的词。

词语是指词和短语。只有词,没有"语"(短语),就不能叫"词语";只能叫"词"。课本里的"词语解释",如果只有"词",就只能叫"生词解释",而不是"词语解释"。从现在的运用倾向看来,"词语"用作并列偏义词的现象相当普遍,意义偏在"词",而没有"语"的意思。

短语是词和词的组合,指还不能表达完整意思的语言单位。短语的意义大部分是由所组成的词的意义合成的,如"大苹果"的意义是"大"和"苹果"合成的。短语的意义如果不是词的意义合成的,这个短语便是惯用语。如"吹牛皮""拍马屁"。这类短语便必须收入词典。"半桶水"既是一般短语,也是惯用语。语气助词和其他词连用时,不能组成短语,如"你呀""来啊"等。

短语可以根据组合方式,分为以下的类别:

1.5.1 并列短语(联合短语):由两个或者两个以上词性相同的词并列构成的,它们之间的关系是平等的,没有主次的分别,如"张三王五""聪明伶俐""讨论通过"等。有时也用"和""与""及""或者""并且""而且"等虚词来连接,构成并列短语,如"勇敢和勤劳""李四和他们""去或者不去""高又大"等。

1.5.2 主从短语(偏正短语):由两部分组成,前面的部分修饰后面的部分,而以后面的部分为中心。用名词为中心的主从短语,如

“一个书包”“木头椅子”“电脑软件”;用动词为中心的主从短语,如“认真讨论”“彻底分析”;用形容词为中心的主从短语,如“非常聪明”“很清楚”等。主从短语的修饰成分和中心词之间也可以用“的”或者“地”,如“聪明的孩子”“详详细细地分析”等。

1.5.3 动补短语(述补短语):是由动词或形容词加上补充成分构成的,补充成分在后边,“分析透彻”“打扫干净”“好极了”,以“分析”“打扫”“好”为中心,“透彻”“干净”“极了”是补充成分。中心词和补充成分之间,也可以有“得”,如“美得很”“排得整整齐齐”等。

主从短语和动补(述补)短语都有主要部分和次要部分,所以有的语法书将它们归为一类,合称为主从短语。

1.5.4 动宾短语(述宾短语):前面的部分是动词,后面的部分是受动词所支配的成分,通常是名词或者代词,如“讨论问题”“交作业”“参加学会”“喜欢这个”。受动词支配的成分有时也用其他的词,如“进行讨论”“同意参加”“爱美”“讨厌肮脏”等,“讨论”和“参加”是双音节动词,分别是“进行”“同意”的支配对象。“美”和“肮脏”是形容词,是“爱”“讨厌”的支配对象。

1.5.5 主谓短语:前面的部分是叙述的对象,后面的部分是叙述这个对象做什么、是什么或者怎么样,如“他吃东西”“老师说话”“意见正确”“这是什么”等。“他”“老师”“意见”“这”都是叙述的对象,“吃东西”“说话”“正确”“是什么”都是叙述对象的成分。

1.5.6 固定短语:各个组成部分是比较固定的、不能随便更换的,如“闭门造车”“吃闭门羹”“吹牛皮”“教育学院”“体育学院”等。固定短语包括了成语、谚语、俗语以及其他专有名词等。

1.5.7 复杂短语:由短语和短语构成的,如“一个聪明的孩子”,是由“一个”和“聪明的孩子”组成的复杂的主从短语;“详细讨论你的问题”是由“详细讨论”（主从短语）和“你的问题”（主从短语）所构成的复杂动宾短语（述宾短语）。复杂短语必须有两个或者两个以上的结构层次。

一个聪明的孩子
复杂的主从短语
主从短语

昨天来的客人
复杂的主从短语
主从短语

笑得肚子都疼了
复杂的动补短语
主谓短语
主从短语

复杂短语有时有歧义，如“丢了孩子的妈妈”，如果是主从结构，就是以“妈妈”为中心，“丢了孩子的”修饰“妈妈”。

丢了孩子的妈妈
复杂的主从短语
动宾短语

如果分析为动宾结构，就是“丢了”和“孩子的妈妈”。

丢了孩子的妈妈
复杂的动宾短语
主从短语

“错怪了你的朋友”，可以是“错怪了”和“你的朋友”，构成复杂的动宾短语；也可以是“错怪了你的”和“朋友”，构成复杂的主从短语。

下列的复杂短语都有歧义：

进口电视机　　新职工宿舍

我欠你的钱　　咬死猎人的狗

错怪了你的朋友	张三和李四的朋友
我们两个人住一个房间	这是梅兰芳的唱片
撞倒小李的自行车	反对你批评张三
连我也不认识	两个学生的书包
修订改革计划	对老师们的意见

短语入句之后,歧义的现象经常就会减少,或者消失。

1.5.8 除了上面所介绍的短语之外,还有数量短语(一把)、方位短语(校门前)、连动短语(出去看看)、兼语短语(请他进来)、同位短语(校长李达利)、介词短语(对问题)、的字短语(昨天买的=昨天买的东西)、比况短语(狂了似的)等,我们留在后面各章里介绍。

1.5.9 我们也可以根据作用,将短语分为名词性短语、动词性短语和形容词性短语等。如"张三王五"是名词性短语,"聪明伶俐"是形容词性短语,"讨论通过"是动词性短语。

名词性短语包括:名词性并列短语、中心语为名词的主从短语、同位短语、的字短语。

动词性短语包括:动词性并列短语、中心语为动词的主从短语、动宾短语、动补短语、连动短语、兼语短语、主谓短语。

形容词性短语包括:形容词性并列短语、中心语为形容词的主从短语和述补短语。

如果将作用和结构合在一起给短语命名,"一个书包"就是主从式名词短语,"非常聪明"就是主从式形容词短语,"认真讨论"就是主从式动词短语。

1.6 词和短语的中间状态

有些语言单位是处于中间状态的,很难说是词还是短语。如"洗澡”一类的离合词(陆志韦等,1964),当它合用时是词,如“几天没洗澡”;分开用时,可以认为是短语,如“洗一个热水澡”。这一类的词,大多数是动宾结构的,如“出神”“冒险”“投票”“提名”等。但非动宾结构的词,也受到影响,出现这一类用法,如“提醒”“提早”“提前”都是动补结构的词,但只有“提醒”,中国大陆出现了“提个醒”的用法,而且和“给”连用,说“给我提个醒”。

“好不”用在双音节形容词之前,表示肯定,相当于“多么”的意思,如“好不高兴”“好不热闹”“好不讨厌”等,都只有“好”(“很”的意思),而没有“不”的意思。这个“好不”是一个词,是主从结构的词,但意思偏在“好”。在“好不容易”[①]里却是“很不容易”,“不”有意义,就更像主从短语。

“初院”“大专”一类的简称或简缩的说法,从意义上看,它代表短语的意义,而从形式看却更像词。这一类语言单位都是处于词和短语之间的过渡形式。简缩的说法用久了自然成为词,如“资讯”本来是“资料讯息”的简缩,现在已经成为一个词了;“外交部长”简缩成“外长”,用久了也成为词;“尽管可以”书面语里简缩成“尽可”,如果用久了也可能获得词的资格。

但是我们也不能随便简缩,如“抵场”“测验卷”“删饰”“佛徒”“茁长”“冒命”“私行”等,便是不合语言习惯的简缩。我们只能用“抵达现场”“测验卷子”“删减修饰”“佛教徒”“茁壮成长”“冒着生命”“私人行为”等。

当然,某些简缩用法如果被某个地区的人接受了,也就会成为该

---

① “好不容易”也可以说成“好容易”,经常和“才”连用,如“好不容易才找到他”和“好容易才找到他”,表达的意思相同。

地区的特殊词汇，比如香港的“社工”，是“社会工作者”的简缩，已经成为香港的特殊社区词[①]了。新加坡华文教师常用的“测验卷”，中国台湾常用的“庆生”(庆祝生日)，都有可能成为这两地的社区词。

在汉语里，短语和词的界线不是十分清楚的，比较容易转换。同一个语素，有时是词，有时是构词成分——语素；因此同一个语素的组合，便可能是词，也可能是短语；有时究竟是短语还是词，很难做出一致的判断(邢福义主编，1991：314)。

练习三

一、分析下列短语的构成方式：

学报杂志	一部字典	下了大雨	看透了	分析清楚
语言学报	他的情况	他在做报告	狼来了	聪明极了
刻苦耐劳	非常细心	完全了解	打伤了	说出去
邀请他	分析问题	买了一个书包	打破了一个玻璃杯	
唱歌跳舞	害怕误了班机	气得直掉泪	联合发表	讨论中止

二、下面的语言单位应该如何处理？是词还是短语？

洗澡——洗一个澡——洗热水澡——洗一个热水澡——洗一个痛快的热水澡

吵架——吵了架——吵了几次架

理发——理了发——理了一次发

睡觉——睡午觉——睡了一个觉——睡了一小时觉

走路——走了一下路——走了一小时的路

(参考(张斌主编，2002：22—24))

---

① 社区词是香港学者田小琳(1997)提出来的。

三、“凯旋”是“胜利归来”，“旋”是“返回、归来”。能不能说“凯旋归来”“凯旋而归”？

“夙愿”是“很早就有的愿望”，“夙”是“早、旧有的”。能不能说“长期以来的夙愿”“旧有的夙愿”？

四、下面词语的简称或简缩说法，哪些是普通话所没有的？应该如何处理这些普通话所没有的现象？

初中 陆委会 人大 五谷 彩电 党委 语文 科技 共识 创校

绝难 绝不 应得 坚拒 公投 申办 年考 受委 个展 军机

体检 展销 扫盲 表态 化纤 拨电 民警 庆生 华团

五、动词和名词的组合，有下列情形：

单音节动词和单音节名词：看书 写字 送礼

单音节动词和双音节名词：看电影 写文章 抄公文

双音节动词和双音节名词：使用价值 迟到原因 游泳姿势

发展水平 处理方法 参观人员

修理汽车 处理纠纷 参观工厂

出租汽车 学习文件 改良品种

请说明这些短语的结构关系。

六、下列短语/句子有歧义，请指出来：

听不清楚的音乐 新职工宿舍

丢了孩子的妈妈 两个学生的书包

担心工作没有必要 咬死猎人的狗

怀疑他的观点缺乏根据 江苏和浙江部分地区

我们两个人住一个房间 这是鲁迅的书

影响程度 讽刺他的小说

连我也不认识 修订改革计划

凝视着窗外的学生 在火车上写标语

许多朋友送来的礼物　　　　没有必要的批评

重要的书籍和手稿　　　　　车票和零用的钱

我在屋顶上发现了他　　　　他谁也不认识

我以前读过几篇巴金的评论　他走不好

你就写他偷车的事　　　　　这个人谁都不信

鱼不能吃

七、下列短语的歧义现象是如何消除的?

再苦不能苦孩子

多做贡献,亮丽人生

康复一人,幸福全家

八、下面三个短语是什么结构?哪一个的结构是不合理的?

亲朋好友　亲戚朋友　亲朋戚友

九、赵元任《中国话的文法》(2002b:244)说:"要是问话的主语里有个疑问词X,答话里最好就要有动词。例如,问:'谁在屋里?'答:'老王在屋里。'或'是老王。'……只有在特别的情形下,像谜语的答案跟故意唐突或冒失的答话,才不用完整的谓语,只用最简短的答法。例如,问:'什么最便宜?'答:'水'。"

新加坡华语里,对下面的提问,通常怎样回答?

谁在台上说话?什么最贵?你吃什么?

他什么时候出去?你从哪里来?他跟谁说话?

十、朱德熙《语法讲义》(1982:48)认为"兼类问题跟我们如何分析词义有关系",理由是什么?

1.7　句子

一个词或短语独立应用时，有一定的语调，就能表达完整的意思，也就是一个句子[①]。如：

① 来！

② 小明？

③ 快走！

④ 讨论问题？

⑤ 他们出去了。

短语和句子的划分，语调只是其中的一个条件而已，如"他上大学"是主谓短语，如果没有表示时间的成分，即使加上语调，也不能成为一个句子。只有"他上大学了。"才是一个句子。

短语的成句能力也各有不同，有的必须有上下文才能成句，如"说什么""渔夫满载而归"等，它们成句的能力比较弱。"我们解决了这个问题"却是不需要上下文也能成句的，它成句的能力比较强。

短语里词语的搭配，不能有超常的搭配，如只能有"打字""吃东西"，不能有"吃床""击字"。但是在句子里，却可以出现超常的搭配，如："这个看法太新加坡了。""你哪里是在打字，简直是击字。"语言教学里的造句，尤其是**小学低年级的语文训练，注重的是非超常搭配**。高年级的语文训练，尤其是语文创作，超常的搭配是不应该受到限制的。

---

① 吕叔湘(1979:65)：句子可以不改变其基本意义而改变其内部次序，短语很少能够这样。例如(a)我没有看第一本，(b)第一本我没有看，(c)我第一本没有看，三句一个意思。可是，"花纸"和"纸花"意思完全改变了。(方言调查和调查方言是例外，这种例外不多。)

1.7.1 句子的类别。 我们可以用不同的标准给句子分类。根据句子的作用,可以把句子分为陈述句、疑问句、感叹句和祈使句等。

陈述句是用来说明某种事实的,如:

① 今天星期五。

② 我们学习语法。

③ 那个孩子非常聪明。

疑问句是用来提问的,如:

① 今天星期五吗?

② 你到哪儿去?

用"吗"提问的句子是是非问句,回答只能是"是,是星期五",或者"不是,不是星期五"。

"呢"用于非是非问句,"你到哪儿去?"就不是是非问句,不能用"是"或"不是"回答。这类句子就可以在句子后边加上"呢"。

"还是"只能用于疑问句:

① 今天是星期四还是星期五?

② 你吃饭还是吃面?

"或者"只能用于陈述句。

吃饭或者吃面,都行。

新、马两地的华语将"或者"用于疑问句:"我们今天去动物园或者飞禽公园?"

感叹句是表示强烈的感情的,如:

① 好热呀,今天的天气!

② 哎哟,痛死我了!

祈使句是提出请求或者发出命令,如:

① 请帮我一下!

② 你出去!

如果根据谓语的词类划分，句子可以分为以动词为中心的动词谓语句；以形容词为中心的形容词谓语句；和以名词为中心的名词谓语句。

① 我们学习汉语语法。（动词谓语句）

② 那个孩子很调皮。（形容词谓语句）

③ 今天星期五。（名词谓语句）

我们也可以根据句子的不同结构，将句子分为“把字句”“被字句”“连动句”和“兼语句”等。

1.7.2　句子的使用和语气：句子的使用和语气可能不一致。我们可以用疑问的语气表示祈使，如：

① 你出去一下好不好？

② 这件事你难道不知道吗？

这两个句子并不表示疑问。第一个句子用疑问的语气表示祈使“请你出去”，第二句用疑问语气表示肯定“你知道”。

或者用感叹语气表示祈使，提出请求：

风好大啊！

说话者的意思，可能是要对方关上窗户，或者要求对方拿一件衣服给他。

张先生可是个好老师啊！

这是用感叹的语气表示判断。

1.8　现代汉语

现代汉语是指以北京语音为标准音，以北方话为基础方言，以典范的现代白话文著作为语法规范的普通话。

我们这里所讲的语法,大体上是以典范的现代白话文著作为规范的。但是,典范的现代白话文著作里的语言也不一定是完全一致的,这些作者在某种程度上可能受到自己方言习惯的影响,或者夹杂一些自己杜撰的句子,例如:

① 窗前的几排破旧的外国书,在证明着他穷着也还是钉住着文学。

(鲁迅《忆韦素园君》)

② 因为从那里面,看见了被压迫者的善良的灵魂,的辛酸,的挣扎……

(鲁迅《中俄文字之交》)

这些我们只当作特殊的现象处理,而不当作规范。

语言在不同的地区必然出现不同的变体,因此新加坡人所用的华语,也必然有它的特点。在这本书里,我们就体现了不少新加坡华语的特点,这是为了让语文教学人员在这方面有些认识。不同区域的语言特点,我当作是不同地区语言的结构特点或者用法特点,而不当作语法错误处理。比如:

在吴语里“摆”字用法最广。南京用“放”,其次用“摆”,福州用“放”。北方用“搁”。可是在台湾、香港等地区因为好些人从江浙或是南部去的,所以他们现在就说“把东西摆在桌上”或是“放在桌上”,很少说“搁”。(赵元任,2002a:627)

近来常听见下列问句:“你知不知道他快来了?”“你喜不喜欢吃外国饭?”“外国饭你吃不吃得来?”“这么些太不太多?”……要照平常北方话说,就得说“知道不知道”“喜欢不喜欢”“吃得来吃不来”“太多不太多”,可是现在台湾、香港常有这种新结构式。(赵元任,2002a:630)

双音节动词和双音节形容词的否定重复省略了一个音节,显然是受粤语的影响而形成的,对现代汉语的影响是巨大的。

上面所举的例子,是词语的应用频率问题,和不同区域的语言结构特点,都不是语法错误。

1.9　口语和书面语

这两者是有距离的。下面是一些书面语的说法：

① **健全**法律制度

② **繁荣**我国的经济

③ 我们及时地**发现和纠正**了工作中的**缺点和错误**。

④ 我们**消灭了或基本上消灭了**烈性传染病。

⑤ **从穷困生活中磨炼出勇敢的十九岁的她**却不肯随随便便就只想到死。

⑥ 近十年来，新加坡人民的收入**有所提高**。

口语里常常听到下面的说法：

① **矮一级**。

② **短了**些什么？

③ 真了不起，这个人。

④ 谁呀，你是？

⑤ 我只有两毛钱**才**，不够买这个。

有些词，口语和书面语都用，只是严肃的场合不用，如“死”用在形容词后边，口语书面语里的褒贬义形容词都可以用“死”，但在庄严的场合里就不适合用。

新加坡华语的口语体并不成熟，我们很难说哪一种结构是新加坡华语的口语结构，在书面上是不用的。不过像“我只有两毛钱才”，绝对是口语体，我们会特别说明。

教育的普及，也使很多书面语体变成口语体，如“有所”，本来是书面语，但新加坡人的华语口语里也说“近十年来，新加坡人民的收入有所提高”，因此在讨论中，我们不特别分辨口语体和书面语体。

另外一些需要分析才能觉察的语言现象，我们也会在讨论时提出来,以提高读者的语感,如“他赌气,故意晚来了半小时”,“晚”在“来”之前,含有“有意这样做”的意思,如果用“来晚了半小时”就是一般的叙述。

此外,古代汉语中的词语,和现代汉语还是有分别的,如果没有必要还将古代汉语和现代汉语混用在一起,也是不好的。如:

① 他们分乘两辆大马国产汽车**逃逸**。(“逃逸”可以换用“逃跑”)

② 警方劝请公众远离这些路段,**以策**安全。(“以策安全”可以换用“为了安全”,并且提到句子前面)

1.10 汉语语法

语法是研究词的构成、变化的规则和用词造句的规则。汉语语法就是研究汉语的词的构成、变化的规则和用词造句的规则。

汉语语法有以下的特点:

(1) 语序是汉语重要的语法手段,语序的变化表示了不同的语法意义。

(2) 汉语没有形态的变化,词类和句子成分的关系也不是一对一的关系。英语词的变化有两种情况。第一种情况是构形形态,如:see—saw—seen,是动词的时态变化,good—better—best,是形容词的等级变化,foot—feet 和 nation—nations 是名词数的变化。第二种情况是构词形态,动词 see 变为名词 seer,形容词 good 变为 goodly/goodness,名词 nation 变为 national/nationalism/nationality,等等。我们说汉语缺乏形态变化,指的是前一种形态,就是构形的变化。**汉语是有构词形态的**,如“科学—科学家”“旁观—旁观者”等。

(3) 汉语的量词,包括名量词和动量词,非常丰富。语言教学里必须充分注意。

(4) 音节多寡影响语法的结构，如“加以讨论”“互相帮助”都可以说，但不可以说“加以写”“互相帮”；“倒”只能用在主语后边，如“我倒不知道”，但“倒是”却不只能用在主语后边，也能用在主语前边。“他刚才来过”可以说成“刚才他来过”，但是，“他刚来过”就只有一个说法。“他虽然知道，可是不愿意说”，可以说成“虽然他知道，可是不愿意说”。“他虽知道，却不愿意说”就只有一个说法。吕叔湘(1980：2—3)说：“现代汉语里的词语结构常常受单双音节的影响，最明显的是‘双音节’的倾向。比如把单音节的词凑成双音节：一个人姓‘张’，就叫他‘老张’或‘小张’，可如果他姓‘欧阳’，就叫他‘欧阳’，不叫他‘老欧阳’……单音节地名总带上类名，双音节的就不需要，……‘日本、印度’和‘法国、美国’。数目字也有类似的情况，例如一个月的头十天必得说成‘一号’……，‘十一’以后就带‘号’或不带‘号’字都可以。”

其实，这种双音节的倾向，在翻译外国人的名字时也出现，John是约翰。在古代汉语里也出现，如：

季康子问：**仲由**可使从政也与？子曰：**由也**果，於从政乎何有？曰：赐也可使从政也与？曰：赐也达，於从政乎何有？曰：求也可使从政也与？曰：求也艺，於从政乎何有？《论语·雍也》(季康子问孔子：仲由可以叫他治理政事吗？孔子说：仲由果敢决断，对于治理政事有什么困难呢？又问：端木赐可以叫他治理政事吗？孔子说：端木赐通达事理，对于治理政事有什么困难呢？又问：冉求可以叫他治理政事吗？孔子说：冉求多才多艺，对于治理政事有什么困难呢？)

人名“仲由”之后不带“也”，而单音节人名“由、赐、求”都带上“也”以构成双音节。

当然也有只用单音节的：

子曰：“**由**，诲女知之乎！知之为知之，不知为不知，是知也。”《论语·为政》

(孔子说:由,我教给你怎样对待知和不知的方法吧!知道就是知道,不知道就是不知道,这就是智慧啊!)

练习四

一、短语成句的不同能力,对语文教学里的造句活动有什么启示?

二、短语不能有超常的搭配,而句子却可以出现超常的搭配,这对语文教学有什么启示?

三、下列句子哪些是口语里不说的:

1. 我们及时地发现和纠正了工作中的缺点和错误。

2. 真了不起,这个人。

3. 谁呀,你是?

4. 我们消灭了或基本上消灭了烈性传染病。

5. 近十年来,新加坡人民的收入有所提高。

四、英语词的变化有两种情况:see—saw—seen, good—better—best, nation—nations 和 goodly/goodness, national/nationalism/nationality。第一种情况是构形形态,第二种情况是构词形态。汉语缺乏形态变化,指的是哪一种形态变化?试加以讨论。

五、为什么朱德熙《语法讲义》(1982:21)认为"单凭意义来确定词和非词的界限是行不通的"?试加以讨论。

六、朱德熙《现代汉语语法研究的对象是什么?》(1999,第3卷:140)认为:现代汉语标准语的不稳定性,是因为经常受下列因素的影响:1.作者自己方言的影响;2.由于汉字的特性,直接把一些古句子搬过来;3.受到外国语的影响产生欧化的句式。你同意吗?

第二章　名词

2.1　名词的定义

名词是表示人或事物的名称的词。例如："作家""记者""教师""书记""律师"等，是有关人的名词；"鹿""蚂蚁""月亮""西瓜"等，是有关物的名词；"国家""议会""政府""团体"等，是社会组织的名词；"上海""香港""台湾""新加坡""英国""学校""餐厅"等，是城市、国家和处所的名词；"经济""品德""精神"等，是无形事物的名词；"现在""刚才""中午""去年"等，是表示时间的名词。

名词属于实词，它的数量非常多，是所有词类里数量最多的。当然，在名词不同的小类里，也各有一些不同的特点。比如，我们可以说"我到上海去"，但不可以说"我到张三去"，虽然"上海"和"张三"都是名词。我们必须在"张三"后面加上"那里"或者"那儿"变成表示地点的单位，说成"我到张三那儿/那里去"。"请你到我这里来"，也是同样的，必须在人称代词"我"之后加上"这里"转变为表示地点的单位，句子才能成立。英文的名词或者代词都可以直接表示地点，不必加上任何成分，直接说"go to Mr. Song""come to me"，华语的人称名词和代词都不可以直接用来表示地点。

大体来说，名词可以分为下列几种：(一)个体名词，如"人""书""河""帮手"等。这些名词都有和它配合的个体量词，如"个""本"

“条”“名”等。(二)抽象名词,如“勇气”“思想”“水平”“境地”等。和这类名词配合的量词只限于“类”“种”“股”“点儿”等。(三)集合名词,如“夫妻”“子女”“书刊”“诗文”“车辆”等。这类名词有的是用意义上相关的语素构成的,如“子女”“城镇”(“子”和“女”都是下一代,“城”和“镇”都是城市);有的是用名词性语素和量词性语素构成的,如“纸张”“布匹”“车辆”等。和集合名词配合的只能是集体量词,如“部分”“双”“套”“组”“对”“批”等,以及不定量的量词,如“点儿”“些”等。(四)物质名词,如“金属”“石油”“味精”“空气”等。通常用“吨”“加仑”“公斤”等度量衡量词和它配合,或者用“桶”“瓶”“罐”等借用量词以及不定量的量词“点儿、些”等和它配合。(五)专有名词,如“秦汉”“新加坡”“杜甫”等,是非量化名词,没有和它相配合的量词。这类名词之前可以用上数词,如“两周”“两汉”等,或者方位词“前”“后”“东”“西”等,如“东汉”“前汉”等。(六)时间名词,如“春天”“明天”“现在”等,这类名词修饰动词和名词的能力比较强。

2.2 合成名词的结构

除了单音节的名词,如“人”“马”等之外,**合成名词的结构**有以下几种:

联合式:开关　兄弟

主从式:笔试　同学

动宾式:管家　司机

补充式:跳高　治安

主谓式:事变　海啸

有些联合结构的名词是由两个反义的形容词构成的,如“好坏”“大小”“长短”“厚薄”“高矮”“冷热”“好歹”。这些名词都是表示正面意义的形容词性语素在前、表示负面意义的语素在后而构成的双音节名词。这一类名词的语素有时有偏义，如“好歹”“冷热”偏在“歹”“热”。当你说“这个人不知好歹”，意义可能是偏在“歹”，也可能偏在“好”，只有看了后面的句子，才能决定“好歹”的意义。说“他有什么好歹”时，意义就只能是偏在“歹”；说“孩子不知道冷热”，意义偏在“热”。

“国家”是两个在意义上有关系的语素构成的双音节词，它只有“国”的意思，没有“家”的意思。“兄弟”有时也只有“弟”的意思，有时只有“兄”的意思，也有时既有“兄”的意思也有“弟”的意思，如“他们兄弟三人”。

这类现象，在古代汉语里已经存在，如“即有缓急，周亚夫真可任将兵”(《史记·绛侯周勃世家》)，“缓急”只指“急”，不指“缓”。乐府《孔雀东南飞》的“便可白公姥，及时相遣归”，“公姥”本来指“公婆”，但焦仲卿没有父亲，这里只有“婆”的意思，指的是焦仲卿的母亲，而没有“公”的意思。

有些名词和句法结构没有关系，如“身上”“天上”，用名词性语素加上方位语素构成；“车辆”“灯盏”，用名词性语素加上量词性语素构成。这类名词不一定要从句法结构分析。当然我们也可以认为“身上”“天上”是以方位语素“上”为中心，归为“主从式”；将“车辆”“灯盏”归为“补充式”。

2.3　有些名词是有标记的

有些名词是有标记的，如有词头或词尾①。

---

①　关于汉语的构词法，可参考任学良(1981)。

名词的词头有下列几种：

老[1]　老虎　老鼠　老鹰　老师　老板

阿[2]　阿姨　阿婆　阿飞

巴　巴掌　巴蛇　巴豆

所　所有　所谓　所在

哈　哈韩　哈日　哈狗族　哈衣族　哈电族

常见的名词词尾有以下几种：

佬　阔佬　英国佬　美国佬(新加坡华语还有“生意佬”“寡佬”“神经佬”等。称呼亲密的朋友也用“佬”,如“近视佬”。普通话没有这个用法。)

子　儿子　日子　桃子　(“子”是词尾,而“的”是短语的词尾,所以有“贩子”——“书贩子”;而只有“卖书的”“做生意的”。)

儿　花儿　罐儿　活儿(用“儿”或者“子”,有时表示好恶的不同:“我们头儿/反动头子”,“老头儿/老头子”。“儿”有褒义的色彩。)

头　石头　念头　骨头(有很多动词、形容词加上“头”,也能构成名词,例如:想头、看头、苦头、甜头等。)

仔　猪仔　猫仔(普通话的“仔”只指小动物。新加坡华语里“仔”也用来指孩子,或称呼晚辈,这是普通话里所没有的。)

族　上班族　喝酒族　光碟族　追星族(这个词尾源于日语,后为中国台湾地区借用,再传入新加坡。普通话里本来没有这个词尾,但现在也流行“打工族”“上班族”一类的词语。)[3]

性　可行性　科学性　可能性　弹性　通俗性(“性”表示一种性质,构成的是抽象名词。)

---

① 新加坡华语有“老爸”“老妈”,普通话只有“老兄”“老弟”。华语里的“老姨”“老姑”表示辈分,是另一个层次的东西,普通话没有这个用法(见陆俭明(1996))。

② 新加坡华语前缀“阿”用得很普遍,可以用在名词前,如“阿花”“阿兰”“阿兵哥”等,也用在亲属称谓前,如“阿嫂”“阿爸”。

③ 参考汪惠迪编(1999:537)“族”字的说明。

士　护士　武士　女士　院士(用“士”构成的词都含有褒义。《北京日报》出现这样的句子:“案发当日,在抓获的嫖客中,各阶层人士均有……”句子里的“各阶层人士”应该改为“各阶层的人”。)

者　记者　编者　读者　工作者　宣传者

家　作家　艺术家　科学家　生物学家

员　教员　演员　会员　党员　售货员　运动员

匠　木匠　泥水匠　工匠

手　水手　棋手　枪手　射击手　扒手

夫　车夫　清道夫　屠夫

师　导师　工程师　医师　讲师　教师

长　团长　参谋长　校长　院长

迷　球迷　戏迷　影迷　棋迷

鬼　酒鬼　烟鬼　赌鬼　色鬼

处　好处　坏处　短处　长处　益处　远处

度　密度　热度　冷度　深度　高度　长度

这些名词的构成,有的是在名词,如“球”“酒”“院”等后边加上词尾;有的是在动词,如“看”“想”“记”“屠”等后边加上词尾;有的是在形容词,如“好”“苦”“甜”“益”“远”“宽”“短”“深”“大”等后边加上词尾。

2.4　名词的重叠

名词一般不能重叠,如“事事如意”“山山有老虎”的例子是很少见的。少数可以直接和数词结合的名词,如“人”“天”“日”“年”等,可以重叠。重叠以后表示“每一”“所有”的意思。这些名词都是单音节的,应用的时候常常和“都”连用。例如:

① 这本书,**人人**都喜欢。

② 他**天天**都看报。

有些名词重叠后意义仍然没有变化,如“妈妈”“星星”等。“星”可以单用,“妈”“爸”之类也有单用的趋势,“我妈妈”“我爸爸”经常说成“我妈”“我爸”。

练习五

一、指出下列名词的词尾:

学员　文学家　害处　普遍性　化学　热度　扩音机　瓜子　想头
铁匠　舵手　渔夫　厨师　化妆品　当权派　棋迷　知识分子
上班族　娱乐圈　深处

二、说明下列外来名词的结构特点:

啤酒　坦克车　卡片　香槟酒　沙发椅　剑桥大学　固本　俱乐部
维生素　芭蕾舞　卡拉 OK　克隆　逻辑　篮球　巴刹　巴冷刀　五脚基

三、给下列形容词加上适当的词尾,以构成名词:

好　苦　甜　益　远　宽　短　深　大

四、分析下列名词的结构:

朋友　水土　白菜　地震　知己　爱人　半岛　气喘　斤两　语言
雪崩　当局　口试　梦想　人物　代名词　人造丝　胆结石　骨肉
死活　人口　跳远　传奇　跳水

五、李行健主编《现代汉语规范词典》(外语教学与研究出版社)“老师”条下说:“‘老师’可以接受表人的名词或人称代词的限定,如‘小王的老师’‘她的老师’;‘教师’不能这样用,不能说‘小王的教师’‘她的教师’。”你有什么看法?

2.5 “们”的用法

指人的名词后边可以加上“们”，表示多数，如“学生们”“游客们”“记者们”。但是**“们”缺少强制性**，有时固然要用，有时却可以不用。**在语言环境足以说明多数时，可以不用“们”：**

① 参观的人们多极了，要排队进去。

② 所有的学员们都按时交上了作业。

③ 观众们一再鼓掌，表示对演员们的感谢。

④ 客人们来得很多，客厅几乎坐不下了。

⑤ 公园里一群孩子们在游戏，大人们围在旁边观看。

这五个句子的语言环境都足以说明名词是多数的，句子里的“们”都可以省略。

如果在语言环境足以说明多数时而不省略“们”，带“们”的名词也**只能用在前头**（主语）**的位置**，一般不能用在后头（宾语）的位置，例如：

① 记者们都到了。

② 学生们都坐在礼堂里。

③ 工人们都在操场上等候。

却不能说：

×坐在那里的都是记者们。/外面来了一群记者们。

×礼堂里都坐满了学生们。

×这几位都是我们工厂的工人们。

“我把这个献给我尊敬的女士们”和“我把这个献给我尊敬的女士”，这两个句子在意义上有差别，因此，“们”的应用是必要的。

用“们”时，除了“人”可以说成“人们”之外，其他加“们”的名词都是双音节的,如上面的“记者—记者们”“工人—工人们”等。“们”可以和“诸位”“全体”并用,如“诸位老师们”“全体同学们”;也可以不用“们”。但**一般函电或公开信末尾签名,却只能用“全体××”**,如“全体工友”,不能用“全体××们”。

“们”和“三个”“五个”之类的表示确定数量的数量短语是互相排斥的,不能说“三个学生们”。如:

×三个孩子们在池塘边抓鱼。

“们”是**表示论群的不确定数**,“三个学生”“二十四个代表”是表示确定量,“三个学生们”“二十四个代表们”的错误不在数量的重复,而在**混淆使用了两种不同的表数量方式**:把计量(定量)和论群的不同表数法错合在一起了(田申瑛,1985:45)。

但却可以和“一”加上“表示**不定量**的集体量词”合用,如“一群孩子们”。当然,这里的“们”也可以省略,只说“一群孩子”。如果“一”加上“表示确**定数量的集体量词**”,就不能用“们”,如不说“一对夫妇们”(邢福义,1986:190—198)。

名词本身表示多数,也不可以再加“们”,如不说“群众们”。但是,**这一类本来就表示多数的名词后边再用上“们”,有扩展的趋势**,如越来越多人用“观众们”“听众们”。

指人的专有名词加“们”,相当于“等人”“之流”,表示同一类的人,如“康有为们”。但“之流”有贬义,“们”和“等人”没有贬义。

“们”不是表示复数的词尾,和英文的“s”不同。动物名词后边通常不能用“们”,童话或神话中将动物拟人化了,可以用“们”:

小鸟们在树上歌唱。(童话故事)

你知道小虫们怎么样你找我,我找你,蝴蝶们怎么样恋爱。(叶圣陶《稻草人》)

并列的名词后面也可以加“们”,如“诗人、作家们”。“们”表示多数时，有时有歧异："张生、小王和友力们"，可能只有三个人，也可能超过三个人。"等""等人"也有相同的用法。

2.6　名词与量词、动词、形容词的配搭

从名词的应用上看，应注意下列各点：

(1) 除了一些习惯说法，如"九牛二虎""三言两语""一草一木"之外，名词和量词的配合，是现代汉语的特点之一。**学习名词时应该把它和量词一起学习，千万不要孤立地教学名词。**如"一头牛""两匹马""一条毛巾""一肚子主意"等，教学时必须当作一个单位来教。问学生"这是一头什么？"，而不要问"这是什么？"，学生回答时要说"那是一头牛"，而不是"那是牛"。不可以等到测验时才注意量词的用法。

可数名词有自己适用的量词，如"书(本、部)""灯(盏、台)"等。可数名词所能带的量词也可能不止一个，"有些名词所用的类词(也就是量词——引者按)不止一个，一般说在意义上有分别，例如'一扇门'，指"门"这个物体；'一道门'指让人走进走出的地方。通用量词'个'可以代替几乎任何一个专用的量词。例如'一个门'可以代替'一扇门'，也可以代替'一道门'"(赵元任，1979：234)。

不可数名词没有适用的个体量词，只能从下列四类量词中选择：a. 表示度量衡单位：一匹布、一斤肉；b. 由名词转来的量词：一桶水、一袋糖；c. 所具有的形状：一块布、一摊水；d. 不定量词：一些、一点儿。

语文教学、语文练习或者测验，通常强调的量词就是个体单位的量词，如"米"的量词是"粒"，而不是"斤"或者"袋""盘""地"，尽管我

们也用“一袋米”“一盘米”“一地米”,甚至“一把米”。因为名词所用的量词,可能不止一个,因此答案就可能不止一个,如上面所举的“一道/一扇门”;“个”除了做“人”“学生”“朋友”等词的量词之外,更多的是用为通用量词,如“那个窗户/椅子/桌子/枪/刀”等,几乎可以代替任何专用量词,也不应该是考察的对象。

(2) 名词和动词的配合。从搭配关系上看,名词和动词的搭配,是非常值得注意的。忽略了这种搭配关系,很容易造成语言运用的错误。例如:

×斋戒节的时间虽然长,但是社会的工作,教徒的健康,都不会受到妨碍。

“妨碍”可以和“工作”搭配,说“妨碍工作”,却不能和“健康”搭配,所以句子里的“妨碍”应改为“影响”。

×这也基本上解答了很多人心里的疑惑。

“解答”和“疑问”搭配,而“疑惑”却得用“解除”。

×……也需要和打着结束西方资本主义为号召的中苏联盟斗争。

“打着”和“旗子”搭配,“以”和“……为号召”搭配。句子可以改为:“……也需要和打着结束西方资本主义旗子的中苏联盟斗争。”或者“……也需要和以结束西方资本主义为号召的中苏联盟斗争。”

“扩大范围、扩充资金、扩张势力”,如果说成“扩张范围、扩大资金”,就是犯了名词和动词搭配的错误。“丧事”只能用“办”,不能用“做”;“打定主意”和“打主意”意义不同。在语文教学中,只有养成语文学习者名词和动词的正确搭配习惯,才能避免应用上的搭配错误。

(3) 名词和形容词的配合。例如:

×在开朗的街道两旁,有高大的楼房,从楼房的窗户里闪出明朗的灯光。

这个句子里,“开朗”不能和“街道”搭配。我们只能说“宽阔的街道”“开朗的心情”。“灯光”也不能和“明朗”配搭,只能说“明亮的灯光”

“明朗的天空”。如果能注意形容词和名词的结合，就能说得、写得更准确，更通顺。

2.7 特殊现象

名词一般不受副词修饰，只有少数名词成对连说时，才能和副词“不”结合，如“不中不西”“人不人，鬼不鬼”“不人不鬼”“不男不女”等①。古汉语里，有名词受副词修饰的现象，如“君不君，臣不臣，父不父，子不子”等，现代汉语里的“我和他不一个想法”，**这些名词或名词性短语都是充当谓语，才能被修饰**。下面的句子名词不做谓语，却用副词来修饰名词，因此应该改正：

×他很感触地说：人生太短促了。

“感触”是名词，不能受“很”的修饰。我们只用“有感触”“很有感触”。句子的“感触”应改为“感慨”，或者写成“很有感触”。

名词前面的动词，如果是“有”“是”“像”等，这些动词常常有省略的现象，省略之后，就出现副词直接修饰名词，如“很有规律——很规律”，“挺有气派——挺气派”，“很有个性——很个性”。上面的“很感触”，也可以是属于这一类的现象，因此也有可能被接受为正确的用法。名词所指的人或事如果有程度上的不同，也可以受副词修饰，如“挺现代”“很罪恶”等（于根元，1992：122—129）。

另外有少数名词和“不”结合，构成新的形容词，如“不法”“不规则”“不礼貌”等，因此有“很不法的行为”“很不规则”“很不礼貌”的

---

① “炕上净人”“时间已经深夜”等，省略了“是”，才成为副词修饰名词的现象。见陈建民（1984：134），于根元（1992：122—129）。有些具有描写性语义特征的名词，如“淑女”“狐狸”等，也可以受副词的修饰，如“非常淑女”“相当狐狸”等。

说法。

有些名词有动词的用法,如“关系”“意味”,在“关系我们的前途”“这意味着战争”里,都是用为动词。这些词既属名词,也属动词。但是,如果将名词任意地用为动词,就是错误的用法:

×马来民族禁忌使用左手。

“禁忌”是名词。句子可以改为“马来民族忌讳使用左手”,或者说成“使用左手是马来民族的禁忌”。

有些名词,如“科学”“民主”“道德”等,可以受“不”“很”的修饰,因为这些词是既属名词,也属形容词。

新加坡华语有一些常见的说法,如“比较兴趣”“很兴趣”“很个人”“非常营养”“很青春”“最礼貌”等,在普通话里,上面这些词都是地道的名词,都不能受程度副词修饰。但最近常看见“很个人”“最营养”“非常青春”等用法,这说明了语言正在演变。

“礼貌”“兴趣”“奇迹”“绅士”等名词,新加坡华语里也用来修饰动词,如“礼貌地和我握手”“兴趣地看着他”“绅士地吻一吻她的手”等,普通话里都没有这样的用法(陆俭明,1996)。“他兴趣地问这问那,看样子对这里的一切都很关心。”就是新加坡式的说法。除了“兴趣”之外,句子的“问这问那”更好的说法是“问问这个问问那个”。

练习六

一、在下列动词或形容词后边填上适当的名词:

鼓起________ 融洽的________ 缔结________ 顾全________

克服________ 赴________ ________贯注 ________鬼祟

苛刻的________　非凡的________　________焕发　杰出的________

二、下面句子里的“们”，有的用得不正确。试把不正确的画出来，并说明理由。

1. 观众们一再鼓掌，表示对演员们的感谢。

2. 所有的学员们都按时交上了作业。

3. 这几位都是我们工厂的工人们。

4. 客人们来得很多，客厅几乎坐不下了。

5. 公园里一群孩子们在游戏，大人们围在旁边观看。

6. 三个孩子们在操场上跳绳。

7. 外面来了一群记者们。

8. 狐狸们再也没有办法辩解，只好溜走了。

9. 我把这个献给我尊敬的老师们。

10. 前面来的那一群调皮的孩子们，就是刚搬来的。

三、“诸位”和“各位”之后能不能用“们”？

四、下列的数词、量词与名词的结合，适当吗？如果不适当，请改正。

1. 突然瞧见一大群各式各样的鸟类。

2. 画面某处有一摊开的粽叶，上有一团糯米。

3. 一名少年背着一个背包，手上捧着一叠传单。

五、下列句子正确吗？如果有错误，请加以改正。

1. 陈先生笑了笑，很耐心地向他解释。

2. 子女少，父母就特别宝贝他们。

3. 他自已能造船，那不是很能干，很智慧吗？

4. 这件事，对他是极大的摧残和耻辱。

5. 别看他是个孩子，口吻倒不小。

6. 事情不会发展得这么快吧？他疑问地说。

7. 抽烟能致癌,是无可疑问的。

8. 一会儿,她的背影就消失在又风又雨的黑夜里。

9. 他年纪虽小,却很本事。

10. 排球运动员使劲而技巧地托着球……

11. 机器突然故障了,停了下来。

2.8 表示时间、处所和方位的名词

表示时间的名词如“今天”“明年”等；表示处所的名词如“香港”“附近”等；表示方向和位置关系的，如“东”“西”“上边”等是方位词。时间名词、处所名词和方位名词经常修饰动词，这是不同于一般名词的地方。

2.8.1 方位词可以分为两类：

(1) **单纯方位词。** 有十六个：上、下、前、后、东、西、南、北、左、右、里、外、中、间、内、旁。

单纯方位词一般不能独用。只能附在名词后边，表示方位、处所或时间，如“门前”“桌子上”“办公室里”“校门外”“一年前”“三小时后”“会前”等。

单独使用这些方位词必须是成对的，如“上有天堂，下有苏杭”“前有小溪，后有高山”“东不成，西不就”“前怕狼，后怕虎”“前呼后应”以及“东张西望”等。这些**大部分都是熟语**。

(2) **合成方位词。** 有以下几种：

单纯方位词的前边加上“以”或者“之”，如“以上”“之上”等。“内”有“之内”“以内”的说法，但“里”却没有“之里”“以里”的说法。

单纯方位词后边加“边”“面”或者“头”，如“上边”“上面”“上头”等。单纯方位词组合后加上“方”“角”“面”，如“东南方”“右前方”“东南面”“东北角”等。

合成方位词可以独用，也可以和名词配合，以表示方位、处所或时间，如“这是上头的意思”“上边和下边不一样”“桌子上面”“屋子外

边”“三周之内”等[①]。

方位词可以受副词的修饰,“不左不右”“忽左忽右”“最下边”等,和一般的名词不同。

2.8.2 学习方位词得注意下列几点:

(1) 单纯方位词可以对举连用:“上下”“左右”“前后”等对举,表示“不定”的意思,如:“四十左右”指年龄不到四十或者四十多一点;“国庆日前后”指接近国庆日的这段时间。对举方位词也用来表示人,如:“左右,把他赶出去”“上下都打点了”。

对举后加上“一”,如“一上一下”“一前一后”“一左一右”,表示“紧跟”或者“连带”的意思。对举后重叠使用,如“上上下下”“前前后后”“里里外外”,表示“到处”的意思。

(2) 表示机构的名词后边的方位词“里”可以省略:

① 他们都在工厂里工作。

② 考试期间,许多同学在图书馆里读书。

③ 我们在学校里学习。

④ 同学都在课室里温习功课。

上面句子里名词后面的方位词“里”都可以省略。

(3) 单纯方位词用在名词后边,有时有引申的用法[②]。如:

① 会上所讨论的事,我都清楚。

② 他学习上的困难很多。

③ 工作上的经验,我一点也没有。

---

① 方位词和名词组合,是词组还是词?任宣知(1986)认为划分方位词组和含有方位语素的名词可以用:a. 在结构中能找到替代词的一般是词组,如“山间”可以说“山两边”,所以是词组;b. 能加“之”“以”的是词组。如“山间——山之间”,所以“山间”是词组,“日内”不能加“之”“以”,是词。

② 可以参考丁声树等(1979:76)。

"会上"指开会过程中,"学习上"指"学习方面","工作上"指"工作方面"。其他如"经济上""文化上"都是这类用法。用"在……之下""在……下"表示条件或情况。用"在……中"表示范围,如"在医护人员之中";如果用动词则表示"动作正在进行",如"在研究中""在讨论中"。

在名词后边的方位词,方位的意义比较模糊,如"地上"和"地下",意义没有区别:"简直一个在天上,一个在地下"(鲁迅)。"家中"和"家里"意义也相同。

(4) 对方向的说法,华语和英语有些不同:华语以"东""西"为主,英语以"南""北"为主。如"southeast 东南""northeast 东北""southwest 西南""northwest 西北"。教学对象如果是说英语的学生,就必须注重培养华语的习惯说法。

(5) 方位词也有构词能力,如"东道""上宾""外行"等。

(6) 单音节名词和双音节方位词不能连用,在搭配上比较受限制:

河东　小河以东　×河以东(新加坡华语有这种用法。)

桌上　桌子之上　×桌之上

节前　节日之前　×节之前

但单音节动词和双音节方位词搭配比较没有受限制:

去之前—去以前　跑之前—跑以前

这些在华文第二语文或者华文作为外语的教学里,都是需要特别加以注意的。

练习七

一、请填上方位词:

1. 城________住惯的人,乡________住不惯。

2. 他嘴________不说,心________明白。

3. 语法________的问题,你可以在这本书里获得解答。

4. 工作________有什么困难,我们一起解决。

5. 思想________的问题就不那么容易解决。

二、下列句子里,哪些方位词可以省略?

1. 他们都在工厂里工作。

2. 你的相片在本子里。

3. 我们在学校里学习。

4. 考试期间,许多同学在图书馆里读书。

5. 同学都在课室里温习功课。

6. 他的哥哥就在这公司里工作。

三、给下列成语填上方位词:

________仆后继　空前绝________　左思________想　左________逢源

里应________合　外强________干　欺________瞒下　南辕________辙

________顾右盼　左________开弓　瞻________顾后

四、试填上方位词以构成另一个新词:

________婆　________辈　________途　________行　________流

________品　________等　________人　________子　________宾

五、名词有什么语法特点?从教学的观点来看,教学名词应该注意些什么?

六、下列句子里画线的词是名词吗?为什么?

1. 他看起来很<u>精神</u>。

2. 这样的研究方法不太<u>科学</u>。

3. 这是非常<u>理想</u>的构想。

4. 管他<u>票</u>不<u>票</u>,上车就是了。

5. 处理这类问题不能太<u>机械</u>。

七、关于新加坡华语的语法现象，陆俭明（1996）说："有些说法，如'比较兴趣、很兴趣、很个人、非常抒情、非常营养'等，都已很固定。在中国普通话里上面这些词都是地道的名词，都不能受程度副词修饰。"你有什么看法？

八、陆俭明（1996）："'礼貌、兴趣、奇迹、绅士'在中国普通话里还不能当副词来用，不能做状语。"你有什么看法？

第三章　动词

3.1　动词是表示动作、心理活动、发展变化的词

例如：

① 我们赞美工作。

② 我喜欢挨坐在母亲的旁边，挽住她的衣袖，央求她述说我幼年的事。

③ 你既然还活着，为什么这样干瘦呢？

④ 有一次，它走到驴跟前，故意撞了驴一下。

⑤ 会议已经结束了。/我们开始讨论。

句子里的"赞美""喜欢、挨坐""挽住""央求""述说""活着""有""走""撞""结束""开始、讨论"等，都是动词。

3.2　自动词和他动词

动词的动作如果以某一个人或者某一种事物为对象，叫他动词（又叫**及物动词或外动词**）。"接受""热爱""讨论"等动词，后边可以带上某一个人或者某种事物为对象，就是他动词。如果不以任何人或者任何事物为对象的，叫自动词（也叫**不及物动词或内动词**），如"合作""游行""咳嗽"等。上面句子里的"赞美""喜欢""挽住""有"等是他动词；"挨坐""活着""走"等是自动词。一般动宾结构的动词（如

“播音”“点名”“见面”“生气”“饯行”等)、主从结构的动词(如“自居”“相待”“长辞”等),都属于自动词[①]。

3.2.1　自动词(不及物动词)不能带宾语,如:

×老师要我们<u>及格</u>所有的科目。

“及格”在华文里是自动词(不及物动词),后边不能以“科目”为对象。英文的 pass 是他动词(及物动词),可以说:I pass all subjects. 句子应该改为:

老师要我们所有科目都及格。

×我们不能为了<u>妥协</u>某些家长的要求,而降低华文水准。

“妥协”是自动词(不及物动词),后边不能以“要求”为对象。句子可以改为:

我们不能为了向某些家长的要求妥协,而降低华文程度。

×我们担心印尼最贫困者的粮食问题,希望在一段有限时期通过紧急粮援<u>帮忙</u>他们渡过难关。

“帮忙”是自动词(不及物动词),后边不可以带宾语,这里应该改为“帮助”。但新加坡越来越多人将“帮忙”用为他动词(及物动词):“我很想帮忙他”。普通话只用“我很想帮他的忙”。

× 李广和他的随从都很小心,<u>害怕</u>从树林里会突然跳出一只老虎来。

“害怕”是自动词(不及物动词),后边不能有“害怕”的对象。这里应该改为“怕”。网上将“害怕”用为他动词(及物动词)的例子也不少:“她最害怕这几件事”。《现代汉语词典》也有“害怕走夜路”的例句。

“吹”表示“感情破裂或者事情不成功”的意思,也是自动词(不及

---

① 邢福义(1996:169)认为单音节自动词不能带对象宾语或目标宾语,能带方位或施事宾语,如“睡地板”“屋里睡人”。有些动宾结构的动词也有他动的用法,如:“我……思索应该如何定位他的女伴”,“提名他当班长”。

物动词),如“他和女朋友吹了”。现在也出现“他又吹了一个女朋友”之类的用法。“吹”也有转化为他动词(及物动词)的趋势。

意义相近的“讨教”和“请教”,原先都是不及物动词。但是,现在出现了“请教张先生”“请教您一件事”的说法,可见“请教”已经变为及物动词。“讨教”却仍然是不及物动词,《现代汉语词典》的例句是“有个问题向你讨教”。《现代汉语规范词典》用“请教”解释“讨教”,就不准确了。

动宾结构的动词,多数不能带宾语,除了“放心”“帮忙”之外,还有“泄气”“效力”“问好”“吃亏”等,都是不及物动词。这些动词都可以将动词和后边的宾语分开使用,如“问同学们好”“效一点力”“吃一些亏”。但也有一些后边可以再带宾语的,如“担心”,既可以说“担一次心”“为他担心”,也可以说“担心母亲的病”。“帮忙”后边也有带宾语的现象,“帮忙他”;“出差”,除了说“出一次差”“到中国出差”之外,也出现“出差中国”的用法。有些动宾结构的动词,既可以带上补语,如“献身/从事于教育事业”“驰名于中外”;也可以省掉“于”,直接带宾语,说成“献身/从事教育事业”“驰名中外”。这些都是动宾结构的动词带宾语类化的结果。

新加坡华语里,“休养”“帮忙”“提名”“挑衅”“备战”“作废”“挑战”等词,常常带宾语,如“不断地修养自己”“挑战英国队”“提名他”“作废已签下的合约”等,陆俭明(1996)认为“(这些)动词在中国普通话里都是不及物动词,都不能带宾语。……带宾语可能就是受英语影响造成的。……但是,从根本上说,部分不及物动词和形容词逐渐演化为能带宾语,这主要还是语言表达要求简洁、经济的结果。因此这些说法都将有生命力”。

“服务”在毛泽东时代说“为人民服务”,现在都说“服务人民”“服务社会”，可是不说“服务你”“服务我们”，得说“为你服务”“为我们服务”，可见“服务”还没有完全转化为及物动词。

3.2.2 我们说不及物动词（自动词）不能带宾语，这个宾语是指具有实在意义的宾语。如果没有实在意义、虚指的宾语，不及物动词是能带的，如：

① 让他忙他的，没关系。

② 她哭她的，我才不管。

“忙”“哭”后边的宾语“他的”“她的”，都没有实在的意义，都是虚指。不及物动词或者形容词都能带这一类虚指宾语，如：

① 他的病情好转了吗？——好转什么，更重了。

② 她神气她的，我们不理她就是了。

“什么”是不及物动词“好转”的宾语，“她的”是形容词“神气”的宾语，但都是虚指的宾语[①]。

3.2.3 及物动词（他动词）可以分为两类，一类一定要带宾语，叫**粘宾动词**，如“给予”“试图”“苦于”“显得”“成为”“拥有”等。这一类动词通常后边都带“予”“于”“以”“得”“为”“似”“作”“有”等语素。

“**加以**”就是粘宾动词，它必须带一个双音节的动词宾语，如：

这些问题必须加以解决。

“解决”是“加以”的宾语。因此用“加以”时，“解决”的后边不能再有宾语。

双音节动词在“加以”后边充当宾语，其实已经具有名词性，如：

我感到她简直把我当成了一个瞎子、一个聋子，一再加以公然的愚弄。（梁晓声《这是一片神奇的土地》）

“一再愚弄”“一再加以公然的愚弄”“一再公然地加以愚弄”都能

---

① 这些都是陆俭明举的例子。

说,但却不能说“加以一再愚弄”,因为在“加以”之后出现的“愚弄”,已经是名词性的,就不能再受副词“一再”的修饰。“公然”用在“加以”前面,要用“地”,“公然”如果用在“愚弄”之前,就只能用“的”。

下面的句子是错误的:

× 选择其中一件作品,并以简短的文字加以评述之。

“加以”的宾语是“评述”,句子后边的“之”必须删除。

×我们仅就《恒言录》中所收录的亲属称谓所折射出的历史文化价值来加以探讨其分类的理据。

“加以探讨”后边不能再带宾语“其分类的理据”。句子可以改为:

我们仅就《恒言录》中所收录的亲属称谓所折射出的历史文化价值,对它的分类理据加以探讨。

如果要以“其分类的理据”作为动词“探讨”的宾语,“加以”就必须删除。

×可是就连当年新加坡电视这样的风光似乎也未曾引起新加坡政府的注意……而未好好加以利用我们已经建立起来的优势,因政府的注意力只放在对中国的经济投资。

“加以利用”后边不能再带宾语“我们已经建立起来的优势”。句子改为“而我们已经建立起来的优势未好好加以利用”,或者删掉“加以”。

×马来西亚是个资源丰富的国家,只要它能善加培训人才,善用人才……

× 我们应该善加研究面对的问题。

“善加”是书面语词,意思是“好好加以”,因此也是粘宾动词,“培训”和“研究”就是它的宾语,“培训”和“研究”的后边都不能再带宾语。这两个句子应改为:

① 马来西亚是个资源丰富的国家,只要它能妥善培训人才,善用人才……

② 面对的问题，我们应该善加研究。

×本文即根据以上各点，逐一比较而详加论析之。

“详加”是“详细加以”，“详加”后面的动词就是它的宾语，因此“论述”后边就不能再有宾语。句子的“之”必须删去。

吕叔湘主编(1980:259)：“‘加以’前面如用副词，必须是双音节的；单音节副词后面不能用‘加以’，只能用‘加’。不加研究｜多加注意。”新加坡华语里“不”经常用来修饰“加以”，如“不加以处理”，这和“不加处理”一样普遍。

×祝福你们圣诞快乐。

“祝福”和“祝”都是及物动词(他动词)，但“祝”可以带上宾语，后边再带上另外一个谓语，说成“祝你们圣诞快乐”。“祝福”不能这样用，只能说“祝福你们”。

×保证优良品质

“保证”是他动词，后边只能带主谓短语，如“保证品质优良”“保证效果好”。但越来越多人用“保证优良品质”“保证正常运转”，只是前者的应用频率还是比后者高。

另一类及物动词(他动词)一般要带宾语，但在具体的语句里也可以不带，如“学习”“赞美”“复习”等，可以说“学习华文”，也可以说“我们在学校里学习”。

3.3　动宾结构的动词

一些动宾结构的动词，如“结婚”“道谢”“见面”“分手”“招生”“招手”“握手”“散步”“毕业”等，都不能带宾语。动词的对象只能用介词短语做状语的方式引进，如“**和他**分手以后”“**向他**道谢”等。英语的

marry 可以说“I am going to marry John.”，华语却只能说“**和约翰结婚**”，而不是“结婚约翰”。

这一类的动词，中间也可以插入其他的成分，如“结了婚以后”“见他的面”等，和一般动词的用法不同，被叫作**离合词**。这类离合动词，在华语教学里需要特别注意。

这类动词加上“了”“过”等助词，通常说“见了面”“见过面”，但说“见面了”“见面过”也很多。

3.4 名动词

有一类动词，如“影响”“计划”“剥削”“准备”“研究”“演出”“分析”“工作”“保证”“调查”等，既可以用在“有”的后边，说“有影响”“有计划”；可以受名词修饰，说“政治影响”“经济计划”“方言调查”；也可以修饰名词，说“影响(的)程度”“计划经济”“活动方式”“调查地点”。这些用法和名词相同。这一类动词具有名词的特点，可以叫“名动词”(朱德熙，1982：60)。陈建民(1984a：35)认为“近一二十年来，这类动名词越来越多，代表了一种新的倾向”。

“反对”“同意”一类动词就不能用在“有”的后边，我们不说“有反对”“有同意”。因为“反对”“同意”不是名动词。“影响”之类的词加上修饰语时，可以用“的”也可以不用，如“政治(的)影响”。“同意”之类加上修饰语时，就一定要用“的”，如“上级的同意”。这是因为“影响”之类的词兼为名词。“有影响”可以和“没有影响”相对，正像“有人”和“没有人”相对一样。但是和“没(有)来”相对的却是“来了”，“没反对”相对是“反对了”。**新加坡华语在非名动词之前也用“有”，如“有来”“有吃”“有反对”等。**

3.5　动词可以受副词的修饰[1]

例如：

① 那个大胖子的眼光立刻变得非常可怕。

② 我最爱看空中密密麻麻的繁星。

“立刻”“最”都是副词。**副词修饰动词时位置在动词的前面，不能置于动词的后面。**下列句子就必须改正：

×你走先，我待会儿就来。

“先”应前置于动词“走”。同时还得注意，不是所有的副词都可以修饰所有的动词。例如：

×妈妈渐渐地切菜。

副词“渐渐”只能修饰心理活动的动词，如“喜欢”“爱”“想”等；也可以修饰形容词，如“好”“暗”等。但却不能修饰“切”等一类他动词。所以这个句子应改为：

妈妈慢慢地切菜。

“非常”也是只能修饰心理活动的动词和形容词，所以下列句子应改正：

×阿霞是一个能干的售货员，对非常挑剔的顾客都很有耐心，尽量使对方满意。

“挑剔”不是心理活动的动词，所以“非常挑剔”应改为“非常喜欢挑剔”。（新加坡华语用“非常挑剔”的情形越来越普遍，网上“非常挑剔”也有六万多个用例，恐怕将成为新加坡华语的特点。）

程度副词“很、非常、特别、相当、太、稍微”等，一般不修饰表示心

---

① 动词受副词修饰的情形，可以参考（范继淹，1986：27—31）。

理活动以外的动词。

3.6 动词的词头和词尾

用词头“见”构成的动词是不能带宾语的：

见笑　见怪　见谅　见教

词头“见”是从文言的被动式“见笑于大方之家”这一类结构里的“见……于”发展而来的。

“化”“得”“于”是动词的词尾。“化”是受外语影响而产生的词尾。名词、形容词加上“化”都变成动词：

欧化　洋化　华化　工业化　机械化　电气化　绿化　美化　强化

带词尾“化”的动词，一般具有“……成为……”或“……使……成为……”的意思。

用“得”构成的动词：

懂得　认得　觉得　晓得　值得

这类动词里的“得”和“看得见”“买得起”的“得”，作用不同。这里的“得”是词尾。

带“于”的动词如下：

在于　属于　合于　等于

忙于　难于　善于　富于

“忙于”“难于”等是形容词加上“于”成为动词。带“于”的动词后边都需要有宾语。

3.7 动词的重叠

表示动作、行为的动词一般能够重叠使用，方式如下：

（1）动词重叠表示动作时间短暂或者做一做试试的意思；在语气上，也有表示随意性的意思。如“看看”“等等”“分析分析”“商量商量”等。**动词重叠之后，不受表示正在持续进行的意义的副词**，如“正在”“在”等的修饰。

×他正在跟同学谈谈考试的问题。

重叠动词的宾语也必须是确定的：

×下星期天，我要去看看一个朋友。

“一个朋友”是不确定的。只能说“看看他”“看看张先生”，否则就不可以重叠。只能说“下星期天，我要去看一个朋友”。

单音节动词重叠后，还可以插上“一”，成为“看一看”“等一等”的结构。“看看”和“看一看”，用“一”和不用“一”，有不同的语用价值。如：“你去查查，一定要去查一查。”**用“查一查”比较郑重**（邢福义，2002：77）。

因为动词重叠表示动作短暂，所以用在祈使句里，可以使语气显得缓和些：“你教教我！”“你说说！”。重叠以后和“罢了”“不过”连用，如“说说罢了”，表示往小里说。

在口语中，尤其是对话中，动词重叠出现的频率比较高。重叠动词的否定形式只出现在“不……不……”里的第一个“不”后边：“不研究研究是不行的”。反问句里的“怎么不”后边：“你怎么不想想？”。能重叠的必须是持续性动词；“死、忘、是、有”等动词没有持续性，是不能重叠的（房玉清，1992：469）。（“死”也是副词，表示坚决的意思，多用于否定式，如“死不悔改”“死也不说”等。这种用法的“死”，不能重叠。但新加坡华语口语里有“他死死都不肯”的重叠用法。）

（2）动词重叠或者不重叠，都可以加上“看”，表示“试一试”的意思：“商量看——商量商量看”“想看——想想看——想一想看”（陆俭明、马真,1985)。新加坡有些人用“动词＋看看”,说成**“商量看看、想看看、吃看看、写看看”,这不是规范的用法**。这种现象越来越普遍,有成为新加坡华语特点的可能。

(3) 无论单音节或双音节的动词,都可以在后边加上“一下”,表示动作时间短暂:看一下、想一下、讨论一下、研究一下。新加坡华语里有动词重叠再加“一下”的用法:“其实给父亲骂骂一下又有什么关系……”“你们彼此先认识认识一下”。**普通话里动词重叠不能再加“一下”**(陆俭明,1996)。

除了“一下”之外,一般动词重叠后面也不能带上其他表示数量的单位。新加坡华语却有如下的说法:

① 你别太累了,休息休息一会儿再做吧。(普通话只用“休息一会儿”。)

② 谈谈几次,就可以约她去拍照。(普通话只用“谈了几次之后”或“谈了几次”。)

(4) 动词后边加上“着”,再重叠使用,表示两种情况连续发生。这样的结构,经常有“就”和它相呼应。例如:

① 我们走着走着,就到了家门口。

② 我想着想着,不知不觉就已经晚了。

(5) 有不少双音节动词还有AABB的重叠方式。这种重叠方式所表示的是一个动作的频繁发生,或多次重复:

指指点点　缝缝补补　修修改改　争争吵吵

吵吵闹闹　洗洗涮涮　躲躲藏藏　哭哭啼啼

“嘟囔”,既可以说“嘟囔嘟囔”,也可以说“嘟嘟囔囔”:“老太太又嘟嘟囔囔起来”。“遮掩”也有“遮遮掩掩”的重叠,如“你别遮遮掩掩了,他早就知道了”。也有“前遮后掩”“遮前掩后”的说法。“支吾”既有“支吾支吾”,也有“支支吾吾”。

(6) 动宾式双音节动词多以AAB的方式重叠:唱唱歌、跳跳舞、道道歉、理理发。一些非动宾结构的动词，也有 AAB 的重叠方式：洗洗澡、游游泳、鞠鞠躬[①]。

（7）动词两叠或三叠，可以用来表示长时态（宋玉珂，1986），如：

① 成天说，说，没个完。

② 弯着身子拉，拉，拉，额角上有黄豆大的汗粒落到地下。

③ 雄的追逐，追逐，追逐，于是雌的就同意了。

不论两叠或三叠，都可以转成"X 啊 X 的"的形式。

表示长时态也可以用"X 着，X 着"的形式：

他哭着，哭着，约有半点钟，这才突然停了下来。

两叠的"X 着 X 着"，如果没有语音的停顿，便是表示动作短暂，同时预示另外一件事突然发生：

① 走着走着，忽然跌了一跤。

② 读着读着，睡着了。

动词如果只表示静止的状态，大都不能重叠，如：是、在、爱、害怕、包括、具有、属于、需要。

3.8　动词加上"着、了、过"

"着、了、过"是时态助词。

动词加上时态助词"着"，表示动作还在继续进行。如"看着""说着""辩论着""影响着"等。"着"的性质和广东话的"嚟"相似。

加上"了"表示动作已经完成，如"看了""广播了"。"了"的性质和广东话的"咗"相当。两个动词并列，可以只用一个"了"，如"讨论

---

① 《汉语语法》（Charles N. Li & Sandra A. Thompson，1989：30）认为"效劳、抱怨"不能有"AAB"的重叠，新加坡华语里除了"ABAB"之外，也能这样重叠。

和通过了”。

“过”表示动作已经成为过去,如“我看过《家》《春》《秋》”和“我看了《家》《春》《秋》”,前者表示“看”已成为过去,后者表示“看”的完成。

句子的动词带“了、过”,可以在句末加上“没有”表示提问:

我看了《家》《春》《秋》。——你看了《家》《春》《秋》没有?

回答是“看了”或者“没看”。“没看”的后边不能保留“了”。

除了句末用“没有”来提问之外,新加坡华语也常用“有没有”来提问:

“你有没有看《家》《春》《秋》?”

回答是“有”或者“没有”。

我看过《家》《春》《秋》。——你看过《家》《春》《秋》没有?

回答是“看过”或者“没看/没看过”。

新加坡华语里常说“你有看过《家》《春》《秋》没有?”回答是“有”或者“没有”。

新加坡华语里的“看有看没有”“听有听没有”一类的说法非常普遍,以“有”“没有”作为补语,都是不规范的(陆俭明,1996)。

3.9 用动词提问

动词用肯定和否定相叠的方式表示提问:

① 他来。——他来不来?

② 你记得。——你记得不记得?

③ 我们讨论问题。——我们讨论不讨论问题?

双音节动词肯定和否定相叠使用时,是以整个词相叠的:“讨论不讨论”“研究不研究”。但新加坡华语和中国台湾“国语”里有“讨不讨论”

“研不研究”的用法。北京普通话里最近也出现了相同的用法(陈建民，1984a:29)。看来“讨不讨论”和“讨论不讨论”两种用法可能同时并存。

动宾结构的双音节动词，如“放假”“动员”“出席”等，除了能说：“放假不放假”“动员不动员”“出席不出席”之外，也有“放不放假”“动不动员”“出不出席”的说法。

吕翼平(2002:349)也认为：“在我们看来，把‘需要不需要’说成‘需不需要’，应该是一个有益的突破，因为它省去一个音节，而且信息的传递决不会因此而出现误差。此外，由五个音节变为四个音节，显得整齐，符合汉语讲究对称的习惯。这种省略方式的覆盖率极大，几乎所有双音节的动词、形容词，不管是由什么方式构成的，也不管是通俗的还是文雅的，只要是用肯定否定重叠来表示疑问，就都可以这样用。如‘讨不讨论’‘凉不凉快’‘糊不糊涂’‘昏不昏庸’，等等。既然它完全符合效率原则，我们就没有必要仅仅因为前人没有这样用过，就绝对不能这样用。”

动词加补语的结构，如“行得通”“见得着”等，肯定和否定提问时，普通话只说“见得着见不着”“行得通行不通”(陆俭明:1996)。新加坡华语将动词肯定和否定重叠，再加上补语，出现如下的说法：

① 明天见不见得着你?

② 这样做行不行得通?

这种提问方式，如果要用语助词，可以用“呢”。

3.10　单音节动词和双音节动词

单音节动词不能修饰名词，双音节动词可以，如“学习成绩”“游泳姿势”，没有“学成绩”和“游姿势”。

单音节动词和名词的结合,构成动宾关系,如"学书法""想问题""读报纸"。双音节动词只能和双音节名词结合,如只有"阅读小说",没有"阅读书"。

双音节动词和单音节名词结合,只有主从关系,构成名词,如"出租车""维修车""打捞船"。如果改为双音节名词,如"学习文件""出租汽车""维修汽车""打捞轮船",就可能是动宾关系;也可能是主从关系,表示"学习(的)文件""出租(的)汽车""维修(的)汽车",因此有歧义。

练习八

一、下列的词,哪些可以加上"化"构成动词?

科学　军事　系统　艺术　复杂　美丽　简单　伟大　通俗　尖锐

二、试加上一个同义的动词语素以构成双音节动词:

择　买　偿　移　燃　遣　握　查　阅　达

三、试选出适当的动词填在空格里:

穿　露　戴　应　达到　赴　扩大　扩充　动摇　摇动

______帽子　______手套　______鞋　______穷相

______约会　______境界　信仰______　______设备

四、试在空格里填上适当的动词:

1. 这家商店不断增购商品,______营业范围。
2. 因为没有决心改掉坏习惯,才______这样的下场。
3. 我觉得整个房间______了温暖亲切的气氛。
4. 黄鼠狼趁老母鸡不注意,猛地______起一只小鸡就跑。
5. 现在我们缺一个经理,你看谁能______这个职务?
6. 他终于把那匹最调皮的马______了。

五、下列句子有语病吗？

1. 请你帮忙解决这个难题。

谢谢你帮忙我解决了这个难题。

2. 他恐怕今年毕不了业。

他今年恐怕毕业不了。

3. 请你帮忙一下。

请你帮一下忙。

4. 本文拟从标题的词语及句式修辞这两个方面加以申论其用语特点。

5. 名词做谓语、述语在先秦时代是其自身职能，而到了东汉已消失这种职能。

六、“开始、停止”一类动词的后边可以带“比赛、工作、分析”等词。“比赛、工作、分析”等词是动词还是名词？

七、新加坡华语里，“休养、帮忙、提名、挑衅、备战、作废、挑战”等词，常带宾语。陆俭明(1996)：“(这些)动词在中国普通话里都是不及物动词，都不能带宾语。……带宾语可能就是受英语影响造成的。……但是，从根本上说，部分不及物动词和形容词逐渐演化为能带宾语，这主要还是语言表达要求简洁、经济的结果。因此这些说法都将有生命力。”你有什么意见？

八、“造福”一词，李临定(2001：452)说：可以带宾语，也可以不带宾语。不带宾语时，前边要用“为……”介词短语，“为子孙后代造福”；带宾语时，“造福”后边常加“于”，“造福于来往行人”。《现代汉语词典》“造福”条下说：“给人带来幸福：造福后代|为人民造福”。试加以讨论。

九、对下面的用法，你有什么意见：

上海通用奠基北京　接轨国际市场　亮相狮城　喊冤人代会

入境美国　落户上海　挑战错别字　献艺巴黎　签约唱片公司

接轨亚细安　连线台北　出差英国　毕业北大　服务人民

3.11 趋向动词

动词里另外有比较特殊的三种类别,那就是“趋向动词”“能愿动词”和“判断词”。这三类的数量有限,具有较大的封闭性。我们先说**“趋向动词”**。

趋向动词是表示动作趋向的词。趋向动词的作用,部分和动词相似,所以将趋向动词归为动词。趋向动词包括下列的词:

上 下 进 出 回 过 起

来 上来 下来 进来 出来 回来 过来 起来①

去 上去 下去 进去 出去 回去 过去

这些趋向动词有两种作用:

(一)单独应用,例如:

① 希望大家到河边送新娘的时候告诉我一声,我也要<u>去</u>。

② 他才<u>上</u>了三层楼,就嚷腿酸了。

③ 刚一鸡叫,他就<u>起来</u>。

(二)用在动词后面,表示动作的趋向。

第一组“来”“去”用在动词后面,表示移动的方向是向着说话人或某一样东西,或者背着说话人或某一样东西。例如:

① 那本书给你拿<u>来</u>了。(向着说话人)

② 你把这本书带<u>去</u>。(背着说话人)

下面的句子就错用了“去”:

×昨天我去看一个朋友。他书架上有很多书,<u>出去</u>的时候,我向他借了

---

① 陈建民(1984a:39):“如今的北京话就只有‘起来’,没有‘起去’。但是,闽南话、武汉话等还保留了‘起去’。”

一本。

说话人说这句话时，他不在朋友的家。因此，应该用“出来”。

“来”“去”用在动词后面充当补语，只能带一般宾语，不能带处所宾语。如：

进来一个人　送去一封信　汇来两百块钱

如果带处所宾语，处所宾语必须插在动词和补语之间。例如：

进教室来　　回家去　　寄上海去

走进教室来　跑回家去　寄回上海去

处所宾语如果是双音节或者多音的，新加坡华语里还有“进来教室”“回去学校”“寄去中国”“跑回来巴刹”“飞回去澳洲”的说法，这些都是受南方方言影响而出现的，比较特殊的说法。

有的时候，“来”“去”只有连接作用，没有实在的意思：

① 按照教育的需要来进行改组

② 用坚忍不拔的精神去克服困难

如果第二个动词的宾语是“我”“你”，只能用“来”，不能用“去”：

他们打算用这个办法来帮助我/来帮助你。

如果是“他”，则用“来”或“去”都可以：

我们打算用这个办法来/去帮助他。（朱德熙，1982:166）

第二组“上”“下”“进”“出”等，是以另一个地点或位置为着眼点，说明地点或位置的改变，与说话人无关。例如：

① 走进屋子一看，一个人也没有。（从屋外到屋内）

② 跑出大门，他一口气奔到学校。（从门里到门外）

③ 他回到家，放下书，就帮哥哥挑水去了。（从手上放下来）

第三组“上来”“上去”“下来”“下去”等，是复合趋向动词，是第一组和第二组的组合，因此和说话人或位置都有关。“来”“去”表示向、背说话人（这个“去”是古代汉语“离开”的遗留），“上”“下”表示位置

的改变。如:

① 赶他出去,我不想见他。(“出”表示离开室内,“去”表示离开说话人。)

② 我想拉他起来,可是拉不动。

③ 他走下去,替我买东西。

动词带趋向动词,和“了”的配合有四种格式:“走出来”“走了出来”“走出来了”“走了出来了”。《骆驼祥子》四种格式都出现过。北京口语“走了出来了”已经渐渐消失了,“走出来”“走出来了”则大量涌现,“走了出来”很少说(陈建民,1984a:39)。

“动词+得+来”和“动词+不+来”一类的结构,表示的意思有两类:一类表示动作的趋向,这是一般的用法;另一类不表示趋向,而表示“能+动词”或“不能+动词”,如“这东西太硬,我吃不来”。下面的“不来”意义不同:

① 他我喊不来,还是你去喊吧。

② 这口号我喊不来。

3.12 复合趋向动词带宾语的句型

动词附上了复合趋向动词,再带上宾语,宾语的位置有以下三种(以A代表复合趋向动词的第一个字,B代表第二个字):

甲式:动词+A+宾语+B(陆俭明,1996)

① 同学们都跑进教室去了。

② 无论洪水多大,水位一落,总要退回河道里来。

③ 他从桌子上拿起一张报纸来。

④ 他这才表露出真相来。

这一式是一般的描述,最常用。宾语如果是**表示地点的**,只能用这一式。只能说“跑上桥来”“走上楼去”。

新加坡华语里有下面的现象：

① 有些人……还时常跑回来巴刹买东西。(普通话的说法是“跑回巴刹来”。华语里“跑”的语义比普通话宽，有时相等于“走”，并不一定是“迅速前进”的意思。)

② 我立刻飞回去澳洲。(普通话的说法是“飞回澳洲去”。)

③ 想不到过了半个钟头后，同一辆车又驾回来我们这里。(普通话的说法是“驾回我们这里来”。)

④ 没有想到，他今天晚上就把她带过来我们家了。(普通话的说法是“带过我们家来了”。)(陆俭明，2002：90—91)

华语口语里也常说“我们走天桥过去”“我们走马路过去”。普通话没有这种用法。普通话相等的说法是“我们从天桥走过去”“我们从马路走过去”。

乙式：动词 + 宾语 + A + B

① 小张，带他进来。(带进他来。)

② 请他出去。(请出他去。)

③ 叫老张出来。(叫出老张来。)

④ 拿那本新书出来。(拿出那本新书来。)

⑤ 他从店里带了很多水果回来。(也可以说“带回很多水果来”。)

⑥ 他请小李进来以后，便退出去了。(也可以说“请进小李来”。)

这一式含有祈使的意义，“扔一个球出来”，是请求别人把球扔给你，“扔出一个球来”是一般的叙述。宾语如果是**有定的名词或人称代词**，甲乙两式都能用。

丙式：动词 + A + B + 宾语

① 他从图书馆借回来一本字典。

② 商店老板买进来不少的粮食。

宾语有数量的修饰成分，可以用这一式。如果没有数量的修饰，就不能用这种方式。李临定(2001:50)举了“我从屋子里叫出来弟弟”的例子,也认为普通话很少这么说。

有数量修饰的宾语也可以用甲、乙两式。例如:“他买回来一斤红毛丹”,也可以说成“他买回一斤红毛丹来”或者“他买一斤红毛丹回来”。通常这些有数量修饰的宾语都是无定的宾语,位置比较自由。吕叔湘(1999)认为命令句不用丙式,如“拿出点勇气来”,不说“拿出来一点勇气”。

“他是谁”一类的主谓短语,也可以用这一式,如“我认出来他是谁”和甲式“我认出他是谁来”,而没有乙式的说法:“我认他是谁出来”。用这一式有时也含有“突然”的意思,如“扔出来一个球”。

从上面的分析看,动词带复合趋向动词,宾语的位置有三种。甲式最通用,如果宾语是表示处所,则只能用甲式。宾语是代词,常用乙式。至于丙式,则要求宾语之前有数量的修饰成分。

在口语里,复合动词带宾语,宾语越长,复合动词越可能重复:

① 怎么做得**出**这么没有道理的事**出**来。

② 他说得**出**这样难听的话**出**来。

3.13 复合趋向动词的活用

复合趋向动词除了以上的特点之外,也用来表示一些比较抽象的意思。例如:

“来”有时不表示实际的动作趋向,如“算来、想来、看来”的“来”,只表示“从某一方面着眼”的意思:“想来他也离开了两年”“看来要下雨了”。

“起来”，表示动作或情况的开始，并且继续下去：

① 进了屋子，我们就跟他攀谈起来。

② 他说着说着就感慨了起来。

有时起来也表示由分散到集中，或由暴露到隐蔽：“团结起来”“收起来”“包起来”等。“起来”也可以用在“听”“说”“想”等动词之后，引起下文：“说起来话长”“看起来他也有四十岁”。“增加起来”“多起来”“少起来”，表示数目的增加或减少。

“过来”，表示回到清醒或正常的状态，相反的意思用**“过去”**。例如：“醒过来”“活过来”“改正过来”“改过来”“晕过去”“死过去”等。

“下来”，表示使某一件事情固定或停留，目的在使它不至于被遗忘、失去或离开，如：“写下来”“记下来”“留下来”等。用在形容词的后边，可以表示事物在性状方面的变化：“跑了一阵之后，他就慢了下来”。

“下去”，表示动作或性状的继续，如：

① 工作虽然不容易，但总得做下去。

② 不要再想下去，我们出去散散步。

③ 天气如果再冷下去，我就受不了了。

“上”，表示事物归到应归的位置：“把门关上”。

“出来”“出”又有产生的意思：“闹出事来”“他能写出好文章才怪呢！”。

有些复合趋向动词和动词结合得很紧，失去了表示趋向的意思，应该当作一个语言单位：

① 这种花生**吃起来**又香又脆。

② 这几天我**忙不过来**，我们改天再谈吧。

3.14 新加坡华语“回”的特殊用法

新加坡华语用“回”做补语,有特殊的、比较抽象的意思,如:

① 他穿回刚才脱下的外衣。(重新穿上)

② 你便能得回失去的宁静。(重新得到)

③ 我爱人家多少,我一定要得回相等的爱。(得到……回报)

④ 说回刚才的话题。(回过头来说)

⑤ 她的“打女”形象越来越深入民心……怕难做回她的窈窕淑女。(重新成为)

“回”的“重新”等意义,是普通话所没有的[①]。

3.15 能愿动词

能愿动词是表示可能、必要或者愿望等意思的词。包括:

能　能够　会　可以　可能　得

该　应该　应当

必须　得(děi)　要

愿意　肯　敢　敢于

能愿动词和动词一样,可以用肯定和否定相叠的方式来提问,有些还可以单独用来回答提问[②]:

你会不会?我会。/会。

---

① 这是陆俭明(2002:76)的观察,我只将例子和解释做了一些修改。

② 吕叔湘(1979:41):“有一部分是表示可能与必要的,有一部分是表示愿望之类的意思的,……前一种接近副词,后一种接近一般要求带动词做宾语的动词,这两方面的界限都不容易划清。我们常常可以遇到助动词和副词并列的例子……也常常可以遇到助动词和一般动词并列的例子。”

你肯不肯？我肯。/肯。

如果动词和能愿动词合用，相叠提问的是能愿动词，而不是动词：

他能来。　　——他能不能来？

他能去。　　——他能不能去？

和双音节动词一样，双音节能愿动词肯定和否定相叠使用时，是以整个词相叠的："愿意不愿意""应该不应该"。但新加坡华语和中国台湾"国语"里有"愿不愿意""应不应该"的用法。普通话里也有相同的用法：

动宾词组和后补词组应不应该包括在偏正词组里？（张静主编，1984：103）

能愿动词还有"不X不"的用法，如"不能不""不愿不""不应该不"等，是一般动词所没有的。

3.16 学习能愿动词应注意下列几点

（一）能愿动词不能重叠使用，所以我们不能说"他**敢敢**偷了我的东西"。（新加坡华语里还有副词重叠的用法："硬硬""乱乱"，如"硬硬要""硬硬强""乱乱做""乱乱写"。这两个副词在普通话里都是不能重叠使用的。）

（二）必须分辨各能愿动词的意义，才不至于误用，例如：

① 你**可以**出去了。（表示允许）

② 现在，我们**可以**吃冰淇淋了。（表示允许或者适宜）

③ 大家**要**努力学习。（表示应该或必须）

④ 这是他自己**要**这样做的。（表示愿意）

同一个能愿动词表示了不同的意思。

"能"和"可以"意义相近，可以互换：

骆驼可以/能几天不吃东西。

但否定时却是"不能"，而不是"不可以"："马不能几天不吃东西"。**"不**

可以"只有"不许可、不应该"的意思。下面的句子都只能用"不能":

×夏天,这里不可以看到雪。

×附近没有村庄,不可以找到住的地方。

文言"可"能单用,**现代汉语不能单用"可"**,只能用"可以"。除非是成语,才能单用。

"得"表示"一定要"的意思,一般用在谈话里,如果比较严肃,比较庄重,就得用"必须""应该":

我们**得**加倍努力,才能考得好成绩。

"要、想、愿意"都表示主观的愿望,但否定的说法却不能用"不要",只能用"不想""不愿意":

×乡下住惯的人,**不要**离开乡下,到城里住。

×星期天他从来**不要**待在房里。

上面两句,应当用"不想""不肯""不愿意"。**这个分别在新加坡华语里已相当模糊了。**

用"能"和用"会",意思不同。"能"表示能力做得到;"会"表示学会了:

① 弟弟已经能走了。(表示弟弟有了"走"的能力。)

② 弟弟会走了。(表示弟弟学会了"走"。)

恢复某种能力,用"能",不用"会":

他病好了,能走了。

"能"也表示达到某种水平、某种效率:

① 现在他连北京方言都能听了。

② 他用半天就能做好一件大衣。

这个用法的"能",**新加坡华语趋向于用"会"**:

在新加坡学了半年华语,现在他会用华语交谈了。

普通话在这个地方用"能"。

在名词前面，文言用“能”，白话用“会”：

能歌善舞　能诗善画

会英文　　会象棋　　会画画

在日常生活里，我们常将“能”用作“可以”的意思：

学生问老师：我能出去吗？

“会”和“可能”也有一些区别：“可能”表示估计某一件事将要发生，如“晚上可能下雨”；也可以是估计事情已经发生，如“可能已经下了雨”。“会”只能用于估计某一件事将要发生，可以说“晚上会下雨”，而不能用于后一种情形。“会”不能和“已经”“着”连用（朱德熙，1982：63）。

3.17　判断词“是”

判断词“是”和后边的名词（或者代名词）一起表明前边词语的性质或类别等，如：

① 他是学生。

② 路的那一头是我的家。

③ 偷东西的人是他。

“是”在下列几种情况下可以不用：

（1）名词是表示时间或者日期的：

① 今天（是）三号。

② 现在（是）五点。

③ 今天（是）星期三。

（2）名词是表示国籍或者籍贯的：

① 我（是）新加坡人，他（是）马来西亚人。

② 你（是）福建人，他（是）广东人。

通常在表示对比说明时才这样说。在对话中也常不用“是”：

你哪里人？我福建人。

但如果表语太长，“是”就必须用：

我是福建永春人。/我是福建永春过溪周人。

(3) 名词是表示天气的：

今天(是)晴天。/昨天(是)雨天。

(4) 表示地点、处所：

学校前面(是)一片空地。/群山之间(是)一块盆地。

(5) 表示身体部位：

他黄头发，蓝眼睛。

3.18 “是”的活用

“是”可以用在动词、形容词前边，表示强调，一般要重读[①]。

① 他不去。——他是不去，你不必劝了。

② 我不懂。——我是不懂，这有什么奇怪？

③ 小李很能干。——小李是很能干，样样事情都办得井井有条。

④ 东西贵。——东西是贵，不能买。

“是”也表示“存在”“合适”“凡是”等意思：

① 满身是泥。/到处是绿。(表示存在)

② 东西放的是地方。/你来的是时候。(表示合适)

③ 这种事是人都会做。(表示凡是)

“是”用在两个相同的动词或形容词之间，后边与“可是”“但是”等词连用，表示“虽然”的意思。这种用法的“是”也可以说成“倒是”：

---

① 陆俭明(1986)：“形容词谓语句中用‘是’(不重读)，例如：银行的业务一直是蒸蒸日上。……在中国普通话里没有这种欧化句式。”

① 他走是会走,就是走不好。

② 做是做了,可是不一定好。

③ 书好是好,不过我不喜欢。

④ 东西旧是旧,可是还能用。

宋玉柱(1983:443—450)认为这里的“是”就是“虽”,是和下文的“但是”“可是”相呼应,有虽然的意思,应是连词。这一点可以从早期白话文中得到证明。例如:“补虽补了,到底不像。”(《红楼梦》52回)“虽”就是后来的“是”。……“是”重读,对后面的谓语起修饰作用,应为副词。“是”用同“虽”,当作连词,是可以接受的说法。但强调作用的“是”,是从表示“存在”发展而来的,和表示“存在”的“是”还有密切的联系。

3.19 “是……的”的用法

“是”加在所强调部分的前面,“的”置于句末。这个“的”是语气助词。

① 事情是明明白白的。

② 开这样的会,我是很赞成的。

③ 是他叫我来的。

④ 这本书我是昨天买的。(强调“昨天”)

⑤ 这本书是我昨天买的。(强调“我”)

⑥ 他是昨天从英国回来的。(强调“昨天”)

⑦ 他昨天是从英国回来的。(强调“从英国回来”)

如果动词有宾语,“的”也可以在宾语之前:

他刚下飞机——他是刚下飞机的。

——他是刚下的飞机。

“是”可以省略,但“的”却不能省略:

① 他(是)刚下飞机的。

② 他(是)刚下的飞机。

新加坡华语里有保留“是”而省略“的”的现象：

四人是一个月前才获选参加辩论赛。

当然活用的“是”可以根据它的用法分别把有强调语气特点的归为副词，把有连接作用的归为连词。这样“是”作为判断词就是动词，其他的作用就归入副词或连词。

练习九

一、下列的动词和趋向动词的配合方式可以有哪几种？

1. 买　回来　邮票
2. 跑　过来　桥
3. 走　上来　楼
4. 带　回来　一包点心
5. 走　过去　天桥
6. 送　出去　他
7. 翻　起来　断砖
8. 走　过去　马路

二、请将宾语加在适当的位置：

1. 他们都回去了。(教室)
2. 他咽下去，然后慢慢地说。(一口饭)
3. 院门没关紧，门缝里透出来。(一线灯光)
4. 请你把字典送回去吧。(图书馆)
5. 送出去以后，我回到屋子里。(他/小李)

三、下列句子的趋向动词用得对吗？

1. 他抓起来笔。

2. 我想起来他心里就生气。

3. 好一段时候，他才想出来那个字。

4. 他拿出来昨天买的那本书。

5. 我从屋子里叫出来弟弟。

四、请填上适当的趋向动词：

1. 这个缺点很容易看________。

2. 你送的相片，我已经收藏________。

3. 我把他说的记________。

4. 他花了三个月的时间，才把那本小说翻译________。

5. 他突然晕了________，把大家吓坏了。

五、下列句子，哪些必须用"是"？哪些可以不用？哪些加上了"是"表现得更有力？

1. 这所房子新。

2. 路的那一边，本会的会所。

3. 我懂了，你不用再说了。

4. 昨天晴天，今天雨天。

5. 小李琼州人，小张广东人。

六、试用"是……的"改写下列句子。每个句子有几种说法？

1. 他从家里坐的士来学校上课。

2. 昨天，他在学校礼堂里做了一次精彩的演讲。

七、试用"是"代替"虽然"，改写下列句子：

1. 他虽然调皮，可是很用功。

2. 下雨的时间虽然短，可是雨量很大。

3. 他虽然会说，可是不会做。

第四章　形容词

4.1　形容词是表示性质、状态的词

例如：

① 我最爱看天空中密密麻麻的繁星。

② 他们勤勤恳恳地干活，高高兴兴地过日子。

③ 大石狮子很威武很镇静地蹲着。

④ 每晚一打开后门，我便会起一种特别的感觉。

⑤ 我很想写几句来歌颂这伟大而静默的晚景。

⑥ 她那张圆圆的小脸，可爱极了。

这些句子里的“密密麻麻”“勤勤恳恳”“高高兴兴”“威武”“镇静”“特别”“伟大”“静默”“圆圆”“可爱”等，都是形容词。它们分别从性质或者状态来修饰名词或者动词。

4.2　形容词可以分为性质形容词和状态形容词

4.2.1　性质形容词包括单音节形容词（如“大”“红”“快”“好”“贵”“多”等）和一般的双音节形容词（如“大方”“干净”“规矩”“精明”等）。这类形容词能用“不”否定，能加“很”表示程度，能直接修饰名

词，不能带宾语。

4.2.2　状态形容词包括：

（1）单音节形容词重叠式，如“小小的”“大大的”[①]。

（2）双音节并列结构的形容词，重叠方式是“干净—干干净净”“破烂—破破烂烂”。

（3）“冰凉”“通红”“稀烂”“精光”等，它们的重叠方式和“高兴”之类的双音节形容词不同。一般的双音节形容词是用“AABB”的方式重叠，而这一类是用“ABAB”的方式重叠。用比喻构词构成的偏正式形容词，如“雪白”“冰冷”，是“像雪一样的白”“像冰一样的冷”。重叠的方式都是“雪白雪白”“冰冷冰冷”“金黄金黄”“笔直笔直”等。这一类形容词都是主从结构的形容词，也都不受副词“很”的修饰。

（4）带词尾的形容词，例如：“黑乎乎”“绿油油”“硬邦邦”之类，“灰不溜秋”“可怜巴巴”等等。

状态形容词不能用“不”来否定，不能受“很”修饰，不能带“了、着、过”之类的助词，不能带补语。

有一类短语，如“挺可怜的”“怪舒服的”，作用和状态形容词相似。

4.2.3　性质形容词在应用上没有状态形容词自由，如可以说“白纸”“白头发”，但不说“白手”“白家具”；“雪白”却能说“雪白的纸”“雪白的头发”“雪白的手”“雪白的家具”；可以说“冰凉的脸”“绿油油的庄稼”，但不说“冰脸”“绿庄稼”。修饰动词时，状态形容词也比较自由，如性质形容词“轻”“慢”“重”，只能说“轻放”“慢走”“重打”，但

---

① 陆俭明(1996)：“在中国普通话里，单音节形容词重叠式是不能够不带上 de 而直接做谓语、补语、定语的，它一定得带上 de 转化为状态形容词之后才能做谓语、补语和定语。而新加坡华语里，单音节形容词重叠式可不带 de 而直接做谓语、补语和定语。这一点是很值得注意的。”

却不能说“轻搁”“慢游”“重揍”,而成为状态形容词时,却可以说“轻轻地搁”“慢慢地游”“重重地揍”。

书面语里的双音节性质形容词可以修饰动词:

① 你恭敬地垂手站在伯夷的床前。

② 他和气地跟我说。

口语里都得用状态形容词“恭恭敬敬”“和和气气”(朱德熙,1982:73—75)。

重叠形式的状态形容词用作谓语时,必须加“的”:“这个孩子大大方方的”。如果不用“的”,必须有后续的部分:“这孩子大大方方,惹人喜爱”。

4.2.4 吕叔湘主编(1980:11—12):“有一部分形容词不能做谓语,可以叫作**非谓形容词**。例如:大型、初级、多项、巨额、新式、特等、四方、五彩、万能、共同、个别、天然、人为。这一类形容词不能用‘不’来否定,有的可以用‘非’否定。很多非谓形容词的用途极窄,只能作为科学技术名词的组成部分。例如:高频电波……”“非谓形容词大量存在,而且不断产生,增殖率相当高。有的,以名词性成分为基础,如‘中式、西式、女式、新式、大型、中型、微型、新型、良性、恶性、急性、阳性、米色、茶色、栗色、单色、上等、下等、优等、劣等、高级、中级、特级、超级、大号、中号、全能、万能、空心、实心’等等;有的,以动词性成分为基础,如‘野生、孪生、平装、精装、直接、间接、绝对、相对、法定、祖传、唯物、唯心’等等;有的,以形容词性成分为基础,如‘正方、长方、椭圆、大红、草绿、藏青、杏黄、品蓝、银灰’等等;此外,还有‘共同、真正、零星、唯一’等等”(邢福义主编,1991:293—294)。

4.3　名形词

"危险""困难""矛盾"等形容词，既可以说"很危险""很困难""很矛盾"，又可以说"有危险""有困难""有矛盾"。这些词的词汇意义没有差别，应该看作形容词里的一小类，和名动词一样，叫"名形词"。

4.4　形容词的特点

形容词有以下的特点：

（一）形容词可以重叠使用

① 今晚却很好，虽然月亮也还是淡淡的。

② 月光如流水一般，静静地泻在这一片叶子和花上。

③ 薄薄的青雾浮在荷塘里。

④ 树梢上隐隐约约的是一带远山，只有些大意罢了。

⑤ 妻在屋里拍着闰儿，迷迷糊糊地哼着眠歌。

"淡淡""静静""薄薄"是单音节形容词的重叠。普通话口语里经常在重叠之后加上"儿"。这类重叠经常表示"好"的意思。"隐隐约约""迷迷糊糊"是双音节形容词的重叠。一般双音节形容词的重叠是音节的重叠[①]。重叠的双音节形容词，大部分有不重叠的原词，如"迷糊""隐约"，但也有没有原词的，如只有"慢慢吞吞"，没有"慢吞"；有些重叠的词比不重叠的原词更常用，如"鬼鬼祟祟"比"鬼祟"更常用。

---

① 不是所有的双音节形容词都能这样重叠，如"美丽""丑陋""严重""透明"等，就不能这样重叠。根据李大忠(1984)的统计，能重叠的双音节形容词，口语词占90%左右，不能重叠的双音节形容词绝大部分是书面语词。

重叠后都是状态形容词。

双音节形容词也有不能重叠的,如"年轻""胆怯"一类主谓结构的形容词,"伤心""失望"一类动宾结构的形容词,由"可"构成的形容词,"可爱""可靠"之类都是不能重叠的。并列结构的形容词,一般都可以重叠,如"清静""整齐""亮丽""急忙"等,但也有不能重叠的,如"伟大""愚蠢"等。"美丽"出现了"美美丽丽"的重叠,但仍不普遍。**一般来说,具有庄严意义的或者口语里不常说的形容词,不能重叠,**如"高大"可以重叠,而"伟大"却不可以重叠。"漂亮"能重叠,"美丽"很少重叠。

大部分的单音节形容词都不能修饰动词,但重叠以后就可以,如"重重地打""轻轻地敲"。**重叠的形容词用来修饰动词或补充动词时,表示程度的加强**,如"高高地举起来""说得清清楚楚"。**重叠的形容词不受"很"的修饰,如"踏踏实实地做事"之前不能用"很"。**

形容词重叠**用来修饰名词或单独做谓语时,不但没有加强、强调的意味,反而表示一种轻微的程度**,如"干干净净的地面""地面干干净净的""大大的眼睛""眼睛大大的"(朱德熙,1999,第2卷:34)。单音节形容词重叠,在这个位置,还有爱抚、亲热的意味,如"弯弯的眉毛""大大的眼睛""红红的嘴唇赛樱桃""短短的头发""头发短短的""脸儿红红的"(胡裕树主编,1987:327;朱德熙,1982:27)。

形容词重叠与名词或动词的结合更自由,如"小小的报复""短短的沉默""老老实实的学问"都是重叠之后才能和名词或动词结合的。

有的单音节形容词合用还可以重叠,如"大大小小""红红绿绿""长长短短"等,表示各种性状兼有。

有些形容词有两种重叠的方式。当它采用动词的重叠方式时,它就具有动词的作用。如:"今天是他的生日,你就让他高兴高兴吧。”“高兴高兴”是动词。其他如：“热闹热闹”和“热热闹闹”，前者是动词，后者是形容词。但也有些形容词只有动词的重叠方式，如“干瘦”，只有“干瘦干瘦”的重叠：“他干瘦干瘦的”。它仍旧是形容词。

有些表示不愉快感情的双音节形容词，除了能用“AABB”的音节重叠之外，还可以用“A 里 AB”的重叠方式，表示嫌弃或不赞赏的色彩：“糊涂—糊糊涂涂—糊里糊涂”、“啰唆—啰啰唆唆—啰里啰唆”，“肮脏—肮肮脏脏—肮里肮脏”。

（二）形容词的结构

有些形容词是由一个有意义的主要成分，后边加上重叠的辅助成分而构成的。这一类形容词有特别的表达效果，能使所表达的情态更生动具体。例如：

① 他笑嘻嘻地走过来。

② 就是孩子们也眼睁睁地看着月光、船影，枯坐不动。

③ 太阳羞答答地隐藏在宝石山后面。

④ 我们也占据了一间，并没有红叶看，光瞧着对面的绿丛丛的高山。

如果把上面句子里的“笑嘻嘻”“眼睁睁”“羞答答”“绿丛丛”改为“微笑”“张大眼睛”“害羞”“绿色”，表现情态的效果就完全不同了。

这一类的形容词有些可以省去有意义的成分（或没有主要成分），而留下重叠的辅助成分：

① 我悄悄地披上大衫，带上门出去。

② 曲曲折折的河塘上面，弥望的是田田的叶子。叶子出水很高，像亭亭的舞女的裙。

③ 叶子底下是脉脉的流水，遮住了，不能见一些颜色；而叶子却更风致了。

形容词也有一些词头或词尾，例如：由“可”构成的形容词有“可爱”“可叹”“可笑”“可怜”等；用“不”构成的有“不道德”“不法”“不利”

“不人道”;用“切”构成的有“亲切”“确切”“热切”“贴切”等。

（三）**用形容词提问。**形容词用肯定和否定相叠的方式提问：

① 她美。　　——她美不美？

② 他聪明。　　——他聪明不聪明？

双音节形容词肯定和否定相叠使用时，是以整个词相叠的，如“聪明不聪明”。但新加坡华语和中国台湾“国语”里有“聪不聪明”的用法。下面是双音节形容词重叠应用的例子：

一个句子**合格不合格**，在交际中**管用不管用**，一是要看句法上词语间结合得**妥当不妥当**，二是要看语义上词语间搭配得**合理不合理**，三是要看语用上安排得**适切不适切**。

如果以新加坡华语的说法，就出现“合不合格”“管不管用”“妥不妥当”等现象。其实普通话也用了“合不合格”这类的说法，如：

现代汉语词典给“相当”……明确标定“副词”合不合适……（崔应贤，2004：116）

网上“合不合适”“充不充分”的用例非常多。

练习十

一、下列词，哪些是动词，哪些是形容词？

保持　喜欢　发抖　逍遥　马虎　愉快

欣赏　轻松　摇晃　欢喜　高兴　热闹

二、试给下面句子里画线的词归类：

1. 这里的东西非常便宜。

他总喜欢占人家的便宜。

这样太便宜了他。

2. 可是小金很固执，一定要引他们去看。

他再也没有固执自己的意见。

3. 他的一片忠诚终于感动了大家。

忠诚于教育事业。

他对教育事业非常忠诚。

4. 小孩子没奶吃，饿得哇哇地叫。

坐着奶孩子。

5. 用锁把门锁上。

用日本漆漆好了窗口。

6. 已经铁了心了，再说也没用。

弓着肩提着大袋子。

三、由一个有意义的主要成分和一个重叠的辅助成分构成的形容词，它的构成方式是：A+辅助成分。“A”可能是名词性的、动词性的，也可能是形容词性的。下列词各属于哪一种结构？

亮光光　眼巴巴　绿油油　暖烘烘　静悄悄

水汪汪　气冲冲　阴森森　干巴巴　笑嘻嘻

羞答答　金闪闪　怒冲冲　油腻腻　喘吁吁

四、试在下列括号里填上一个有意义的字，以构成形容词：

（　　）辣辣　（　　）吞吞　（　　）赳赳　（　　）淋淋　（　　）盈盈

（　　）腻腻　（　　）挺挺　（　　）乎乎　（　　）茸茸　（　　）巴巴

五、试将下列引号里的词语换成“暖烘烘”一类的形容词：

1. 没有月光的晚上，这路上“很阴暗”的，有些怕人。

2. 马路上一个水点也没有，“干燥”地发着白光。

3. 周围“很静”的，没有一点声音。

4. 纸上“又多又密”的字，叫我怎么看？

5. 她心里“感到得意”，嘴角露出丝丝的笑意。

4.5 形容词和其他词类的关系

4.5.1 形容词可以受副词的修饰,这一点和动词相似。所以副词后边的词类是动词还是形容词,得靠其他办法来辨别。

① 这几天心里颇不宁静。

② 这是一条幽僻的路;白天也少人走,夜晚更加寂寞。

③ 这时最热闹的,要算树上的蝉声与水里的蛙声。

上面句子里的"颇""不""更加""最"都是副词,都用来修饰形容词。

用比喻构词构成的形容词和带词尾的形容词一般不能受"不"修饰。"不雪白""不绿油油""不东方式"都不能说,只能用"不是雪白的""不是冰冷的""不是东方式的",或者用"不"加上形容词根,如"不白""不绿"等。这类形容词也不受"很"修饰,不说"很雪白"。但是,华语区有用"很雪白""很冰冷""很绿油油"的现象。

4.5.2 形容词加上"了""起来"等,表示性质或状态的变化。

① 渐渐地我的眼睛模糊了。

② 过了十二月,天气慢慢地缓和起来了。

③ 下过几场雨,叶子渐渐地肥了,花朵一天天地红起来,大起来了。

"模糊了"是从"不模糊"到"模糊","缓和起来""红起来""大起来"表示"开始缓和了""开始红了""开始大了"。

4.5.3 形容词的修饰语通常比较简单,比较复杂的修饰语通常做补语。

"耀眼地亮""令人胆怯的寂寞"这类的话,都是书面语,口语里的说法是"亮得耀眼""寂寞得令人胆怯"。

4.5.4 恰当地使用形容词可以使所说的话更具体,更准确,更生动。例如：

① 弯弯的杨柳的稀疏的倩影，却又像是画在荷叶上。

② 我看见他戴着黑布小帽，穿着黑布大马褂，深青布棉袍，蹒跚地走到铁道边。

“弯弯”“稀疏”“蹒跚”等形容词都是用得很恰当的。**在近义形容词方面，养成正确的搭配习惯是非常重要的。**“广泛的意义”“优秀的人才”“细致地处理”，不能用“广大、优良、精致”来替代。

×照顾得太不周全了。

“周全”和“周到”是近义形容词，但和“照顾”搭配的是“周到”，和“考虑”搭配的才是“周全”。

除了修饰作用之外，**形容词也可以充当谓语。这是英语没有的用法。**“孩子们很高兴”，英语说成“The children are very happy.”，需要用动词“are”，汉语里不需要用“是”，直接用形容词做谓语。

4.6　形容词带宾语

4.6.1　有少数的形容词可以带宾语，如：

淡泊名利（对名利淡泊）　　疏远我（对我疏远了）

重男轻女（认为男的重要，女的不重要）　　厚此薄彼（对这个重视……）

秃了头发（头发秃了）　　红着脸（脸红着）

大我三岁（比我大三岁）　　重我一公斤（比我重一公斤）

这些形容词都表现了特殊的意义。

“忙”“热”也都有带宾语的用法：“你在忙什么？——在忙晚饭”（为晚饭忙），“这饭应该热一热。——我热饭去了”。

4.6.2　更多的是形容词带宾语具有使动的意义：

安定人心＝使人心安定

端正态度＝使态度端正

方便顾客＝使顾客方便

熟练技术＝使技术熟练

繁荣经济＝使经济繁荣

完善现有的词类系统＝使现有的词类系统完善

单音节形容词也有使动用法，如“湿了您的东西”“肥了个人，瘦了集体，亏了国家”等中的“湿”“肥”“瘦”都是。

如何看待形容词带宾语的现象，语法学界还有争论。如果要维持能不能带宾语作为形容词和动词区别的标准，那么这一类形容词可以当作兼类词处理(胡明扬，1996)。其实，形容词带宾语是继承了古代汉语的用法，如“王请大之”(《孟子·梁惠王下》)“孔子登东山而小鲁，登泰山而小天下”(《孟子·尽心上》)。

4.6.3 新加坡华语里形容词有些带了宾语，用为动词，和普通话不同：

你**生气**妈妈(对妈妈生气)

亲爱父母和兄弟姐妹(与父母和兄弟姐妹相亲相爱)

恐惧自己会老死(想到自己会老死而恐惧)

恼怒你的直率(对你的直率感到恼怒)(陆俭明，1996)

这类形容词带上宾语的用法，只见于新加坡华语书面语。

学生用形容词，也出现一些错误的语言现象，如：

× 他们一连清洁了十八间课室。

× 在英校教华文，有机会进步你的英语。

上面两个句子里的“清洁”“进步”都是形容词，都不能带宾语。但是，“清洁”带宾语的用法越来越多，可能成为新加坡华语的特殊现象。

另外一些华语口语里常用的格式，如“跑快快”“吃好好”“坐直直”等，是受了方言影响而出现的说法，是普通话里所没有的。动词重叠再带上形容词补语的，如“看看清楚”，也是普通话所没有的用法。陈建民(1984a:28)：“近年来这种格式已经开始在北京口语里听到。像‘说说清楚’……北方话作家端木蕻良在他的《曹雪芹》(上卷)……：‘你那功课什么的，也得抓抓紧了’。”

练习十一

一、在下列空格里填上适当的形容词：

心地________ 节目________ 竞争________

意志________ 头脑________ 内容________

设备________ 成绩________ 人才________

二、丁声树等(1979:7)：“有时候形容词加上‘了、起来’一类的字眼，如‘雨大起来了’简直和动词没有区别，比较‘花开了’，‘雨下起来了’。形容词这样用的时候，就可以认为是动词。”你有什么看法？

三、“焦黄”为什么不能受“很”修饰？它有怎样的重叠方式？

四、形容词和动词在语法上有什么相同点？有什么不同点？

五、朱德熙(1982:55)将动词和形容词合称谓词。他用能不能加“很”和能不能带宾语来看这两类词的反应，列为下表：

	加“很”	带宾语	例 词
1.	+	+	想 怕 爱 喜欢 关心 害怕 赞成 同意 相信 怀疑 羡慕
2.	−	+	唱 念 看 切 杀 买 说 有 讨论 发展 分析

(续表)

	加“很”	带宾语	例　　词
3.	−	−	醒　歇　锈　醉　咳嗽　游行　让步　地震　游泳　休息　病
4.	+	−	大　红　远　好　胖　累　困　乏　饱　痒　结实　干净　发达　漂亮

前三类是动词,后一类是形容词。依照这个说法,“委屈”既可以说“很委屈”,又可以说“委屈了他”,应该怎么处理?

六、能不能带宾语是动词和形容词的主要区别,但在语言应用里,有如下的现象:

1. 他的脸红了一下。/他红了一下脸。

2. 必须健全剧团的组织。

3. 这件事又得辛苦你一趟了。

4. 你越冷淡他,他越舍不得你。

对这种现象,你有什么看法?

七、下列短语的中心词是由一些名词、动词或形容词组成的,试说明它们的结构方式:

讲公道话　书信的写法　诚恳的态度　轻轻地打　参考资料

朋友和敌人　结合实际　人物的性格　精彩的表演　认真讨论

研究人员　讨论并通过　学习语文　钢铁的硬度　整洁的课室

详细分析　补充材料　天真活泼　讨论问题　一本小说　一口一口地喝

八、下面的三组词,哪一组是名词,哪一组是动词,哪一组是形容词?各有什么特点?

1. 兴趣　火气　举动　战争　上边

2. 打趣　发火　打动　打仗　上来

3. 有趣　恼火　激动　对立　先进

九、下列句子里画线的词，各是哪一类词？

1. 这次事件惊动了四方。

那个人是四方脸，小眼睛。

2. 他穿衣服很随便。

随便你怎么说，他都不介意。

3. 他不小心手烫了一下。

别吃，这东西太烫了。

4. 他们曾经同学四年，感情不错。

你的同学找你来了。

5. 同学们都很团结。

我们应该团结一切可以团结的力量。

十、下列短语/句子有没有错误？为什么？

1. 青菜是最营养最经济的副食品。

2. 他态度认真，工作也很踏踏实实。

3. 他非常生气自己不小心。

4. 选出最礼貌的德士司机。

十一、名词、动词和形容词可能构成不同的短语。请在下列短语旁注上短语的名称：

名＋名	动＋动	形＋形
今天阴天（　　）	巡回医疗（　　）	活泼可爱（　　）
石头椅子（　　）	研究讨论（　　）	忙坏了（　　）
英国美国（　　）	调查分析（　　）	
名＋动	动＋名	形＋名
学生学习（　　）	分析问题（　　）	重要人物（　　）
电话联系（　　）	演出节目（　　）	
名＋形	动＋形	形＋动
工作繁忙（　　）	喜欢文静（　　）	详细研究（　　）

芝麻大(　　)　　收拾整齐(　　)

十二、现代汉语的“坚定信心”“突出重点”“光着肩膀”“坚固牙齿”“苍白了昔日的荣光”“颓废了自己”“清洁口腔”“幸福你一生”“以强大自己为上策”“明确目标”“方便顾客”“忠诚教育事业”以及“斗蟋蟀”“斗鸡”“活血化瘀”“运动你的脸”等,和一般的动宾结构相比较,有什么结构特点?

十三、形容词的使动用法,《现代汉语词典》最早只收“安定”“便利”“纯洁”等27个,后来增收“严明(严明军纪)”“方便(方便群众)”“规范(规范人们的行动)”“完善(完善管理制度)”“涣散(涣散军心、涣散组织)”等。这样处理,你觉得怎样?

十四、凡是贬义的形容词,如“蛮横”“糊涂”“伤心”“狼狈”“残忍”“惭愧”“危险”等,受“好”或“好不”修饰时,都表示肯定;而“讲理”“安分”“争气”“知足”“公平”“识相”“人道”等表示褒义的形容词,一般不说“好XX”,而且“好不”都表示否定。你认为应该怎样解释这个现象?

第五章　数词

5.1　数词是表示数目的词

现代汉语的数词可以分为两类：基数词，序数词[①]。

5.1.1　基数词是代表数目的词，如“一”“二”“三”……“十”“百”“千”“万”“亿”。华语里的基数词“万”，英语里用“ten thousand”。**新加坡人受英语的影响，也将“万”说成“十千”。**

基数词里代表固定数目的词，包括整数、分数、倍数等，是定数；代表不固定数目的是约数/概数，如“二三十”“四五百”“成千”等。

5.1.2　序数词是表示次序先后的词，如“第一”“初一”“头一”等。“头一胎”就是“第一胎”。后边如果有量词，“第一”可以用“头一”来替代，如“第一个”可以说成“头一个”，“第一把”可以说成“头一把”。平常说话，常用“头”，如“头等”“头奖”“头一名”。但“头”和“第”不完全相同。“头两个”是前两个，“头三个”是前三个；“他是第一”不能说成“头一”。

此外，“初”“末”“小”“大”等，也常常用来表示次序，如“初一”“末一次”“正月”“长子”“大哥”“小指头”等。

5.1.2.1　汉语里序数不一定用“第”，如**日期、排行、编号、楼房**

① “甲乙丙丁”之类，也可以表示序数，可以归为序列数词。

等一般都不用“第”。新加坡华语里的“你住第几楼?”“你住第几座?”都应该说成“你住几楼?”“你住几座?”或者“你住哪一楼?”“你住哪一座?”。当然,我们也可以把新加坡的说法当作新加坡华语的特点。

5.1.2.2 基数词用在名词的后边,也可以表示序数,如“图三”“表一”“附录四”等。这都是书面语的用法。口语里的说法是“第三个图”“第一个表”“第四个附录”。

数词出现在缩略语的前边或者后边,也表示序数,如“三教(第三教学楼)”“四中(第四中学)”“大一(大学一年级)”等。这种基数词和缩略语连用,是口语的用法,而且有很多是地区性的用法,如“三教”“四中”等,新加坡便没有这种用法。

有等级意义的量词和数词连用,如果后边出现名词,这个数词就是表示序数,如“三等奖”“一级公务员”等。如果后边没有名词,则出现歧义,如“分为四等”和“他是四等”,“四”在前者是表示基数,是“四个等级”,在后者是表示序数,是“第四等”。

5.2 “一”的用法

在称数上,“十”前面可以省去“一”,我们说“十五”“一百十六”,而不说“一十五”“一百一十六”。但在**“百”“千”“万”“亿”等前面的“一”就不能省**。我们一定要说“一百三十”“一千三百”“一万五千”,而不能说“百三十”“千三百”“万五千”。“三百二十”“一万三千六百”之类,可以省去后面的一项,说成“三百二”“一万三千六”。

如果最前面是“一”,方言里可以说成“百三”“千三”“万五”,普通话里却不可以这样说。新加坡华语受方言的影响,常听到这样的说法[①]。

5.3 “二”和“两”

“二”和“两”(丁声树等,1979:170;张志公主编,1985:177)这两个词都表示2,但用法不同。

5.3.1 “十”之前用“二”不用“两”。“百”之前,新加坡华语多数用“两”,普通话多说“二百”,少说“两百”[②]。“千”“万”之前用“两”,说“两千”“两万”。如果“千”“万”后面有零数,则用“二”,如“二万五千里”“二千三百”。新加坡华语里,“千”“万”之后即使有零数,也可以用“两”,如“两千两百”“两万两千两百”。普通话“百”“千”“万”连续使用时,后头的不用“两”,只说“两千二百”“两万二千二百”。新加坡华语一般用“两”,如华语说“一亿两千两百二十”,普通话一般说“一亿二千二百二十”。“零”后边只用“二”,如“三百零二”,不用“两”[③]。

5.3.2 表示约数,只用“两”,如“一两天”“买两三斤”。“两”也单用来表示“不定数”,相当于“几”:“说两句话”“喝两杯”“这两天”“送两斤吧”。如果用“送二斤”,那一定是确数。**新加坡华语里表示确定的数目,习惯用“两”,而不用“二”,“送两斤”华语也可以表示确数。**

---

① 陆俭明(1996):“在中国普通话里,基本上没有这种省略。只是在做定语时偶有所见,如‘千人大会’‘万元户’,但没有推广的趋势。”华语里货币之前也有省略“一”的,如“毛二”等,普通话也没有这种用法。

② 朱德熙(1982:48)认为百、千、万、亿前边用“两”用“二”都可以。

③ 方绪军(2000:77)认为“零”后边也可以用“两”。

5.3.3　普通量词前面一般用“两”,如“两个人”“两把刀”“两张纸”等。度量衡单位前面可以用“二”也可以用“两”,如“二斤”和“两斤”都可以说。**新兴的度量衡单位前面通常用“两”,如“两加仑”“两吨”**[①]。度量衡单位连用时,前一个单位可以用“两”,后一个单位不能用,如“二丈二尺”“两丈二尺”都可以用,但不用“两丈两尺”或“二丈两尺”。新加坡华语说“两斤两两”“两丈两尺”,也说“两斤二两”“两丈二尺”。钱币计数时只能用“两”。

下面句子的“二”就错用了:

×我们可以看出20年的讲华语运动依运动的主轴差异,大致可以分为前十年与后十年<u>二个</u>大阶段。

“个”是普通量词,它的前面只能用“两”。“两”后边如果是动物器官的单音节名词,则可以不用量词,如“两手”“两脚”“两耳”等。如果这些名词换成双音节的,则一定要用量词,不能说“两手臂”“两眼睛”。

5.3.4　“二位”和“两位”。“位”是普通量词,前面应该用“两”而不是“二”。“二位”的说法是文言和白话的混合物。表示数目2,文言只用“二”,不用“两”(“两”在文言里有“成双、成对”的意思)。文言没有表示人的量词,因此将“二”和“人”/“子”直接结合,说“二人”“二子”。白话用的量词是“位”“个”,说成“两位先生”“两个人”。将文言的“二”和“位”连用,成了文白的混合物。如果用纯正的普通话,应该说“两位”。至于说“二先生”,则是受文言深刻影响的说法。另外,用“位”含有敬意,“个”没有,所以“两个敌人”不说“两位敌人”。

5.3.5　表示序数,用“二”不用“两”,如“第二”“二伯”“二月”。“半”的前面只能用“两”,如“两个半”“两倍半”;单用的“倍”之前,则

---

①　赵元任(2002b:450):“年轻一代为了节省笔划起见,都写作‘二’,但念起来都是念‘两’,这种现象也许可以说‘两’字开始要有一个别体了……”

"二"或"两"都可以。

5.3.6　用"二"构成的短语，不能换用"两"，如"一心二用""一分为二""独一无二"等。但"一心二用""三心二意"，新加坡华语却常用"一心两用""三心两意"。**"两"有"成双"的意思**，所以"一举两得""两全其美""两相情愿"都得用"两"。普通话里只有"三言两语""三长两短""三三两两"等，却没有"三言二语""三长二短""三三二二"的说法。这些短语里的"两"，都是"二"的意思，没有"成双"的意思，和新加坡华语里的"一心两用""三心两意"的用法相同。

考察"二"和"两"的区别，既要注意口语和书面语的差别，也应该注意不同方言或地区之间的差别。"二"有发展为序数词的趋势，**表示基数的"二"的地盘正在被"两"逐步占据**。因此不妨把"二"看作准序数词（马庆株，1998：15—38）。

5.4　分数和倍数

"半"是一个特殊的基数词。"半"之前如果有整数，"半"用在量词后边，如"两个半月""一斤半糖""十五岁半"。如果没有整数，则用在量词前面，如"半斤""半个"。

分数通常用"X分之X"的格式表示。前一个数目表示分母，后一个数目表示分子，如"二分之一"是1/2，"三分之一"是1/3。如果分母是一百，新加坡华语里可以用"巴仙"（新加坡华语的外来音译词）表示，如30%是"百分(之)三十"，也可以说"三十巴仙"。

分数如果再带上整数，则用"整数＋又＋X分之X"的说法，如"1½"是"一又二分之一"。如果分母是十，可以说成"X成"，如"十分之三"，说成"三成"，"十分之七"说成"七成"。"八成"除了有"十分之八”的意思之外,也表示“大半”(较大的可能性)的意思,如“他八成不来了”。

“倍”表示倍数。但在日常口语里,“倍”的用法很含混。如果以“某数的几倍”就是用“几来乘某数”作为“倍”的定义,那么 15 是 5 的三倍,15 比 5 大两倍。

5.5 表示不定数(概数)

表示不定数(概数),通常用下列几种方法:

5.5.1 将两个邻近的数目连接起来用,如“两三个”“五六遍”“十七八个”“二三十张”“两三百人”等[①]。下面的句子在概数方面有些错误:

×晚上十一、十二点才睡。(应改为“十一二点”)

×这篮西瓜有十八、十九公斤重。(应改为“十八九公斤”)

古代汉语表示概数,和现代汉语相同,如:

方六七十如五六十,求也为之,比及三年,可使足民。如其礼乐,以俟君子。《论语·先进》(国土纵横六七十里或五六十里的小国家,我去治理,等到三年,可以使人人富足。至于修明礼乐,那只有等待贤人君子。)

但也有如下的说法:

子曰:后生可畏,焉知来者之不如今也?四十、五十而无闻焉,斯亦不足畏也已。《论语·子罕》(孔子说:年少的人是可畏的,怎么能断定他的将来不如现在的人呢?一个人到了四五十岁还没有什么名望,也就不值得害怕了。)

5.5.2 借用疑问代词“几”,代表“一”到“十”的概数,如“几天”

---

① 新加坡华语里有“千多两千”或“块多两块”的说法,普通话里不这么用(陆俭明,1996)。

“几十本”“几千人”“二十几”等。借用形容词“多”来表示“十”“百”“千”等后边的零数。“多”用在量词之前，如“十多辆车”“两百多张”等；如果是个位数后边的零头，“多”在量词后边，如“五块多钱”“六里多路”。“十”后边的零头，可以用“多”也可以用“几”，说“十多块钱”和“十几块钱”，没有分别。但说“十块多钱”就是指不到“十一块钱”。

5.5.3　在“十”“百”“千”“万”等数后边，加上“来”“左右”“上下”等表示概数，如“十来个人”“八十左右”“二百户左右人家”“二十来里路”“五十上下”。“左右”“上下”是方位词。或前面加上“成”“上”等词，如“成千成万”“上千上万”“成千上万”等，但没有“上千成万”的说法。

“来”是表示概数的数词。用“来”表示概数，有：(a)数词 + 来 + 量词 + 名词，这适用于任何量词，只要数词是末位为零的多位数，如“三百来支笔”“十来个人”。(b)数词 + 量词 + 来 + 名词，这适用于度量衡单位，而且**数词必须是从一到十**。可以说“三尺来布”“十里来路”，但不能说“三本来书”“十件来事情”，也不能说“二十斤来米”“四十里来路”。(a)(b)两式都不适用于末位从一到九的多位数，如“十二”“二十五”“一百三十六”等，不管量词属于哪一类(吕叔湘，1984：209—215)。

5.6　数词与量词的结合

数词在应用时，常常与量词结合，组成数量短语(或数量结构)，再与名词或动词搭配。数量短语之间一般不能插入别的成分。但是，如果数量短语后边的名词是可以被分割开来的，如“纸”可以割成大小张，便有“一大张纸”的说法。**数词和量词之间可以插入的也只**

有“大”“小”“厚”“薄”“长”之类,如“一大杯水”“一大块蛋糕”“一长条棍子”等。

数词在下列情况下可以直接和名词结合:(1)表示组织的编号时,如“三班”“二连”“十六宿舍”。(2)表示计数,如“五人”“十小时”。(3)简缩词,如“两周(指东周和西周)”“两汉(指东汉和西汉)”。(4)表示概数的数词,有的可以不需要和量词先结合而直接用在名词前边,如“三五千学生”。(5)在计算动作的次数时,数词可以直接加在名词之前,如“咬一口”“打一巴掌”,这类名词可以认为已经被借用为量词了。

数词通常在以下情况中直接用在动词前面和动词配合:(1)表示事情发生的次数,如“三打祝家庄”“三顾茅庐”。(2)表示动作的顺序,如“一停二看”。(3)简缩词,如“五讲(指讲文明、讲礼貌、讲卫生、讲秩序、讲道德)”“三包(包修、包退、包换)”。也有用在名词、形容词前面构成简缩词,如“三胞(台湾同胞、港澳同胞、海外侨胞)”“四旧(旧思想、旧文化、旧风俗、旧习惯)”。简缩词的地区差异特别大。上面这一类的简缩词,常见于普通话。

练习十二

一、试用“二”或“两”说出下列的数目:

公元2000年　2000年前　27　227　2000　2227　2800

2丈2尺　2斤2两　2磅2安士　2公斤　2元2角　2个年级

二、试说出下列数目:

1500　130　53 000　1530　55 300

三、试在下列数量结构(数量短语)或量词中加上“半”:

五十斤 斤

十五岁 岁

一尺 尺

四、下列概数,能用别的方式表示吗?

三十几岁 三百左右 三十多里 五十岁上下 六里多路 几千万人

五、试给下列短语或句子填上数词:

( )举( )得 ( )曝( )寒 ( )番( )次

( )拍( )散 ( )令( )申 ( )脚( )步

( )上( )下 ( )长( )短

智者( )虑,必有( )失 ( )里送鹅毛,礼轻情意重

六、数词“二”和“两”在用法上有什么分别?

七、数词可以跟量词组合,用在“X + 量词 + 名词”的位子。“许多”“无数”“多少”“若干”都能用在这个位子上,它们各是什么词?

第六章　量词

6.1　量词是表示事物或者动作单位的词，也叫单位词

量词可以分为物量词和动量词两种。

6.1.1　“一出戏”“一粒米”“一笔债”里的“出”“粒”“笔”等，是表示事物单位的量词，叫作**物量词**。物量词和数词组成数量短语（数量结构），修饰名词[①]。数量短语（简称数量词）修饰名词时，除了记账之外，一般在名词之前。只有在下列的情况下，数量短语才能在名词之后：

① 名词比较复杂：父子两个

② 物量词比较复杂：出动飞机二十架次

③ 数量短语比较复杂：每月消耗原料五十吨至六十吨不等。

④ 加强语气：好汉一条。/我不过是笨蛋一个。

赵元任（2002b：381）认为“这种说法只在很正式的体裁里才用”。

古汉语里，数词可以直接修饰名词，如“三人行必有我师焉”（《论语·述而》）的“三人”，成语的“一臂之力”“一波未平，一波又起”的

---

① 能跟数量组合的不一定都是名词，如“有两种谦虚”“三分羡慕，七分忌妒”。“谦虚”是形容词，“羡慕”“忌妒”是动词。出现在数词和名词之间的也不都是量词，如“七出祁山”的“出”不是量词。

"一臂""一波"都是。现代汉语里有些词语保留了文言的语法现象，也用数词直接修饰名词，如"一粥一饭""双拳难敌四手"。除此之外，一般都是用数量短语修饰名词，而且数量短语的位置必须在名词之前。**只有表示大数目的数词，后边可以不用量词，如"十多万儿童""数亿妇女"等。**

6.1.2　"咬一口""挨一拳""来一趟"里的"口""拳""趟"是表示动作的单位，叫作**动量词**。动量词通常用在动词之后，补充动词（做动词的补语）。动量词也可以修饰动词，如"一把抱住他""一脚踢出去"。

"吃一个馒头"和"吃一次馒头"，"一个馒头"能单说，"个"是物量词，"一次馒头"不能单说，只能说"吃一次"，"次"是动量词。

我们可以用"动词 + 基数词 + 量词"的结构来决定量词是物量词还是动量词："写两张"和"写两次"，"张"是物量词，"次"是动量词。

6.1.3　量词可以重叠，表示周遍的意义，相当于"每一"的意思。这类可以重叠的量词，只占量词的 12%左右。常见的有：个、根、条、张、人、家、层、包、页、件、节、颗、门、粒、样、年、天、场、双、碗、桶、网、箱、盘、顿（陆俭明，1986）。重叠量词可以修饰名词，也可以离开名词，单独充任句子的主语，如"个个都有本事""张张都是好的"。但**不能充当宾语**，"通知每一个人"不能说成"通知人人"或者"通知个个"，"把每间屋子都打扫一遍"不能说成"把间间都打扫一遍"（朱德熙，1982：26）。重叠时不必有数词配合。

量词重叠，**有时候也表示"许多"的意思**，如"阵阵晚风吹来，令人陶醉""清水盆里长出片片绿叶"，"阵阵""片片"指许多阵、许多片，而不是每一阵、每一片。

双音节的量词,如“公里”“架次”[①]“星期”等,都不能重叠。

6.1.4 量词一般也是不受修饰的,只有“一大张”“一小块”“一小杯”“一大捆”“一厚本”“一满碗”“一长条”等,可算是例外;也只有“大”“小”“厚”“薄”“长”一类的词能加在量词上面(丁声树等,1979:42;陆俭明,1993b:102—119)。这些数量短语都表示量的评估,而且后边的名词都是实体的,如“一大把米”“一满杯茶”。如果不是实体的,量词不受修饰,如不说“一大阵风”。新加坡华语里只有“大”“小”“长”用来修饰量词,没有“厚”“满”等词用来修饰量词的例子,我们没有“一满杯茶”的说法。

6.1.5 使用不同的量词,有时能使名词的意义发生变化,如“一项运动”是指体育活动,而“一次运动”则通常指政治运动。“一个苹果”是指水果,“一棵苹果”则指苹果树。量词也有褒贬的意义,如“骗子”“强盗”“小偷”不能用“位”,而“来宾”“贵宾”不能用“个”。新加坡华语里,“个”和“位”的分别几乎在消失中,“来宾”“贵宾”也有用“个”的倾向,饭馆或酒店里对客人也常用“个”:“你们几个?”应该注意“个”和“位”的细微分别,以免引起不必要的不愉快。

6.2 物量词的类别

物量词可以分为四类:

(1) 度量衡制度规定的计量单位。这一类量词可以两个或多个连用,如“一丈一尺”“两斤二两”。除了和名词连用,如“一尺布”“一

---

① 邢福义(2002:102)将双量复合量词分为两种:(1)加合型的:架次、人次等;(2)选择型的:部集、台件、件套等,或A或B,可以选择。

斤米”之外，这一类的量词也可以和形容词连用，如“一尺长”“三斤重”。这是和其他量词不同的地方。数量短语之间还可以插入“的”，如“两磅的肉”“两斤的米”（赵元任，1979：254）。

（2）日常计算事物所用的形体单位量词，有“面（旗）”“座（桥）”“条（街）”等。这类量词和名词结合时，不能加“的”，如不说“两个的人”“两位的先生”。“种”“类”“顿”等量词，常和抽象名词连用，如“一种思想”“一顿批评”等。这些量词如果加上“的”，如“十支的铅笔”“三把的刀”“四面的旗子”，通常含有省略的成分，意思是“十支一盒的铅笔”“三把一盒的刀”“四面一包的旗子”。

（3）表示集体事物的量词，有“双”“打”“群”“帮”“伙”“副”“套”等。“打”主要经常见于包装为十二个而用于买卖的物品，如“一打铅笔”，但是“十二个馒头”“十二个苹果”，却不能说成“一打馒头”“一打苹果”（李临定，2001：62）。“群”用于人时，没有贬义。“帮”“伙”用于人时，有贬义，如“他们那一帮人，什么坏事都干”。

（4）借用量词。临时借用名词充当的量词，如“一桌子饭”“一屋子书”里的“桌子”“屋子”。这一类的“一”含有“满”的意思。“一桌子饭”是“满桌子饭”；而且在“一桌子”和“饭”之间，可以用“的”，说“一桌子的饭”。双音节名词借用为量词，常常变为单音节，如“杯子”“箱子”借用为量词时，都变为单音节，说“一杯水”“一箱衣服”等，而不说“一杯子水”“一箱子衣服”。

6.3　形体单位量词的来源

上面所说的四类物量词，最值得我们注意的是表示形体单位的量词。这一类的量词，除了少数是习惯性的量词，如“个”“项”等之外,多数都有来源。**形体单位量词的来源**可以分为五种。

(1) 根据事物的形状而产生的量词:

根　用于狭长或细长的事物,如柱子、香烟、筷子等。

条　用于条形的事物,如街、河等①。

管　用于细长中空的事物,如笛子、牙膏等。

枝　用于杆状的事物,如枪、笔、蜡烛等。

面　用于平面的事物,如镜子、锣等。

块　用于有体积的事物,如石头、肥皂等。

片　用于成片的事物,如面包、草地等。

这一类的量词若用来修饰比较抽象的事物,能使它具体化。

一线希望:表示希望像线那么细。

一缕炊烟:表示炊烟如丝缕。

一片光明:表示光明的面积很大。

(2) 根据事物的部分形状而产生的量词:

头　用于牛、驴、羊等家畜。

尾　用于鱼。

口　用于猪、井等。

同一个事物,有时有不同的量词,如:"笔",可以说"一支笔",也可以说"一管笔";"鱼"可以说"一尾鱼",也可以说"一条鱼";"猪"可以说"一口猪",也可以说"一只猪";"狗"可以说"一只狗",也可以说"一条狗"。

(3) 事物的形状,有些可以分项列目,如书、文章,可以分篇、章、节、段、句等。根据事物的项目产生下列量词:

---

① "根"和"条"很多情况下是相通的,如"一根/条线""一根/条绳子""一根/条尾巴"等,但针、筷子、头发、山脉、香肠、香蕉只能用"根",而华语中头发、香肠、香蕉也能用"条"。

节　用于火车、竹子、文章等。

段　用于能分成部分的事物，如铁路、木头、文章等。

其他如“则”“期”“首”“出”“曲”等，都是用于新闻、期刊、戏剧、歌曲等事物。

（4）事物可以装在器具里，或用某种器具承载，由此而产生一些量词。这些量词都是由名词转化而来的。可以分为以下三类。

采用装盛的器物充当量词，常用的有：

杯　盘　碗　盏　盆　盒　篮　瓶

锅　罐　缸　桶　袋　箱　橱　箩

平常说“一肚子主意”“一脑子坏思想”中的“肚子”“脑子”，也是属于这一类。

采用承载的器物来充当的量词，常用的有“堂”“桌”“床”“身”“席”“台”等。平常说的“一地水”“两脚泥”“两手灰尘”等中的“地”“手”“脚”也是属于这一类。

采用凭借的器物来充当的量词，有“笔”，如“一笔好字”“一笔债”等。“字”是凭借“笔”写出来的，也可以凭借“手”，所以也说“一手好字”。

（5）处置事物有一定的方式，从这些方式里产生一些量词。这些量词是由动词转化而来的。

把　用于能用手把握的事物，如刀、米、沙等。

包　用于能包起来的事物，如饭、花生、糖果等。

封　用于能加封套的事物，如信、文件、银子等。

捆　用于能捆起来的事物，如柴、稻草、报纸等。

其他如“一担水”“一贴膏药”“一发子弹”的“担”“贴”“发”等，都是属于这一类的量词。

此外,还有表示不定量的量词,如“点”和“些”。“点”表示很少的量,如“一点水”“一点甜头”;“些”表示不大的量,如“一些人”“一些看法”。如果用“好”和“些”结合,“好些”就表示较大的量,如“好些人”“好些东西”。

一般量词前边必须有数词,后边必须有名词。但是,有少数的物量词,如“年”“季”“天”“夜”“块(元)”“毛”“分”“卷”“章”“节”“页”等,可以直接跟数词结合,后面不必再带名词,可以看作特殊的量词①。

物量词一般不能省略,但也有例外的情况,如“一丈三”“五尺二”,省略了“尺”和“寸”;“两个班四个球,一班两个”,后边的“班”前省略了“个”。

根据量词和名词的结合情况,可以把量词分为三群:(1)专用型,如“封”“盏”,只用于“信”“灯”。(2)合用型,如“首”,可以用于“歌”“词”“诗”“乐曲”,“道”可用于“题目”“墙”“命令”“篱笆”等。(3)通用型,如“个”“种”等,应用范围更广。

练习十三

一、在下列句子里填上适当的量词:

1. 微风过处,送来一(　　)清香,仿佛远处高楼上渺茫的歌声似的。

2. 树梢上隐隐约约的是一(　　)远山,只有些大意罢了。

---

① 吕叔湘(1979:37):“这些词可以算是特殊名词,直接跟数词组合,中间排斥量词;也可以算是特殊量词,语义上可以自足,不需要名词。比较起来,后一种处理比较好,因为这种‘自主量词’有时候也可以像一般量词那么用,如‘一年时间’‘两块钱’‘一章绪论’‘两页插图’。”“年、天、日”之类的量词,陆俭明(2001a)归为“时量词”。

3. 吴小姐才深深吸了一(　　)气，说："总算走了。"

4. 微红的脸上没有兴奋，也看不见惋惜，只是像一(　　)没有波纹的清水，安详而平静。

5. 几次的劝说失败，他对小李已经不存一(　　)希望。

二、选出量词填在空格里：

场　挺　脚　顿　道　记　炷　股

一(　　)命令　一(　　)机关枪　一(　　)勇气

一(　　)耳光　一(　　)香　一(　　)噩梦

踢一(　　)　打一(　　)　结交一(　　)

三、用量词重叠的方式改写下列句子：

1. 每一件都很重要。

2. 每本都很便宜。

3. 每一年都如此，每一家都如此。

4. 照了十几张，每一张都很清楚。

6.4 动量词的类别

6.4.1 动量词可以分为三类。

(1) 一般动量词,如“次”“回”“番”“度”“遍”“趟”“阵”“场”“下”[①]“顿”“道”等。“次”“回”的意思差不多。“遍”除了“次”的意思之外,还有自始至终的意思:

这本书我看了四次,还没有看完一遍。

“场”表示经历的时间相当长,“下”表示经历的时间很短。“道”是名量词,如“一道题目”“一道命令”“一道皱纹”等,也是动量词,如“水已经换了三道”“上了三道漆”。

(2) 借用跟动作有关的名词,如“画一笔”“切一刀”“咬一口”“踢一脚”“放一枪”等。“刀”“笔”等,这些都是由名词充当的动量词。

(3) 借用表示时间的名词。如“工作一天”“讨论一个晚上”“停了半天”等。

6.4.2 有时,动量词和名量词用同一个词,如“顿”,可以说“打一顿”,也可以说“吃一顿饭”。在“吃一顿饭”里,“顿”是名量词,因为我们说“一顿饭也没吃”,却不能说“一顿也没吃饭”。我们说“一次电影也没看”,也说“一次也没看过电影”。“顿”不能和名词“饭”分开,而“次”能和名词“电影”分开,所以“次”是动量词。“一顿饭”的“顿”是名量词,“打一顿”的“顿”是动量词。

单音节动词“想”之类,重叠时说“想想—想一想”,“想”也含有动

---

① 陈建民(1984a:29):“早期北京话里‘一下’只用于‘打’一类的动词,……三十年代……用得多一些。……至于‘看’‘动’‘揍’几个动词,在《老舍选集》里仍不见用‘一下’……近一二十年,由于受方言影响,北京话带‘一下’的动词激增。”

量的意思。但"一想"的"想"不是动量词，而是动词。我们说"放一枪——一枪就打中"，"一枪"可以单用，是动量词，"一想"却不能。

动量词一般都在动词之后，**如果用在动词之前，就有强调动作短促的意思**："吃一口""踢一脚""看一眼"是一般的用法，如果说成"一口吃下去""一脚踢出去""一眼看清楚"，就增加了动作短促的意思。

形容词也可以和量词结合，如"一尺长""重一斤"，我们不再分类。

6.4.3　动词后边有宾语时，如果宾语是代词，动量词通常在宾语之后，如"推他一下""帮他们一把"。如果宾语是单音节名词，则动量词在宾语之前，如"下一场雨""看一下书"。动宾结构的动词，如"理发""洗澡""打架"等，动量词插在中间，如"理一下发""洗一次澡"。如果将动量词放在动宾结构动词的后边，则有把它当事件来计算的意思，如"打架三次""洗澡两次"。如果宾语部分比较长，则动量词在宾语之前。如：

我们再讨论一下他昨天提出来的建议。

如果宾语不长，动量词则可以在宾语之后，如"教训这家伙一次""我们再等小张一会儿"；也可以在宾语之前，如"教训一次这家伙""我们再等一会儿小张"。

6.5　"个"的用法

"个"是一个用途比较广的量词。它是物量词，如"一个月""一个鸡蛋"①。有些名词，除了用它的专有量词之外，也可以用"个"，如"一只盒子"也说成"一个盒子"。朱德熙(1982:49)认为"几乎所有的

① 新加坡华语里大而圆的东西，如鸡蛋、苹果、西瓜等，用"粒"为量词，普通话得用"个"。

个体名词——不管有没有自己的专用量词——都能论‘个’”。

“个”重叠成“个个”,表示“每一个”,**只能和表示具体的事物名词搭配**,不能和抽象名词搭配使用:

×我们应该借这世纪所犯下的个个错误,改进我们的思想……

“错误”是抽象名词,只能用“每一个”。

“个”也是动量词。有些动词除了专有的动量词外,也用“个”,如“开一次会”“会一次面”,也说“开个会”“会个面”。“个”是用法相当广的量词。

北京话口语里,数词如果是“一”,而量词又是可以论“个”的,数量短语里的量词可以省略。如“我昨天买一自行车”“手里拿一瓶儿”“桌上搁一电视”“打外进来一老头儿”(朱德熙,1982:220),华语里没有这种省略的用法。

数词是“一”所组成的数量短语和名词结合,充当宾语,往往可以省略“一”,如“我买一本书”“说一句话”,可以省略为“买本书”“说句话”;“他拿走了一张图片”,可以说成“他拿走了张图片”。

如果不是在宾语的位置,就不能省略,如:

×左边的张床是他的。

就必须用“一张床”。

在口语里,“个”很多已经虚化了,如“吃个饱”“读个书,写个字”,也有和形容词用在一起,如“吃个新鲜”等。这些“个”都具有夸张的意思,都只能单用,不能说成“一个”。

6.6 “一个”“一种”

“一个”在近代白话文里用来指具体的数量,如“这屋里单你一个人惦记着他……”。“一种”在唐代是“同样”的意思：“一种为人妻，独自多悲凄”(李白《江夏行》)。“五四”以后，受西洋语法的影响，用“一个”来表示无定冠词(a 和 an)，于是有“一个负担”“一个打击”“一个难堪的恶毒的冷嘲”等说法，“一个”后边是名词或名词短语。“一种”用来做抽象名词的冠词，如“一种手段”“一种悲哀”(王力，1989：327—330)。

6.7　学习量词应注意的事项

(1) 量词的应用有一定的习惯，如我们说“一头牛”“一匹马”，却不说“一匹牛”“一头马”。普通话里的“间”只限于指房间，不能指机构或整个建筑物。新加坡华语的“一间学校”“一间百货公司”，用“间”来指“学校”和“百货公司”，都是受方言影响而产生的说法。如果向普通话靠拢，“学校”应该用“所”或“个”，“百货公司”则用“个”，如果指百货大楼则用“座”。

在教学时应该注意量词与名词、动词的配搭，以养成正确的配搭习惯，千万不可以把量词或名词孤立起来教。提问时应该将数量短语和名词结合起来提问，例如：提问“这是一头什么?”而不是“这是什么?”，学生回答时说“那是一头牛”而不是“那是牛”。这样的提问，目的是养成量词和名词搭配的习惯。

同一个名词也可能有不止一个量词可以和它搭配，如小动物、用具、蔬菜、房屋的部分、人体的部分，往往可以用“个”，但除了用“个”以外，如“苍蝇”“蚊子”“蜻蜓”，还可以用“只”，“虫”还可以用“条”。同一个名词，也可能因为语境的不同而选择不同的量词，如“作品”：

① 他已经出版了5部作品。

② 小王在《诗刊》上发表过5首作品。

③ 雕塑展览会上展出了他的5件作品。

④ 参展的40幅作品……

以上例句中的“作品”分别指著作、诗、雕塑、画(张万起,1992:392—402)。

量词的用法也可能发生变化,“我在上海租了一幢房子”,王力(1985:274)认为,“这是吴语的说法,国语只说‘一所’或‘一座’”。《现代汉语八百词》却认为用“所”“间”“栋”“幢”都可以。现在我们都用“幢”作为整座房子的量词。

(2) 量词可以重叠,表示“每一个都包括在内”或“多”的意思。重叠的量词可以直接和名词结合,如“条条大路通罗马”“滴滴血汗”,“条条”和“滴滴”是“每一条”“每一滴”;“天上是朵朵白云”,“朵朵白云”则是“多朵白云”。能重叠的量词都是单音节的,双音节的量词不能重叠。外来的单音节量词,多数不能重叠,如“克”等。有些外来单音节量词用多了也能重叠,如“磅磅”。重叠的量词可以做主语,如“件件都好”“个个都会”“滴滴都珍贵”。做主语时,通常前面先有个话题,如“**这些东西**,件件都好”,“**这些东西**”是话题。重叠的量词不能做宾语,不能说“通知个个”或“通知人人”。

×老师的句句话,我都记在心里。

句子前面没有话题,就不能用。应该改为:

老师的话,我句句都记在心里。

(3) 量词和数词结合,成为数量短语,也可以重叠使用,如“一张一张地摊好”“三个三个地走出去”“四本四本地排”。这些数量短语重叠,表示分组按次序进行。量词重叠也不限于单音节的,双音节量词也有重叠的,如“一公尺一公尺地量”。

如果数量短语充当定语,而数词是“一”时,第二个“一”可以省略，如“一本本的书”“一队队的人”。有时也表示“每一”的意思，如“一个个身强体壮”。有时强调多而整齐，如“葡萄一串串”（宋玉柱，1981：1—19、126—132；邢福义，1996：198）。

“一”所组成的数量短语，做状语时也有省略为“一一”的，如“跟大家一一握手道别”“错误都一一订正了”“向大家一一说明”等，都是“一个一个”“一处一处”或者“一件一件”的省略。

（4）量词一般不受修饰，只有“一大张”“一小块”“一小杯”“一大捆”“一厚本”“一满碗”等算是例外，修饰的词也只限于“大”“小”“厚”“薄”一类词①。这一类的数量短语，如果数词是“一”的，也有省略的情形，如“大把大把地花钱”“整条整条地放好”等。

（5）**“些”是表不定量的量词，只能修饰名词，不能修饰动词**，如：

×我有一些懂了。

×这件事，他有一些知道。

只能说“我懂一些了/我懂了一些”“他知道一些了/他知道了一些”。“一些”是“懂”“知道”的宾语。新加坡年轻人用“我有一些懂了”，有增加的趋势。

（6）量词作为语素，构成表示复数的名词（只有“房间”除外）：

信——信件	纸——纸张	车——车辆
船——船只	马——马匹	花——花朵
事——事件	官——官员	房——房间
诗——诗篇	枪——枪支	布——布匹
银——银两	物——物件	

① 陆俭明（1996）：“前面没有数词的单音节形容词（常见的是‘大’）跟量词结合后所构成的形容词性结构，这种结构可做谓语，可受副词修饰，特别是可受程度副词修饰。……普通话里没有这种用法。”他举了“又大条，又多肉”“很大粒”“更大辆”“越大只的”“这么大件”等例子。

这类名词表示类属,不表示个体,所以不受“这”“那”的修饰,一般也不受数量短语的修饰,如不说“三辆车辆”“五匹马匹”“四张纸张”。可以受“那些”“这些”和借用量词的修饰,如“这些信件”“那些纸张”“一路的车辆”。

(7) 数量短语也可以修饰形容词,如“一尺高”“二十丈深”等。这些数量短语主要表示程度,充当形容词的状语。提问时可以用“多”,如“多高?——一尺高”。数量短语和形容词一起修饰名词时,**单音节和双音节形容词的位置必须靠近名词,如“一朵红花”“一种扎实的学问”,而不说“红的一朵花”“扎实的一种学问”,但数量短语和多音节形容词或形容词短语,却有两个位置,如能说“一碗香喷喷的饭”也能说“香喷喷的一碗饭”,“一队勇敢而善战的士兵”也能说“勇敢而善战的一队士兵”。**

练习十四

一、数量结构修饰名词,哪些可以加上“的”,哪些不可以?

三张纸　两本书　一斤米　一年时间　一会儿工夫　一地水

二、数词必须跟量词结合才能修饰名词,下列短语为什么没有遵守这个规律?

一粥一饭　双拳难敌四手　一马当先　一山一水

三、下列短语都用了数量短语,但有些数量短语可以有两个位置,有些却不可以,请说明理由。

一朵红花	×红的一朵花
一种扎实的学问	×扎实的一种学问

一碗香喷喷的饭　　　　香喷喷的一碗饭

一队勇敢而善战的士兵　　勇敢而善战的一队士兵

一项大家都熟悉的建议　　大家都熟悉的一项建议

四、填上量词语素以构成名词：

军(　　) 官(　　) 房(　　) 纸(　　) 物(　　)

事(　　) 牲(　　) 人(　　) 钢(　　) 书(　　)

五、参考陆俭明《新加坡华语语法的特点》(1996)，说明“间”在华语里的用法和普通话有什么差异。

新加坡华语说：“这间学校设备齐全，有两间音乐室与舞蹈室。”依普通话应该怎么说？

六、下列短语里的“双”是什么词？

1. 双层巴士　双份礼物　双倍工资

2. 一双袜子　一双手　　双重压力

第七章　代词

7.1　代词的类别

代词有代替和指称的作用[①]。代词不只可以代替名词、代词、形容词、数词以及量词，还可以代替短语、句子，甚至句群。代词可以分为三类：人称代词、疑问代词和指示代词。

7.2　人称代词

常用的人称代词有：

我	你	您	他	她	它
我们	你们	（您们）	他们	她们	它们
自己	人家	大家			

学习人称代词得注意以下几点：

7.2.1　“咱们”和“我们”。说话时把谈话的对方也包括在内，就用“咱们”；如果不包括谈话的对方，就用“我们”。现代汉语里，“我们”也用来表示包括谈话的对方。

① 小张对小李说：“咱们（我们）一起去看电影吧。”

---

① 吕叔湘（1979：43）认为把代词分为代词和指别词两类，也许更好些。如果合为一类，名称改为指代词较好。

② 小张对他的朋友说："你还没有来过我们学校呢。"

可见"我们"的用法比"咱们"宽，可以包括谈话的对方，也可以不包括谈话的对方。

"咱们"的引申用法也可以代替"你""你们""我""我们"。

① 咱们小孩子得听话，别老教妈生气。（代替"你"）

② 咱们刚到八层挺累吧？（代替"你们"）

③ 事情到了这个地步，他要跟咱们求婚，咱们也不会要。（代替"我"）

④ 先生请放心，咱们这里的货最好，信用最牢。（代替"我们"）

用"咱们"代替"你""你们""我""我们"，都是说话者想拉近自己和谈话者之间的距离。

7.2.2　"你"和"您"。"您"是"你"的尊称。不论对方是一个人或者好些人，都可以用"您"，如"您两位""您诸位"。华语中"您们"只用于书面语，口语用"您几位"。

新加坡华语书面语里将性别反映到文字上，用"妳"指女性，复数就用"妳们"，而男女混合的复数则用"你（妳）们"。

7.2.3　"他""她"和"它"。人称代词本来没有性的分别，但因为受了外语的影响，就产生了"他"（表示阳性）、"她"（表示阴性）、"它"（表示中性）的写法。写法不同，但语音没有分别。不能将"她"念成"伊"、"它"念成"拖"。现代汉语方言里，第三人称代词都只有一个发音。但是在特殊的语言环境里，为了更明确地表达，改变一下读音，我想是可以通融的。

① 他还踱到栏里去，

看一看他的牛；

回头向**她**说：

"怎样了——

我们新酿的酒？"（刘半农《一个小农家的暮》）

② 瞧见他妻子流着眼泪,他不说话了,吃惊了,心里糊涂了。两行饱满的眼泪慢慢从**她**的眼角沿着口角流下来;他吃着嘴说:"你有点怎样?你有点怎样?"

这两个例子的"她",朗读时念成"伊",意思表达会更明确、更清楚。

口语里,充当主语的"他"一定指人,只有在动词或介词之后,充当宾语的"他"(可以写作"它"),**才能指事物。**如:

① 这个灯泡坏了,扔了他吧。

② 这个灯泡坏了,把他扔了。

"他扔了没有?"的"他"一定指人。书面语没有这个限制(朱德熙,1982:82)。也就是说"它"用来指事物,在口语里只能用在动词或介词的后边,不能用在句首,如"这些梨烂了,把它扔了吧"也可以说"扔了它"。如果是作为主谓短语的主语,用在句子中间,则可以用"它"指事物,如可以说"我知道它烂了",却不能说"它烂了,你别吃"。只有书面语才说"它烂了,你别吃"。

"它"也没有复数的说法,"这两个字,你把它们念错了",这是欧化的说法。

赵树理的著作里有这样的句子:

请你们把恒元那一伙人做的无理无法的坏事拣大的细细说几件,我把**它**记下来。

明明说"几件"也只用"它"。因为口语里指事物很少用"它们",尤其在宾语的位置,更少用(丁声树等,1979:142)。

英语里除了用"she"表示国家、城市、月亮之外,也用"she"指船舶、飞机。但汉语里都用"它"。只有国家、城市、月亮也用"她",船舶、飞机绝对不用"她"。

"们"和"他""她"结合表示复数,但不论全部是男的,或男女混合，复数都用“他们”，没有“他（她）们”的写法。但现在越来越多人用“他（她）们”，如：

我感到专为外国留学研究生编写一部适合他（她）们学习和使用的古代汉语教材是必要的。（王海棻，2002：1）

口语里“他们”不论在什么位置上都指人，不指物。

“他们”用在专有名词后边，表示“等等”的意思：“李四他们呢？”

7.2.4 口语里代词不受修饰。“受到称赞的他”“被责备的我”这一类用法只见于书面语。书面语里代词的修饰成分有时很长，如：

① 书里……只有包举性的“咱们”，就是说做读者的你跟做作者的我一起来研究。

② 今日之我在和昨日之我做斗争……

③ 在穷乡僻壤生长的你，自幼也不曾进过学校……

④ 有了四千年吃人履历的我……

⑤ 早年致力于东南亚华族历史与社会研究的他指出……

⑥ 落在这样生疏的甚至还有些敌意的环境中的他们俩……（吕叔湘，1982：70）[①]

⑦ 所以一定要穿凿书上的谁，就是实际上的谁。（鲁迅《答〈戏周刊〉编者信》）

7.2.5 人称代词和名词的结合。人称代词和名词结合一般要用“的”，如“他的能力”“你们的态度”“我的看法”等。但当中心词是表示处所、机构或者亲属关系时，“的”可以省略：“我的左边——我左边”“我们的学校——我们学校”“你的父亲——你父亲”。

---

① 陆俭明（1996）：“人称代词前带定语……在中国普通话里，特别在翻译作品中，也有这种欧化句式，但不太多。”

7.2.6 “你”“我”“他”以及其他代词的活用。“你”“我”“他”可以连起来用,并不实指某一个人,如:

① 听了这个报告之后,屋里的人就你一言我一语地争论起来。

② 桃树、杏树、梨树,你不让我,我不让你,都开满了花赶趟儿。

③ 不多一会儿,屋里、院里,你的嘴对着我的耳朵,我的嘴对着他的耳朵,各哩各得都嚷这三个字——小飞蛾,小飞蛾……

④ 你看着我,我看着你,谁也不知道该怎么办。

“他”有时也空无所指,没有意义:

① 管他下雨不下雨,反正我今天不出门。

② 这样阴凉的天气,倒不如睡他一觉。(或者“睡他一个觉”)

“你”“他”表示领属,可以有不耐烦或不以为然的意思,如“让他看他的书”“快做你的功课”“就听他发表他的高见”。

代词“咱”也有活用的现象:

① 你就别推辞了!大家选咱,那是信任咱。(“咱”指“你”)

② 你看我是什么人?这咱可说不清了。(“咱”指“我”)

其他代词,如“我们”有时实指“我”;“人家”既指“别人”,也指“自己”,都是代词活用的现象。

7.2.7 尊称和谦称含有“您的”“我的”的意思,如“令千金”(称别人的女儿)、“令尊”(称对方的父亲)、“家父”(对人称自己的父亲)、“内人”(对人称自己的妻子)等。因此,不能再用代词来修饰这些尊称和谦称。

“太太”本来是尊称,但越来越多人在“太太”前面用“我的”;“夫人”也有这个趋势。《现代汉语词典》对“太太”的解释是“称某人的妻子或丈夫称自己的妻子(多带人称代词做定语)”。“内人”也有用“我的内人”的趋势。可见这个规律在改变之中。

7.2.8 “自己”和“人家”。“自己”是一个复指代词,指句子里所说的那个人，也可以用"我自己""你自己""他自己"。例如：

① 她用一种坚强的忍耐心镇住了自己的痛苦，搽着自己那副润湿了的脸蛋儿……

② 舌头管不住自己，说个没完。

③ 他不喜欢他自己的相貌。

④ 凡属我自己打主意要做一件事，便是现在的自己和将来的自己立了一种契约，便是自己对于自己加一层责任。

⑤ 要怎样做，你自己拿主意。

北京话里正式说话时用"自己"来代表"我"，如"他的发言对自己有很多启发"，这里的"自己"不是指"他"，而是指"我"。新加坡华语里比较少这样用，通常要说"他的发言对我有很多启发"。

"人家"用来泛指别人：

① 你这样不负责任，人家会批评你的。

② 人家是人，我也是人，为什么人家做就行我做就不行。

也可以指某一个人或自己：

① 人家不喜欢，你不要勉强。（可以指"某一个人"或"我"）

② 你把人家弄糊涂了，还敢笑。（指"我"或"别人"）

"人家"的这种用法，以女性为主。

"大家"可能包括说话人在内，如：

① 朋友都来了，大家彼此握了握手。

② 我们大家都坐下来吧。

也可能指"你们"，还可以和"你们"连用，说成"你们大家"，如例①。"大家"也用来指"他们"，如例②，但很少用"他们大家"：

① 大家的美意，我心领了。/（你们）大家都进来吧。

② 你这么说，大家会有什么看法？

7.2.9　单复数的变易：以单数表示复数的内容，或者以复数表示单数的内容：

① 我们没有什么新的看法……(表示自己,"我")

② 我们公司刚到的货……(相当于"我公司")

③ 我国防的预算开支……(也可以是"我们国防的预算开支")

7.2.10　称代必须清楚。下面的句子就犯了称代不清楚的毛病：

× 小李打了小孙一巴掌,他哇的一声哭了出来。他又给他一块糖,他就不哭了。

× 老王来找老张,叽叽喳喳说了许多话。我去问他,他不肯告诉我。

× 王利和小雄吃过晚饭,他跟他说,我们聊聊天好吗?

× 只要一个人有计划,有步骤,有耐性,那么所遇到的困难虽然增加千千万万,仍然不能威胁我们。(前面用"一个人",后边用"我们",前后不一致。)

除了用代词称代之外,名词有时候也起称代的作用。用名词称代,也必须注意称代明确。下列句子便有称代不明确的毛病：

×这篇文章的作者觉得短文有什么特殊的看法? 作者为什么有这样的看法?

后边句子的"作者"是指"什么人"? 可以是"这篇文章的作者",也可以是"短文的作者"。因为"这样的看法"影响了"作者"的所指。"这样的看法"如果指的是"觉得短文有什么特殊的看法",那"作者"当然是"这篇文章的作者",如果指的是"短文……的特殊看法",那"作者"就是"短文的作者"。

7.3　疑问代词

疑问代词包括下列的词：

谁　　什么人　　什么　　哪　　——问人或者事物

哪儿	哪里	什么地方	——问处所
几时	什么时候	多久	——问时间
怎么	怎样	怎么样	——问性质、状态、方式、行动
几	多少		——问数量
多			——问程度

“谁”有“shéi”“shuí”两种读音，通常说话用“shéi”，“shuí”是比较文的读法。

“什么”在修饰语的位置上，有“的”和没有“的”所表示的意思不同。用上“的”是领属性的，如“什么的速度比光快？”没有“的”是描写性的，是“什么样”的意思，如“什么书”“什么东西”（赵元任，1979：288）。

“怎么”用来询问方式、原因等。小学课文有这样的句子：“闹钟一响，我立刻跳下床，洗脸刷牙，开始军人一天的生活。”老师提问时说：“每天闹钟一响，我就要怎么做？”这是错用“怎么”，因为原来的句子里没有提供做事的方式或原因，只说明“我”在闹钟响了以后跟着做什么/哪些事。因此，应该用“什么”来提问。

“哪”还可以跟量词合用，如“哪个”“哪本”“哪些”等。

“几”用来表示十以内的数字，如“几十”“几百”。用“几”提问，一定要用量词。因为“几”只用在“十”以内的数字，所以“几岁”是问小孩的岁数。问年纪比较大的人“几岁”，会被认为没有礼貌。普通话问老人，得用“多大年纪”“多大岁数”。新加坡和马来西亚的华语没有这个分别。

“多少”可以带量词，也可以不带，如“多少人/多少个人”，都可以说。

“几”不能充当主语或宾语，“多少”可以充当主语或宾语，如“多少也要一些”“要多少有多少”。

“多”加在单音节形容词之前,如“多远?”“多高?”,表示疑问,但是“多”加在双音节形容词之前就不表示疑问,而是表示感叹,如“多高大!”“多沉重!”。这个“多”是副词,相当于“很”“非常”。华语里的“多”还有动词的用法:

多一年你就高中毕业了,那时你就去考大学。

这个“多”是“再/过”的意思。

疑问代词的用途。主要有以下几种:

(1) 表示疑问,要求回答,句末用问号。

请问我不动手,谁替我做?

“谁”可以指不止一个人:“昨天的客人都有些谁?”“谁”还可以表示任指:“他谁的话都不信。”(赵元任,1979:287)

① 叶嫂嫂,你真会吃苦,为什么不自己舒服一点呢?

② 你几时动身?(新加坡和马来西亚的华语受粤方言的影响,习惯用“几时”,普通话要用“什么时候”。)

疑问句如果成为句子的一部分,整个句子就不是疑问句,句末就不能用问号。如:“我不懂这些话到底是什么意思。”“妈妈问我昨天去了哪里。”这两个句子都不是疑问句,不能用问号。

(2) 用来表示反诘或感叹,没有疑问的意思,所以并不要求回答。句末可以用感叹号或句号,也有人用问号。如:

① 输钱? 输钱? 你不去翻本,谁来还你?

② 妻子把丈夫口袋里的钱用去一点,有什么了不得。

③ 叶先生脾气很好,你们夫妻之间又是很和睦的,多用几个钱,怕什么!

④ 你也没有什么把柄落在他手里,他又能怎么样!

(3) 不能指明、无须指明或者不愿明确指明的人或物,也用疑问代词表示。如:

① 大家觉得怎样做好,就怎样做吧。

② 什么虫吃什么木头,一物降一物。

③ 我记得谁跟我说过这件事。

这一类句子通常连用两个相同的疑问代词,句末不能用问号,只用句号。

(4) 表示概括,指任何人或事物,常和“都”或“也”连用,句末用句号。“都”和“也”的选择,在**肯定句里“都”比“也”占优势,否定句里“也”比“都”占优势**。如“谁都知道”“谁也不知道”,一般不说“谁也知道”。谓语由形容词性成分充任,肯定句只能用“都”,不能用“也”,如“什么菜都很便宜”(朱德熙,1982:93;陆俭明,1986)。

(5) 有时用在否定句中,表示缓和的语气,如:

① 我没什么把握,你还是问他吧。

② 他不怎么说话,你替他说好了。

③ 教室里没有多少人,都到餐厅去了。

7.4　指示代词

用来区别人或者事物的代词,包括:

这　那	——指人或者事物
这儿　这里　那儿　那里	——指处所
这会儿(这个时候)　那会儿(那个时候)	——指时间
这么　这样　这么样　那么　那样　那么样	——指性质、状态、方式、程度
这么些　那么些	——指数量
本	——指自己、这个或现今

学习指示代词必须注意下列四点:

(1) “这”“那”和由“这”“那”所构成的多音指示代词可以连用,

表示概括的意思,如:

① 这样也不好,那样也不好,怎样都不好。

② 这里是人,那里也是人,到处都是人。

(2) “这”“那”连用,并不实指某一个人、某一种事情或者某一个地方,如:

① 好多人把这架机器包围起来,有的摸摸这,有的摸摸那,谁也弄不清这是什么怪物。

② 这个句子,有的说应该这样翻译,有的说应该那样翻译,谁也不敢肯定。

(3) “这”“那”做主语时有“zhè/zhèi”“nà/nèi”两种说法。

① 这可把我难住了。

② 那是什么?

“这”“那”一般少做宾语。如果做宾语,只能说“zhè”“nà”。从来源上说,“zhèi”“nèi”是“这一”“那一”的合音。做宾语时,一般“这”和“那”对举,或者“这”“那”之下还有下文:

① 采点儿这,摘点儿那,一会儿就装满了一小筐。

② 你问这做什么?

③ 你买那干吗?

“那”表示“要是那样的话”的意思,是连词,念“nà”。“那”通常后边不停顿。如果要停顿,就得用“那么”:

那就别再说了。/如果你知道我的困难,那么,就别再说了。

(4) 指示代词也可以指一个词组(短语)、一个句子或者一段话:

① 不要工作,**这**不等于不要生命吗?(“这”指代“不要工作”。)

② 病从口入,祸从口出,**这话**一点也不错。(“这话”指“病从口入,祸从口出”。)

③ 张先生什么时候回来,**那**可说不定呀。(“那”指“张先生什么时候回来”。)

（5）“那么”和“这样”还可以有连接的作用，不过语气上有分别。“那么”表示根据上面所说再推进一层：

① 如果只是要求马马虎虎地过日子，那么，日子是不难过的。

② 如果海上风不大，那么船是一定要起锚的。

“这样”是表示照上面所说的：

我读了两遍，又请人讲了一遍，这样，我才懂了。

（6）“那个”“那样”等，有特殊的避讳用法：

① 你刚才的态度真有点那个了。

② 那种地方，我才不去。

③ 在他的面前，我得那样。

陈建民（1984a：38）认为汉语口语里指示代词“这”“那”可以直接修饰名词，中间不必插进量词，如“这车”“那傻小子”。

练习十五

一、请分别用“我们”或“咱们”填入下列句子：

1. 我对一个美国朋友说：“（　　）东方人的家庭观念是很重的。”

2. 你别欺负（　　），（　　）虽穷，却是不受人欺负的。

3. 我对妈妈说：“（　　）有的是空屋子，让庆云到（　　）家里来住几天吧。”母亲答应了，我就去对庆云说：“（　　）有的是空屋子，请你到（　　）家里来住几天吧。”

4.（　　）是天不怕，地不怕的。你休想威胁（　　）。

二、请用括号里的疑问代词和副词改写下列句子：

1. 我们班所有的同学都喜欢打篮球。（谁都）

2. 所有的困难他都能克服。（什么……都）

3. 我要买一本合适的字典。(哪一本……就……哪一本)

4. 花园里每个地方都很干净。(什么地方都)

5. 请中文说得流利的人做翻译。(谁……谁就)

三、在下列词类表中,每类各填上一些例词:

词　类	例　词
名词	
方位词	
动词	
能愿动词	
趋向动词	
判断词	
形容词	
数词	
量词	
代词　人称代词	
疑问代词	
指示代词	

四、下列句子里的"多"属于同一个词类吗?

1. 我们走了多远了?

2. 多辽阔的草原啊!

3. 我的比你的多。

4. 很多人这么说。

5. 责任多沉重啊!

6. 多说也没用,还是不说了。

7. 你就多吃一些吧。

8. 他走了多久?

9. 我们班今天多了一个同学。

10. 如果您能答应，该多好啊。

五、下列句子里的"本"都是代词吗？

1. 这事应该由你们本单位想办法解决。

2. 他本人已经同意动手术。

3. 昨天我买了三本书。

4. 双方本着互助的精神开始磋商。

5. 本月生产任务已经完成。

6. 我本不想来，他非要我来不可。

第八章　副词

8.1　副词的定义

副词通常用在动词、形容词或另外一个副词前面，起修饰作用，以表示时间、范围、程度、肯定、否定等意义。如“正在学习”“已经做完”“都来了”“最好”“非常高”等短语里的“正在”“已经”“都”“最”“非常”，都是副词。修饰另外的副词的，如“决不”“也就”，“决”“也”修饰“不”“就”。有少数副词也能修饰数词或代词，如“刚十五”“不怎样”等。这些数词或者代词都是充当谓语，才能受副词修饰，如“他刚十五（岁）”“他的意见不怎样”。有几个副词也可以修饰数量短语，如“大约四斤”“只三个”“才五本”。

修饰动词、形容词或者另外一个副词，充当状语，是副词的主要功用。但现代汉语中也有相当一些程度副词，可以充当补语，如“讲究得很”“讲究极了”。

8.1.1　副词一般不能修饰名词

只有在古代汉语里，才有副词修饰名词的现象。现代汉语里的一些固定短语，沿用古代汉语，就保留了副词修饰名词的现象。如“不男不女”“不翼而飞”“不胫而走”等，副词“不”修饰名词“男”“女”“翼”“胫”。

在对话里也用“不”插在重叠的名词之间，如“飞机不飞机”“张三不张三”之类，这里的“不”是“不是”的省略，意思是“不管是飞机不是飞机”“不管是张三不是张三”。除了“不”之外，还有“净”“才”“已经”等，也可以直接用在名词前边。陈建民(1984a:134)认为：“副词‘净’‘才’等是跟‘是’结合成‘净是’‘才是’‘已经是’。由于‘是’轻读，并且没有实在的意义，‘是’字逐渐脱落，因此，副词就直接靠到名词前边。”

另外一些例子，如“光我校就有两百人参加”“就他没走”“单苹果就有三百个”“凡持有介绍信的都可以参加”，朱德熙(1982:196)也认为“光”“就”“单”“凡”一类副词直接在名词前头出现的句子，可以看作是省略了“是”的紧缩形式。此外，副词修饰名词，还有“最前线”“最底层”“最高层”“最后面”的“最”。这些受修饰的名词都是具有方位意义的。

“很阿 Q”“很新加坡”等说法，是由于名词具有了特定的语义基础，“阿 Q”代表某一种性格，“新加坡”代表讲究效率，不徇私，才使得副词修饰名词成为可能。这类句子里的名词都是充当谓语之后，才能受副词修饰的，而且名词的语义常常是比较不确定的。其他的例子如“他真君子”“那个人简直骗子”。

8.1.2 有些词可以修饰名词，也可以修饰动词、形容词，如“白头发—白跑一趟”“光脚—光说不做”“硬功夫—硬不答应”“怪脾气—怪闷热的”“老人—老说话”等。这些词已经分化为两个不同的词，修饰名词的“白头发”“光脚”“硬功夫”“怪脾气”里的“白”“光”“硬”“怪”是形容词，而另一个修饰动词、形容词的“白”“光”“硬”“怪”却是副词。**这一类副词口语色彩比较浓。**

8.2　副词的语法特点

8.2.1　只能修饰动词、形容词或者另外一个副词，一般不能修饰名词。

副词修饰名词是有条件的：1.名词带上数量短语，或者在事物的数量已很明确时，表示范围的副词可以修饰这个数量短语或"数·量·名"短语，如"刚好四个""只三尺布""才三个人"；2.时间名词单独做谓语，可以受表示时间、频率的副词的修饰，如"今天已经星期六了""又星期天了"；3.许多方位词和一部分具有方位意义的名词，可以受某些副词修饰，如"最上方""不左不右"(邢福义，1986)。

8.2.2　除了"不""也许""未必""立刻""怪不得""有点儿"之类的副词可以单独用来回答问题之外，一般来说，副词不能独用回答问题。陆俭明、马真(1985:152)："我们检验了486个在书面语或口语里比较常用的副词，结果发现能独用的副词有65个，占14.4%。……在65个能独用的副词中，只有37个能单独作谓语，占副词总数(486)的7.6%，占能独用副词的57%。"

8.2.3　有少数的副词可以重叠，如"刚—刚刚""常—常常""偏—偏偏""白—白白""稍—稍稍""恰—恰恰"等。重叠以后语义加重了。

练习十六

一、下列句子括号里的词，哪个是副词？另一个是什么词？

1. 他的病(渐渐、慢慢)好起来了。

2. 他(怎么、还)能逃避现实,拖延下去?

3. 老头儿(立刻、迅速)走向蔚蓝的大海。

4. 他们(永远、再)不会满足于现实。

5. 他(坚决、再三)拒绝这种不合理的要求。

6. 我把他讲的话(统统、悄悄)记在心头。

7. 这里(又、新)建了一座大厦。

8. 人走在荒漠里,如果看见树,看见水,心里会(多、非常)激动!

9. (瞎)跑了半天,什么结果也没有。

　他眼睛(瞎)了好几年了。

10. 他打算在这里(小)住几天。

　女儿年龄还(小),不懂事。

11. 他(忽然、突然)大叫一声。

12. 对这件事,我(仍然)要说几句。

　对这件事,我(偶然)也说几句。

二、下列句子括号里的词,哪一个是名词?另一个是什么词?

1. 这些贪官,根本不顾老百姓的(死活)。

　不管我怎么说,他(死活)都不答应。

2. 一个(来回),只花了二十分钟。

　他(来回)说了五六遍,可是没人听。

3. 你真是不知道(好歹)。

　你(好歹)得给人家回信。

4. 你知道(多少),就说(多少)。

　立春了,天气(多少)暖和了些。

8.3 副词的类别

根据副词所表示的意义,可以分为下列几组:

8.3.1 时间副词。包括:正、正在[①]、刚、才、已经、曾经、然后、终于、将、就、立刻、马上、忽然、连忙、常常、时常、往往、渐渐、一向、始终、偶尔、老、总……

时间副词有些意义近似而有差别。如**"总"**和**"老"**都表示"一向""一直"的意思,如"中秋的月亮总/老是那么亮"。可是**"老"有时表示"屡次""一再"**,如"你别老打岔儿""你老啰唆我干吗?";"总"没有这个用法。

"都"是表示范围的副词,但**有时也用作时间副词**,相当于"已经",如"都大姑娘了,要注意整洁"。

"往往"和**"常常"**都是时间副词,但用法上也有一些区别。"往往"表示按经验,**在某种条件出现时,情况通常是这样:**

学校假期,他们往往出门旅行。(也可以用"常常",但意义有些不同。)

如果是**一般的、经常性的行为、事情,或者表示将来的事情,只能用"常常":**

① 据我知道他常常来这里。

② 希望你放假后,常常来看我。

③ 星期六,你要没事,请常常来玩。(吕叔湘主编,1980:480;陆俭明、马

---

① 陈建民(1984a:26):"北京话里'在那儿''在这儿'的处所意义有时候很明显,有时候不太明显,只要表示'正在进行'。……近年来,连北京作家的作品也全部用'在V'表示进行了。"

真,1985:5—6)

“才”表示事情发生的时间很近,如“他才睡下,别叫醒他”。如果和“就”连用,则除了表示事情发生的时间很近以外,也表示另一件事紧跟着发生,如“他才睡下,你就来了”。**“才”也能表示事情发生得晚**,如“你现在才来”,**或好不容易才有某种结果**,如“看了半天才看清楚”。用在数量短语前,**表示数量少**,如“才来了三个”“才二十人”。

“才”没有表示未来的重复,表示未来的重复只能用“再”。新加坡华语下面句子的“才”,普通话得用“再”:

① 关税申报单刚巧用完了,打算在飞机上领了**才**填写。(黄孟文《安乐窝》)

② 现在不要说,等他吃饱了**才**说。

时间副词和表示时间的名词都可以修饰动词,两者的不同,可以用下列的办法分辨:

(1) 可以用在“从”“到”“等到”后头的,是时间名词。“刚才”“将来”是名词,不是时间副词,“将”是时间副词。因为可以说“到刚才”“从刚才到现在”;“等到将来”“从现在到将来”。“永远”也是时间名词,因为我们可以说“到永远”。**时间名词能和介词组成介词短语,时间副词不能。**

(2) 时间名词可以出现在“A 是 A”的结构里,如“以前是以前”“平时是平时”,时间副词不能出现在这种结构里。

“刚才”是时间名词;“刚”是时间副词,表示动作发生或完成的时间不久。下面的句子只能用“刚”:

×刚才到中国,我不会用筷子。

×工作刚才开始,怎么可以停下来?

8.3.2　频率副词。表示重复或连续的副词有:又、也、还、再、一再、再三、重、重新、屡、屡次、仍然、一直、一连……

“重”和“重新”表示未然的重复，但含有原先一次不能算数的意思。“重”“重新”和“**再**”有差别：

① 这些字写得不好，你重新（重）写一次。

② 这些字写得很好，你再写一次。

用“重”“重新”表示原先的一次是不算数的；用“再”表示原先的一次是算数的。

“又”也表示重复，但只表示**已然的重复**，所以后边的动词可以带上“了”；**“再”只表示未然的重复，动词后边不能加“了”**，如：

① 他刚又写了一些，明天还会再写一些。

② 去过了还可以再去。

新加坡华语里“又”和“再”常常混用，都用来表示“重复”：

我们参观了鳄鱼园，**再**参观了飞禽公园，**才**回旅馆。

上面句子的“再”，依普通话的用法应改为“又”。

“还”除了表示未然的重复外，也表示继续如此的意思。这个用法不能换成“再”，如“叫你出去，你还在这里”。

表示客观可能和主观意愿的动作将来的重复，用“还”不用“再”，如“我明天还会来一次”。**新加坡华语里，已经没有这个差别了。**

① 桂林风景美，今年我去了，明年**再**要去一次。

② 吃了一碗，**再**想吃一碗。

上面句子里的“再”，表示了客观的可能和主观的愿意，**普通话都用“还”**。

8.3.3　程度副词，包括：稍、稍微、略、略微、有点、更、最、挺、极、极其、顶、好、真、多、更加、十分、万分、太、过于[①]、越、比较、较、非常……

关于“好”和“真”的用法，朱德熙（1982：197—198）认为：“‘好’和

---

① 新加坡华语里有副词“太过”，陆俭明（1996）：“在普通话里没有这样的副词，一般用‘太’‘过于’来表示上述语法意义。”

'真'修饰形容词总是充任独立的感叹句的谓语，例如：'这件衣服好漂亮！''这孩子真听话！'。**这样的主谓结构不大能作为组成部分在句子里出现。**例如可以说：'我觉得这件衣服很漂亮/我觉得这件衣服挺漂亮'，可是不说：'我觉得这件衣服好漂亮/我觉得这件衣服真漂亮'。由**'好+形容词+的'**做定语组成的偏正结构也是独立的感叹句，例如：'好漂亮的衣服/好大的雨'。**这类偏正结构也很少包含在句子里。**例如可以说：'买了一件很漂亮的衣服/下了一场很大的雨'，可是不说'买了一件好漂亮的衣服/下了一场好大的雨'。此外，'真+形容词'总是做谓语或补语，不做定语（不说'真漂亮的房子/真听话的孩子/真大的雨）。"**新加坡华语里没有这个分别。**

"很"和"太"都表示程度高。但"太"含有"**超过标准**"的意思，"很"没有这个意思。这个分别，在新加坡华语里逐渐消失了。

你的头发**很**长，应该去理一理。/这条裙子**很**窄，不适合你穿。

句子里的"很"，普通话都得用"太"。

"太"表示程度高，这种用法多用于赞叹："这太好了""他太伟大了"。如果用在否定，如"不太好""不太满意"，则含有婉转的语气。

新加坡华语里，"太"和"很"有混用的现象："我们太久没见面了""他太久没说话了"。这些地方普通话都用"很"。

"很"不能用在"急于""忙于""勇于""敢于""属于"一类结构的动词前面，修饰这一类动词，如：

×他**很**急于知道这件事。

句子的"很"必须删掉。**新加坡华语里在这一类动词之前，有用"很"的现象：**

① 近年来，新加坡人**很**热衷于运动。

② 现在的年轻人**很**敢于发表自己的看法。

“多”表示程度高,如“多美的风景”,这里“多”是程度副词;“这里又多了一个人”,“多”是动词,带宾语“人”;“还得走多远?”,“多”是疑问代词;“他懂得多种方言”,“多”是形容词,可以说“很多种”,“多”受“很”的修饰。有一些语法学家认为“多种”的“多”跟“几”一样是数词,因为数词可以和量词结合。但“几”不能受“很”修饰,而“多”可以。所以“多种”的“多”归为形容词比较适当。

“比较”作为副词,表示具有一定的程度,如“比较客观”“比较热烈”。**否定式不能用“比较”**,只能用“不怎么”,如“不怎么客观”“不怎么热烈”“不怎么好”等。**新加坡华语也将“比较”用于否定:**

我们可以规定“华语”的语音是以北京语音做标准。语法呢?**比较不**好办。(转引自萧国政,2001:192)

“比较不好办”,用普通话说是“不怎么好办”。

8.3.4 范围副词,包括:都、全、全都、总、总共、共、统统、只、仅仅、单、单单、光、一概、一共、一齐、一起……

“单”表示限定在一定的范围内,也可以重叠成“单单”,如“不能单(单)吃饭,也得吃些菜”。“单”也可以用在主语前面,有强调主语的作用,如“单(单)他没开口”。

“一齐”表示在**时间上**同时发生的事情。不同的主体同时做同一件事,如“大家一齐动手”“他一进来,在座的人一齐站起来”;或同一个主体同时做几件事,如“要分个轻重缓急,不能所有的工作一齐抓”。

“一起”表示在**空间上**合在一处或同一地点发生的事情,如“这些问题应该放在一起来考虑”“我们几个在一起工作”“我不跟他一起走”(吕叔湘主编,1980:533)。下面句子用的“一起”都应该改正:

×他跟我们一齐工作了三个月。(应用“一起”)

×大家一起鼓掌。(应用“一齐”)

新加坡华语里，少用“一齐”，而用“一起”代替了“一齐”的用法。

“都”和**“也”**跟疑问代词连用，成为“谁……都”“什么……都”一类的结构，如“谁都了解这里的情况”“什么菜都很便宜”“谁买的都便宜”，含有“所有的都是”的意思。这一类结构里，**肯定句常用“都”，否定句常用“也”。如果谓语是形容词成分充当，肯定句只能用“都”，不能用“也”**，如“谁都很勇敢”“什么菜都便宜”，否定句用“都”用“也”都可以（朱德熙，1982:93；陆俭明，1986；苏培成，1984）。下面是肯定和否定对举的例子：

① 谁**都**想走，可谁**也不**敢走……（相声）

② 我本来什么**也没有**，一见着他呀，好像忽然间我什么**都有**啦！（老舍）

上面句子里的“也”，新加坡华语也用“都”，成为“都……也都”和“都……都”的结构。

8.3.5　然否副词，包括：必、必定、不、没、没有、莫、别、甭、不必、准、的确、也许、大概……

普通话里有两个“没有”。一个是“没”加上“有”，是“有”的否定：“有人——没有人”“有意见——没有意见”。这个“没有”是短语。

另一个“没有”和“没”相等，是副词，用来和动词相搭配，是“动词（或形容词）+了”的否定：“去了——没有去/没去”“看了——没有看/没看”。这个“没有”不是“有”的否定，所以不可以说“有没有去？”，而应该说“去了没有？”，回答是“去了”或是“没去/没有去”。**中国台湾地区和新加坡都以“有没有去”代替了“去了没有”，以“有去”代替“去了”**[①]**。**

---

① 陆俭明（1996）：“在新加坡华语中，存在着与‘没有’相对的两个‘有’。一个是动词‘有’……；另一个是副词‘有’，主要用在动词性词语前面做状语，如‘你有去过吗？/我有去过’。”

这两个“没有”都可以简说成“没”,但简说不可以用在句尾,如“去了没有?”不可以说成“去了没?”,“一个人也没有”不能说成“一个人也没”。**但在新加坡,越来越多人用“去了没?”“吃了没?”代替“去了没有?”“吃了没有?”。“一个人也没有”的“没有”却不见省略。**

“不”和“没有/没”也有一些差别:“不”用来表示主观意志,“没有/没”用来表示客观叙述。“昨天你怎么不来?”和“昨天你怎么没有/没来?”两个句子的意思有差别。“不”可以指过去、现在和将来,**“没有/没”只限于指过去、现在,不能指将来。**如:“昨天他没/没有/不来,今天又没/没有/不来,明天大概也不来。”

形容词的否定式用“不”,如“不干净”“不美”“不好”。“对”的否定是“不对”,可是“错”的否定却是“没错”。“不错”是“好”的意思,是“差”“坏”的反义,而不是“对”的意思。但是“你答得没错”和“你答得不错”,现在却都能说了。

8.3.6　语气副词,包括:难道、索性、未免、简直、反正、横竖、究竟、到底、偏偏、果然、居然、幸亏、竟……

“难道”用来加强反问语气,句尾常常带上“吗”或“不成”:

① 你难道一直不知道吗?

② 难道就这样罢了不成?

新加坡华语里少用“不成”,多数情况下都用“吗”。

8.4　学习副词应注意下面几项

8.4.1　有些副词用法很灵活,在不同的语言环境里,表达不同的意义。如:

① 夜深了,他还在工作。

② 今天比昨天还冷。

③ 他的工作能力还不错。

④ 他身体不好，还这样积极工作，我们就更应该努力了。

上面句子里的“还”表示了不同的意义。例 1 的“还”是“仍然”，表示连续；例 2 的“还”表示“更”，是程度副词[①]；例 3 的“还”是“过得去”，表示程度；例 4 的“还”是“尚且”，表示语气。

8.4.2　副词和助词、连词的搭配：有些副词常常和助词配合使用，如“正在……呢”“要（就要、将要）……了”“都……了”“已经……了”“曾经……过”。“呢”“了”“过”都是助词。

有些关联作用的副词常常和连词或另外一个副词搭配使用，在教学上应该特别注意。

(1) **“又(既)……又”**用来联系并列的动词、形容词、短语，以强调两种情况或特性同时并存，如“最近又没有刮风又没有下雨”。“又……又”和“不但……而且”（“不但”“而且”都是连词）用法有些不同。“不但……而且”的重点在后边，如“他不但热情地帮助我，而且非常关心我的生活”；用“又……又”是同时强调两件事或两种情况，没有强调后边是重点。

“又……又”连接两个形容词或两个动词，必须并用，如“又干净又轻便”“又有要求又有措施”。也可以用“既……又”。

新加坡华语在这个地方出现了单用的情况：

① 这个办法(　　)简单又可靠。

② 他分析得(　　)清楚又彻底。

③ 他做事(　　)有信心又有计划。

---

① “更”只能用于比较：“哥哥比我更有能耐”，不能用于比拟：“他比狐狸更狡猾”。“还”没有这个限制。见陆俭明(2003:99)。

(2)**“既……就”**和**“既然……就”**。这两个短语作用相近,但“既……就”是副词短语,而**“既然”是连词**,“既然……就”是由连词和副词组成的关联性短语。如:

我们既签了合同,就得按期交货。

这个句子先提出理由,再说出结论。“既”可以换成“既然”,也可以将“既然”放在句子的前面,说成:

既然我们签了合同,就应该按期交货。

“既”是副词,不能用在句子的前面。所以,“既”不是“既然”的简缩,而是两个不同词类的词。

(3)**“越……越”**和**“愈……愈”**。“越……越”叠用,表示程度加深。这种结构,有前后比较,加强语气的作用。后面的“越”随前面的“越”的发展而发展,如“这个问题越讨论越清楚”。在语意上,前后有密切的连带关系,因此结构很紧凑。“越……越”也可以用“愈……愈”来表示,出现的位置,分析起来大概有三种:

① 组合两个动词或动词短语:

他越吃越想吃。/我越想越觉得这个故事有意思。

② 组合动词及形容词,形容词说明动作所达到的程度:

他们一人一句,越嚷越响,越说越凶。/山上的石头,越搬越少。

③ 组合形容词及动词,形容词说明一种情况:

工作越紧张,他越感到快活。/他越心焦,就越没有主张。

“越来……越”的结构应用得很普遍,表示某种情况随时间的改变而改变,或者随时间的改变而发展,如:

我的朋友越来越多。/我们的生活越来越好。

(4)**“只要……就”**。连词“只要”表示条件,“就”是副词,说明具备了这个条件就会怎样,有什么结果。如:

① 只要读得清楚、明白、生动，大家听起来就会有兴趣。

② 你只要经常锻炼，身体就会好起来。

“只要……就”这类结构里的“只要”可以省略，只用“就”。

(5) **“一……就”。**这样的结构，有两种作用：a. 表示两件事情在时间上前后紧接，如“他们一走，邮差就送来一封厚厚的信”“我一接到朋友的信就马上回信”；b. 表示“每逢”的意思，前面说的是条件，后边说的是结果，如“我一想起这件事就觉得对不起他”“你说得一快，我就听不懂了”。

8.4.3　有些副词是修饰整个句子的，因此可以出现在句子前面，也可以出现在主语之后，位置可以移动，如：

① 渐渐地，天暗了。/天渐渐地暗了。

② 显然他不会来了。/他显然不会来了。

8.4.4　副词所修饰的成分，有些是简单的，有些是复杂的。如“终究”“往往”“白白”“恐怕”“略微”等，所修饰的是比较复杂的成分；“必将”“常常”“白”“也许”“较为”等就没有这个要求。

① 终究会失败、终究成功了	×终究失败、终究成功 (×**表示没有这种说法**)
② 必将会失败、必将成功、必将失败	
③ 星期六，他往往去书店。	× 书店，他往往去。
④ 星期六，他常常去书店。	书店，他常常去。
⑤ 白白浪费了一天。	×一天白白浪费。 (新加坡华语也可以这样说)
⑥ 白做了一天。	一天白浪费。
⑦ 略微大一点。	× 略微整齐。 (新加坡华语也可以这样说)
⑧ 较为大一点。	较为整齐。

8.4.5 有些副词只用于肯定,如"分外""万分":"分外高兴""万分高兴";"十分""非常"则肯定和否定都可以用:"十分高兴""十分不高兴"。"从"只用于否定:"从不喜欢";"从来"则肯定否定都可以用:"从来就喜欢""从来不喜欢"。"万万"只用于否定:"万万不可大意";"千万"则肯定否定都可以用,"千万不可大意""千万要小心"。

练习十七

一、在下列句子里填上副词短语或副词与连词组成的关联性短语:

1. 二哥(　　)来了信,妈妈(　　)可以放心了。
2. 问题(　　)出现在眼前,(　　)需要解决。
3. 参加座谈会的,(　　)有学生,(　　)有教师。
4. 他休息的时候,(　　)是看书,(　　)是看报。
5. 他(　　)活(　　)年轻。
6. 我们的国家(　　)建设得好,人民的生活就(　　)美满幸福。
7. (　　)你今天不来,我们(　　)得开会。
8. (　　)成绩好,(　　)不应当骄傲自满。
9. 老师说得很清楚,我们(　　)听(　　)懂了。
10. 他(　　)下飞机,(　　)住在旅馆里。

二、在下列句子里填入适当的副词:

1. 只要老师在学校里能够为学生打好做人处世的基础,那么,学生的一生(　　)得益不浅了。
2. 如果民众不合作,即使警方怎样宣传,盗窃案件(　　)是一样会发生。
3. 老师一发现我说的句子有了错误,(　　)立刻要我改正。

4. 明天如果下雨，我(　　)不出去。

5. 即使有更多的工厂，工作职位(　　)不会太多。

三、下列词只能做状语，不受“很”修饰，不能做定语、谓语，因此不是形容词，也不是非谓形容词(非谓形容词只能做定语)。有人建议归为方式副词，你有什么看法？

全速　高价　稳步　大力　大肆　逐步　逐个　逐一　乘机　乘兴　乘虚

四、下列词是副词还是时间名词？为什么？

永远　后来　黄昏　将来　当时　如今　目前　往常　以往　最后　过去　原来　刚才

五、下面的句子有错误吗？

1. 这个电影他再看了一遍。

2. 今天再下雨了，我们又不能出去。

3. 这是一本好书，我看了一遍，再要看一遍。

4. 我们住在一起，也就一齐学习，一齐工作。

5. 我们一起歌唱，歌唱明天，歌唱将来。

6. 我们都给她送了一个生日蛋糕。

7. 张艺明和我都是同乡，我们都出生在吉打。

六、英语的“Please come again.”和“He came again.”应该用“再”还是“又”翻译“again”？为什么？

七、下列句子在虚词的搭配上有什么问题？

1. 我们把遇到的一切困难克服了。

2. 所有的中文书他看得懂，可见他的中文程度不错。

3. 我们每班的同学给小孩子们唱了歌。

4. 医院的每一个病房有一个医生负责。

5. 除了杭州、苏州，我去了无锡。

6. 他除了两个姐姐以外，有一个妹妹。

八、下面句子里的“再”都应改为“又”，请说明理由。

1. 那本小说他很喜欢看，他再看了一遍。

2. 我回答以后，老师再问：“你上过学吗？”

3. 去年他去了上海，今年再去了。

4. 他毕业后，在台湾工作了两年，再到香港工作了一年，才回新加坡来。

九、下面句子里的“再”改为“还”比较适当，为什么？

1. 下学期，可能再有机会去旅行。

2. 如果条件允许，我再愿意讲一次。

3. 你菜烧得太好了，客人吃了，再想来吃。

十、参考陆俭明《新加坡华语语法的特点》(1996)，说明：

1. 新加坡华语里的“才”和普通话的用法有什么不同？

2. 新加坡华语里的“太”和普通话的用法有什么不同？

十一、《新加坡华语语法的特点》(1996)认为“一般上”是新加坡华语里的特殊副词，为什么？

十二、“究竟”只能指向一个具体的疑问形式。所谓具体的疑问形式，是指疑问代词(如“谁”“什么”“多少”等)，“A 还是 B”这样的选择疑问形式(如“吃饭还是吃面”“星期一还是星期二”)，以及“V 不 V”“V 没有 V”这样的正反问疑问形式(如“喝不喝酒”“喝没喝酒”)。因此，“你究竟去上海吗？”就不能说(陆俭明，2003：151)。吕叔湘主编《现代汉语八百词》中也没用“究竟……吗”的例子。

现在网上有“究竟还爱我吗？”“究竟你明白了吗？”“究竟该收预售款吗？”。你对这个现象有什么看法？

十三、怎样分辨副词和能愿动词？

第九章　介词

9.1　介词的定义

介词是用在名词、代词或者名词性短语（词组）前边，一起组成介词短语（介词结构），表示处所、方向、时间、目的、对象、比较等意义的词，如“对学生”“关于他”“为了我们的将来”等介词短语里的“对”“关于”和“为了”都是介词。介词后边的名词、代词或者名词性短语是这个介词的宾语。

介词也可以用在动词、形容词或者动词短语、形容词短语前边，如“由讨论开始”“从小开始”“由于不小心”“为了做好工作”等。

9.1.1　介词短语通常做动词或形容词的修饰语（状语）或者补语[①]。如：

一个黑暗的秋夜，我在一条险恶的河流中航行。

“在”是介词，“在一条险恶的河流中”是介词短语，修饰动词“航行”，表示处所。

从此，田田屋前的草地上多了一对白鹅的踪影了。

“从”是介词，“从此”是介词短语，表示时间。

---

① 丁声树等（1979：6）将介词归为次动词，说：“次动词通常不做谓语的主要成分……但……也间或做主要谓语，如‘那不至于罢’‘这全由于他糊涂’。这时候‘至于、由于’就和动词一样，也可以叫动词。”

祖母对猫也没有好感。

“对”是介词,“对猫”是介词短语,表示对象。

他比你高多了。

“比你”是介词短语,表示比较的对象,修饰形容词“高”。

他把徽章别在胸前。

“把徽章”是介词短语,修饰动词“别”,表示处置的对象;“在胸前”补充动词,表示“别”的位置。

介词短语比较少用来修饰名词。如果用来修饰名词,介词短语后边要用“的”,如“对于问题的看法”“对他的态度”。

9.1.2 介词短语一般不能独立应用,**只有少数格式在回答时可以独立应用**,如“从哪里来?——从马来西亚”(当然也可以说“从马来西亚来”)、“为了谁?——为了他”。有的介词可以跟主谓短语或谓词性成分组合,如“(**比你去**)有用多了”“(**对他这样做**)有些意见”“(**比站着讲**)好些”“(**对派不派人来**)不感兴趣”。

9.1.3 **有些介词用在动词后边,和动词结合得很紧**,如“落在”“走向”“习惯于”“来自”“献给”“走到”等,可以把它当作一个动词,如“走到小店门口,他一软就坐在了地上”(《骆驼祥子》)。“了”用在“坐在”后边,“坐在”几乎是一个单位。“卖给或者借给同学”,不能说“卖或借给同学”,“卖给”“借给”**都可以看作一个单位,都当动词**。

吕叔湘先生的一篇论文里,讨论了“**了**”的位置,如“说**了**”“出售**了**”“出借**了**”等,“了”都出现在动词后边。下面却是一些特殊的现象:

① 放在心上——**放在了**心上

② 坐在地上——**坐在了**地上

③ 飞向很远的地方——**飞向了**很远的地方

句子里的动词是“放”“坐”“飞”，都是单音节动词，“了”都出现在“在”“向”之后。复音动词就没有这种现象，如“瘫痪在地上——瘫痪了在地上”。吕先生认为这和双音节有关（吕叔湘，1963）。单音节动词和介词“在”“向”结合，再用上“了”，是不是要看作是单音节动词的普遍规律，还是当作特殊现象，是值得讨论的。

如果把“放在”等结构当双音节动词，**都看作一个单位，那么后边的“桌子上”等方位结构就成了宾语**①。

9.1.4　有些介词和副词同一个写法，如“从”和“自”都是介词，也是副词。介词后头是名词、代词或者名词性短语，副词后边是动词、形容词或者动词性短语。如：

① 他从不计较个人得失。（副词）

② 他从家里来。（介词）

③ 两人久别相逢，自有许多话要说。（副词）

④ 自小张来了以后，他便心情不定起来。（介词）

9.1.5　有些介词兼属动词，如“到”“给”“跟”“比”，既是动词也是介词。分辨的办法是作为介词在句子里出现时，不能重叠，也不能带“过”“了”“着”：

① 到吉隆坡去（不能说“到了吉隆坡去”）

② 给他写一封信（不能说“给了他写一封信”）

③ 你跟谁说话（不能说“你跟了谁说话”）

④ 我比你高（不能说“我比比你高”）

上面例子里的“到”“给”“跟”“比”都是介词。“跟”也可能是连词。作为连词的“跟”，所连接的成分前后可以互换，而且“跟”的前边不能有

---

① 周清海《语言里的特殊现象》，暨南大学华文学院主办第二届华语论坛（2009年11月16—17日）的主讲论文。

修饰成分,如“张三跟李四都是学生”,可以说成“李四跟张三都是学生”。这个“跟”是连词。“我跟他借钱”,可以说“我不跟他借钱”,“跟他”的前面受“不”的修饰,这个“跟”是介词。

句子的谓语是主要的成分之一,不能省略,如果能够省略,省略的部分就是介词结构,如:“天连水,水连天”的“连”是动词;“他连这个也拿走了”,省略了“连这个”,“他拿走了”可以说,“他连这个”不能说,因此“连”是介词。

练习十八

一、请选出适当的介词填入空格:

1. 老金只借着(　　)破亚答屋顶透进来的早晨的阳光,再照一照自己的脸。(从、向、在)

2. 我(　　)那些因为在近旁而极响的爆竹声惊醒。(给、为了、连)

3. 他(　　)身体衰弱,所以天天锻炼。(为了、由于、为着)

4. 我们开始喝酒,一面谈些(　　)他失业的事。(关于、对于、对)

5. 我平常(　　)年轻的学生说:古人所谓“穷愁著书”的话,是不可靠的。(对于、对、关于)

二、指出下列句子中的介词:

1. 新郎站在大门口,向排队的宾客轮流握手送行。

2. 不晓得从什么时候开始,有人给方子庆取了个外号叫作“独行侠”。

3. 小山把济南围了个圈儿,只有北边缺着点口儿。

4. 除了英文,他的绘画也不错。

5. 他下定决心要献身于教育事业。

三、请把括号里的介词结构插入句子:

1. 我们已经在报上看到了好多篇论文。(关于发展工业的问题)
2. 我们的看法是一致的。(对于这个问题)
3. 中国民间流传着很多神话。(关于月亮、太阳)
4. 他有很大的兴趣。(对文艺)
5. 他分析得很彻底。(对于种族关系的问题)

四、试用介词来区别下列的词,指出是名词还是副词:

早上　平时　马上　向来　时常　现在　立刻　目前　即将　最近

五、下列画线的词,哪一个是介词,另一个是什么词?

1. 同学们都在复习功课。/同学们都在课室里复习功课。
2. 他对于事情,向不过问。/虚心向别人请教。
3. 这件事和你没关系,你不必过问。/我和他都想知道事情的来龙去脉。
4. 双方本着互相谅解的精神进行磋商。/我本不想来,他非要我来不可。
5. 我们说走就走。/他们就外来人才问题发表意见。

9.2 常用的介词

有以下几类：

9.2.1 表示起止、方向、处所。

从 自 往 朝 向 到 在 于 由

9.2.2 表示时间。

从 自 自从 到 在 当 于

9.2.3 表示对象、关联。

对 对于 和 同 跟 把 被 关于 至于 连

9.2.4 表示原因、目的。

由于 为 为了 为着

9.2.5 表示比较。

比 同 跟 和(张志公主编,1985:13)

9.3 "对""对于""关于"

"对""对于"最常见的用法是指明对象或范围：

我**对**这件事还有意见。/大家**对于**学习语文很感兴趣。

"对""对于"也能把宾语提到动词前面或者主语前面。如：

① 我们应该接受正确的意见。

——我们对正确的意见应该接受。

——对于正确的意见,我们应该接受。

② 张老师非常关心我们的学习。

——张老师对我们的学习非常关心。

——对于我们的学习,张老师非常关心。

“对”和“对于”没有明确的分别。**大致说来，用“对于”的地方都可以用“对”，但用“对”的地方，却不一定能换用“对于”：**

① 对于（对）学习华文，我们都很有信心。

② 朋友对于（对）我的帮助很大。

能这样换用的，在“对于（对）”所带的短语后边，可以有语音停顿：

对于（对）村里的情况，不十分了解。

“对”解释为“向”“对待”时候，绝对不能换用“对于”：

① 他对我说：要学好语文，应该有一本好字典。

② 他对我很客气。

“对于”和“**关于**”的用法有同有异。**“对于”主要是指出谈论的对象**，而“关于”却是指出谈论的范围。**凡是对象确定的，只能用“对于”**，不能用“关于”：

① 学文学对于发展经济，没有直接的关系。

② 大家对于这种新设计是非常欢迎的。

③ 不独是对于一个人如此，就是对于家庭、对于社会、对于国家乃至于对于自己，都是如此。

这三个句子里的“对于”都不能换用“关于”。**如果表示范围，用“关于”**，不用“对于”：

① 第三，说几句关于批评的事。

② 我上面所说的，仿佛都是关于个人的事。

当指示对象或范围没有清楚的划分时，用“对于”或者“关于”都可以：

① （对于）关于这件事情，他已经做好了布置。

② （对于）关于怎样举行演讲比赛，我们已经拟订了办法。

“关于”只用于句子的前头，如果用在句中，只能用“对于”：

我们对于怎样举行演讲比赛已经拟订了办法。

文章的标题，常用“关于”，少用“对于”。

9.4 “被”“叫”“让”“给”

这四个是构成现代汉语被动句的主要虚词。

9.4.1 “被”构成的句子有下列三种:

(1) 受事者—被—施事者—动词—其他成分

① 地上的雪　被　风　刮　得一点儿也没有了。

② 困难　一定会被　我们　克服的。

(2) 因为“被”是正式表示被动的词,所以“被”后头的施事者可以省去,“被”直接和动词连接。这种句子的施事者通常是不可知或不必说的。

① 他被选为国会议员。

② 那本杂志被偷走了。

③ 后来我被装在小车上。

④ 我被惊醒了。

“被”后头省去施事者,或者完全没办法补上施动者,使“被”直接用在动词之前,和一般的介词不同。这一类的“被”可以认为已经**助词化**了,以表示被动的关系。

现代汉语里,只要不发生歧义,被动意义的句子通常不用“被”[①]**。**如“街道两旁的垃圾堆已经被清除了”,“垃圾堆”自己不能“清除”,句子不会出现歧义,因此“被”应该删除。

① 这一点,对教材编写者来说,是不能被忽略的。

---

① 陆俭明(1996):“由于受英语的影响,在新加坡华语里‘被’字句用得很广泛,不止出现在翻译作品中。像下面这些‘被’字句用中国普通话来说的话都得删去‘被’:(1)信已被投入了邮筒。”

② 前者有助于提高学生在表达上的精确度，因此应该被采纳。

这两个句子都不会发生歧义，“被”字都应该删除。新加坡华语，这些地方都倾向于用“被”。现代汉语这样用“被”的，也越来越多了。用“被”的句子常常含有“不满”的感情色彩，比较：

① 东西吃完了。

② 东西又被(他)吃完了。

如果不会发生歧义，又不含有“不满”的感情色彩，通常就不用“被”。

用“被”也可以表示不寻常，如“厂门打开了”是一般的叙述，而“厂门被打开了”，表示情况不寻常——可能出事了。

传统的用法，“被”在说明主语有所遭受。遭受自然不是自愿的，因此，“被”只能表示有损害或不愉快、不愿意一类的行为。如“刚才说的话被他听见了”，一定是不愿意他听见，跟“他听见了刚才说的话”意思并不相同。因此，“我写字”不能说成“字被我写”，除非说“字被我写坏了”。受外语的影响，非不如意的事也用“被”，如：

天井被雪片装饰得那么美丽，那么纯洁。

这个句子如果说成“雪片把天井装饰得那么美丽，那么纯洁”，就没有外语影响的痕迹。此外，**“被”后边的动词都必须带上表示完成或结果的成分**。下面的句子用了“被”，但不符合这个条件：

这种句法早被研究敦煌文献的几位学者指出……(梅祖麟，2000：8)

这是一个受外语影响的句子，而动词后边又缺少“了”，以**表示完成**。句子如果改为：

这种句法，研究敦煌文献的几位学者早已指出了……

就少了没有必要用“被”的毛病。

新加坡华语在不必要用“被”的地方，经常都用上“被”。这种现象越来越多，如：

马路不知道什么时候被修好了。

“马路”自己不会“修好”,不需要用“被”,而新加坡华语在这个地方都用上“被”,这种现象非常普遍。

我自己曾经写了下面的句子:

华族所共同认同的文化,在不同的华语区的教材里大部分都被保留下来。

后来修改时才将句子里的“被”删除,可见自己的语言习惯也和一般新加坡人一样,不必要地用上“被”。

(3) **“被……所”式。这种格式在书面语里比较常见**,在“被”之后,一定要有施事者。“所”用在动词前面,表示动作的被动性。

① 我深深地被他的话所感动。

② 他已经被大家所说服了。

书面语里也用“为……所”表示被动,如“为人所知”。用“为……所”,文言的味道很浓。用“被”时,动词前面可以有修饰成分,如“被他狠狠地打了一拳”,但用“被……所”和“为……所”时,**动词前面很少加上修饰成分。**下面的例子比较少见:

哪些词已经逐渐不为群众所常用。(林焘《现代汉语词汇规范问题》)

在动词“用”之前,有修饰成分(状语)“常”。

9.4.2 口语里,表示遭受用“叫(教)”“让”“给”比较普遍[①]:

① 有几个让火烧得焦头烂额。

② 他的衣服叫露水浸得湿透了。

上面的句子也可以换用“被”。**用“被”可以省掉施动者,用“叫”“让”却不可以省掉施动者。**

“给”表示被动,语气比较轻些。用“给”也可以省掉施动者:

---

① 有时“叫”“让”并不表示被动,而是做兼语式的第一个动词,如“我不能叫(让)他欺负你”,句中“欺负”的对象不是“我”,这个句子不是被动句。

衣服给雨淋湿了。——衣服给淋湿了。

“给”还可以和“被”“叫”“让”合用。合用时，“被”“叫”“让”用在施事者之前，“给”用在施事者之后：

① 你们真是**让**什么**给**弄糊涂了。

② 我的书**被**他**给**丢了。

有时为了使前后两句共一个主语，使句子紧凑简洁，而调整句式，改用被动式：

① 敌人攻击他五次，他都坚守阵地。——他被敌人攻击了五次，仍然坚守阵地。

② 双喜走在他的旁边，铁镐、铁锹把双喜压得弯了腰。——双喜走在他的旁边，也被铁镐、铁锹压得弯了腰。

对汉语的被动句，王力(2000:331)说：“在现代汉语的口语里，被动式一般不用‘被’字表示，而是用‘叫’‘让’‘给’等字表示，凡用‘叫’‘让’‘给’等字来表示的被动式，它们的应用范围仍旧和传统一样，并没有扩大。也就是说，它们仍旧表示不幸或者不愉快的事情。”在新加坡华语里，我们很少用‘叫’‘让’‘给’，口语和书面语都用“被”。新加坡华语是没有口语基础的语言，这也是一个证明。

9.5 “连……都”和“连……也”

“连”是介词，“都”“也”是副词。介词“连”和副词“都”“也”合用，含有“甚至于”的意思，用来表示强调。如：

① 他不认识这个字。——他连这个字都(也)不认识。

② 他不吃饭，就出去了。——他连饭都(也)不吃，就出去了。

用“连”将宾语提前，同时加以强调。

“连……都(也)”如果用主语部分，只表示强调：

① 在南洋,连三岁小孩都(也)知道凤梨是一种好吃的水果。

② 这个玩意儿,连我最小的弟弟也能做。

这类的结构,有时也省掉“连”,只用“都”:

有一天,太阳很暖和,也没有风,树叶都不动。

这个“都”相等于“连……都”。

“连……都”既然可以强调宾语,也可以强调主语,因此在主语或宾语没有说出来的情况下,句子就有歧义:

① 鱼不吃东西了。——鱼不吃了。

② 他们不吃鱼了。——鱼不吃了。

用“连……都”强调,“连鱼都不吃了”就有歧义:连鱼都不吃东西了。/他们连鱼都不吃了。肯定形式的句子用“连……都”的结构,比较多些,否定用“连……也”比较多些(朱德熙,1982:191)。

9.6 “比”“跟”“同”

表示优项的比较用“比”,表示等级的比较用“同”“跟”。先说“比”:

① 今天比昨天暖和。

② 他比你聪明。

这两个例子都表示优级的比较,它的结构是“甲 + 比 + 乙 + 形容词”。形容词后边还可以带上数量词或另一个形容词。如:

① 他比我大三岁。

② 我们鲁镇的戏比小村里好得多①。

新加坡华语在这一类比较句里,有时还用上“来得”,修饰后边的形容词,如:

① 关于普通话里“比”字句的详细讨论,可参考马真(1986)。

① 他比谁都来得沉默、安静。

② 她比一般的白人来得更白。

普通话没有这种用法(陆俭明,1996)。

新加坡华语里也用"甲+形容词+过+乙"的结构表示优级的比较。这是受了广东方言和闽南方言的影响。这种比较句的形容词一般是单音节的。如:

① 坐飞机快过坐火车。(普通话说"坐飞机比坐火车快"。)

② 牛大过猪。(普通话说"牛比猪大"。)

现在也扩大到双音节形容词,如"他聪明过你"。

表示等级的比较用"同""跟":

他同/跟我一样大。

也可以用"有"表示等级的比较:

他的字同/跟你的一样好。——他的字有你的这么(那么)好。

只是用"有"是以"甲"做标准,表示"乙"达到"甲"的标准,和"同""跟"纯粹表示的并比不同。

表示劣级的比较,不用介词,而用"没有":

今天没有昨天热。(昨天更热。)

如果用"不比"则意思不同:

今天不比昨天热。(今天和昨天的热度差不多。)

9.7 "把"

介词"把"用来提前宾语,并强调对宾语的处置[①],所以**"把"构成**

---

① 朱德熙(1982:188)认为和"把"字句关系最密切的是受事主语,"把衣服洗干净了"可以说"衣服洗干净了"。

的句子,动词一定是及物动词。如:

① 我记住了所有的生词。——我把所有的生词记住了。

② 他告诉大家昨天发生的事。——他把昨天发生的事告诉大家。

用“把”的句子通常必须具备以下的条件:

9.7.1 动词后面必须有其他的成分,如果没有其他成分,动词必须重叠:

① 他把衣服洗干净了。

② 你把房里的东西收拾收拾。

“洗”后边有补语“干净了”,“收拾”重叠。下面的句子就用了“把”,但动词后边没有其他的成分:

×项羽觉得他说得有理,思考了一阵子,便把命令取消。

“取消”后边需要用“了”。

9.7.2 动词前头有其他成分:

① 我们把课室彻底打扫干净。

② 他把绳子一拉,网就掉了下来。

“打扫”的前面有“彻底”,“拉”的前面有“一”。

只有少数带结果性补语(动补结构)的双音节动词,如“提高”“扩大”“解散”“证明”之类,动词前后可以没有别的成分,如“把水平提高”“把范围扩大”等。“怎样”“怎么样”也可以用在“把”字句里,如“风并没有把它怎样/怎么样”。

9.7.3 “把”后边的宾语是有定的,不是任何一个,如“他买了一本书”不能用“把”改写,说成“他把一本书买了”,但“他买了那本书”就可以说成“他把那本书买了”。“把那本书买了”可以说成“那本书买了”,“把旧报纸丢了”可以说成“旧报纸丢了”,“把李先生请来了”可以说成“李先生请来了”。只有“把它烧了”“把他请来了”,**宾语是**

代词,不能说成无标记的被动句:"它烧了",可以说"他请来了"(陆俭明,2003:98)。新加坡华语里,"他"没有这个限制。

9.7.4　动词后边有"在""成""到"等介词短语做补语,只能用"把":

① 他翻译这两个句子+成英文——他把这两个句子翻译成英文。

② 妈妈抱弟弟+在怀里——妈妈把弟弟抱在怀里。

③ 他打球+到我面前——他把球打到我面前。

下面的句子需要用"把":

应用这个方法在日常生活的问题上。——把这个方法应用在日常生活的问题上。

如果有否定副词"不""没","不""没"都只能用在"把"所构成的短语之前,如:

① 你怎么不把这件事说清楚?

② 你怎么没把他请来。

但句子如果以"当作""当成"一类做谓语,"不""没"可以在前,也可以在后:

① 这样不把人当人。——这样把人不当人。

② 你怎么没把这件事当事办?——你怎么把这件事没当事办?

有两种新兴的"把字句",如:

我们应该把当前的局势**做**一个大概的**分析**。

这类"把字句","把"的宾语不受主要动词的管制,而受主要动词宾语的管制。"做"的宾语"分析"管着"当前的局势"。这类句子里的"把"也可以换用"对"。

我们应该对当前的局势做一个大概的分析。

另外的一类是动词后面有代词宾语:

一个要招收广大的人马,好把敌人包围而消灭之。(马汉麟,1993:25—29)

普通话里“把”后边如果带上“得”字补语,“得”字后边的补语有时可以不出现,如:

你看把他气得。

华语里“得”后边的补语必须说出来。

你看把他气得快晕了。

9.8 “除了”

表示排除,后边可以跟上方位词“外”“之外”“以外”。独用的时候,**表示所说的不包括在内**。这是排除性的用法:

① 除了她,别的都是男同学。

② 那条山路,除了他,谁也不认识。

如果和“还”“也”连用,**表示在所说的之外,还有别的**。这是包含性的用法:

① 他除了爱骑自行车之外,还爱骑马。

② 除了工作态度好之外,他工作能力也很强。

跟“就”连用,表示不这样,就那样:

① 他年纪小,除了吃,就是玩,什么都不会。

② 他除了看书,就是写作,什么地方也不去。

这一式含有夸张的意思。后边的“什么都不会”“什么地方都不去”也可以不说出来。萧国政(2001:55)把这一类的句子叫作“歇后句”。

在**“除了……以外……大都”**的结构里,用“除了……以外”表示少数例外,位置可以在句子的前头或主语的后头:

① 除了他之外,班上的同学大都喜欢打篮球。

② 班上的同学,除了他之外,大都喜欢打篮球。

“除了他之外”如果用在句子的后头,表示补充说明:“班上的同学,大都喜欢打篮球，除了他之外。”

用“大都”，表示对大多数情况的推测，如果改用“都”，则肯定了班上除了“他”以外，“别的同学都喜欢打篮球”，再**没有例外**：

除了他之外，班上的同学都喜欢打篮球。

9.9 “为了”和“由于”

“为了”表示目的，“由于”表示原因。

① 为了改善人民的居住环境，我们清除贫民窟。

② 为了帮助我们克服学习上的困难，老师经常了解我们的学习情况。

“为了”不能用来表示原因。表示原因只能用“由于”，或者用连词“因为”。

×为了身体衰弱，他经常锻炼。

句子里的“为了”必须改为“由于”或者用连词“因为”。但是，普通话和新加坡华语都有用“为了”“为”来表示原因的趋向：

① 大家为了/为这件事高兴。

② 报馆为了言论激烈，收到许多恐吓信。

③ 李先生退休以后，为了身体不好，天天运动，从不间断。

④ 这些书过去我一直舍不得卖，现在拿出来，倒不是为了经济困难，而是因为国家需要。

例句④，“为了”和“因为”相互换用。

表目的句子也用“为”和“而”配合使用：

为培养一批精通外文的人才，在商界和外交界服务，而把外文列入中学的课程中。

“为……而”和“为了……而”用法有差别：“为了……而”前后两个动词意义相反，表示转折（吕叔湘主编，1980：485）：

为了前进而后退。

新加坡华语里“为了……而”连用,也有不表示转折的:

为了得高分而连续开夜车,这不是我们所主张的。

“为”可以引进服务对象,“为了”不能这样用:

×这是为了我们演的话剧。

“演”的服务对象是“我们”,在“我们”前面只能用“为”。

9.10 介词短语“从X到Y”的分析

① 他昨天从上海到北京。

② 从青年教师到老教授,都发表了意见。

例句①的谓语是“到”,“从上海”是介词短语充当状语。例句②“从青年教师到老教授”是由两个介词短语组成的联合短语,表示同一序列的人,充当主语。邢福义(2002:174)把这类短语归为特殊的并列短语,指称序列的人物、时地、数量等。其他的例子如:

① 从课室到操场都是家长。(表示地方)

② 从昨天到今天都热得令人透不过气。(表示时间)

③ 从十号到二十号都站出来。(表示数量)

练习十九

一、请用括号里的词语改写下列句子:

1. 小明说了半天,说不出一点道理来。(连……都/也)

2. 两个月来,他没看一场戏。(连……都/也)

3. 王大生借走了我的那本《语法讲义》。(叫……给)

4. 他唱歌唱得好。

弟弟唱歌唱得不好。(没有)

二、下列句子里的“被”都需要用吗?

1. 一个人要是被伤透了心,那就一心希望恢复。

2. 老人似乎被吓了一跳,倒退了两步。

3. 我被说动了,也想去一趟。

4. 他说,这种现象在这里还没有被发现过。

5. 这件事被讨论了一个早上,还没有解决的办法。

三、请用“把”改写下列句子:

1. 父亲没吃完药,病就好了。

2. 老师抄生词。(在黑板上)

3. 他送东西。(到我家里)

4. 哥哥喜欢开着窗。

四、请用“除了……以外”改写下列句子:

1. 只有国家图书馆有这本书,别的地方都没有。

2. 大家都喜欢打球,只有小明不喜欢。

3. 他星期日不在家,别的时候都在。

4. 住在这里,很方便,也很安静。

五、赵元任《汉语口语语法》(1979:323)认为介词结构可以充当主语,举了“关于那个问题,我还没打定主意呐。”和“至于念书写字,还没找到个清静的地方呐。”两个例子,说:“‘关于’‘至于’都可以省掉,那就是名词或动词做主语。”“由”也常用在施事主语之前,如“由姚依林代理总理职务”“由校长介绍一下学校的情况”等。你有什么看法?

第十章　连词

10.1　连词的定义

用来连接词和词、短语和短语、句子和句子的词，叫作连词。如“勤劳而勇敢”“消息和谣言”里的“而”和“和”是连接词和词；“写小说或者写诗歌”“睡眠不够与饮食不正常”，“或者”和“与”是连接短语和短语。下面的例子则是连接句子和句子：

① 我因为怕一个人忙不过来，所以才请你到这里帮着照顾照顾。

② 虽然天已经亮了，可是太阳还没有出来。

句子里的“因为……所以”“虽然……但是”都是连接句子与句子的连词。

10.1.1　连词有时和介词用同一个字形，如“跟”“和”“与”“同”等，既是连词，也是介词：

① 我跟他都是初级学院的学生。

② 我跟人一打听，才知道走错了路。

例①的“跟”是连词，连接“我”和“他”。主语是“我和他”两个人。例②的“跟”是介词，“跟人”是介词短语，修饰“打听”。介词前头可以插入修饰成分，如“马上”“立刻”等，例②可以说“我马上跟人一打听”；连词“跟”的前头不能插入任何修饰成分。

为了让语言更明确，可以用“和”做连词，代替“跟”，让“跟”专用为介词(参考下一节“和”)。连词只有连接作用,被连接的两个词,语序可以更换,如例①的“我跟他”也可以说成“他跟我”。介词就不可以更换语序。

10.1.2 有些单音节副词也经常起关联作用,如“就”“才”“也”“却”等。这些副词只能用在主语之后,位置比较固定。**连词既可以用在主语之前,也可以用在主语之后,位置比较自由。**不过,如果**主语是周遍性**的,如“如果什么人都知道这事……”,这个“如果”只能用在主语之前,不能用在主语之后。一般的主语,连词则可以在前,也可以在后,如“如果他拿了你的地图……”,也可以说成“他如果拿了你的地图”。

连词只有连接作用,它可以连接词语和词语,或者分句和分句。如果没有连接作用,而只有修饰作用,便是副词,如“尽管”,在“你尽管放心”“有什么话,你尽管说”中是副词,而在“你尽管这样说,我还是不放心”中则是连词。

练习二十

一、下列句子里的“和”与“跟”,哪些是连词?哪些是介词?

1. 路的一旁,是些杨柳,和一些不知道名字的树。

2. 叫我和老太太讨去,就怕老太太不给。

3. 宝珍跟春来都刚十九岁。

4. 有一件为难的事,我没有主意,先和你商量商量。

5. 我跟人一打听,才知道走错了路。

6. 夜深了,妻跟孩子都睡着了。

7. 只是我总以为没有春和秋;冬末和夏初衔接起来,夏才去,冬又开始了。

8. 他跟我们定了合同,他不能依时完工,我们可以跟他打官司。

9. 老李和老张是同乡。

10. 他和丽丽结婚了。

二、下列句子里的“要”是哪一类词?

1. 你要没有带够,就赶快想法子。

2. 他向我要了一张纸。

3. 他就要离开了,你快去找他。

4. 要不是他告诉我,我真的被蒙在鼓里。

5. 他要生气的,如果你不告诉他。

三、吕叔湘主编《现代汉语八百词》第556页将“由于”归为“介词”和“连词”,将“至于”归为“动词”和“介词”。丁声树等《现代汉语语法讲话》也说:“次动词(即我们的介词)也间或做主要谓语,如‘那不至于罢’‘这全由于他糊涂’,这时候‘至于、由于’就和动词一样,也可以叫作动词。”你有什么看法?

10.2 和、或

10.2.1 “和”用来连接名词或代词：

① 古人把纸、墨、笔和砚叫作文房四宝。

② 他来拜会你和张先生。

“和”连接的成分如果是两个以上，“和”放在最后两个成分之间，如“现代工业、现代农业和现代科学”“地理、历史、数学和科学”。有时用“和”也要根据逻辑来安置，如“人和书籍、纸张、笔砚”，只能在两大类之间用“和”。这种用法的“和”也可以换用“跟”“同”“与”。俞敏(1989:113)认为“‘和’正慢慢从北京话里淘汰出去，现在三十岁以下的人轻易不用它。剩下的空位子，就用‘跟’来补充。所以说‘跟’正往连词那个方向发展”。但陈建民(1984a:42—43)却认为“连词‘和’同介词‘跟’的明确分工”是书面语渗透北京口语的现象。近年来，北京口语已不是一“跟”到底了。新加坡华语的连词常用“和”，很少用“跟”。“跟”只用为动词(我跟着他走)，和介词(我跟你说)。

“和”也可以用来连接动词或形容词，如：

① 他是那样纯净和高尚。

② 他是一个聪明和用功的学生。

③ 他还在慰问和帮助灾民，一点也不知道疲倦。

用“和”连接动词，不但要求动词是双音节的，一般还需要共管一个宾语，而且宾语也必须至少是两个音节的，如例③。我们可以说“编辑和出版刊物”，可是不能说“编和出刊物”，或是“编辑和出版书”。如果名词是单音节的，而且又做同一个单音节动词(或不同的单音节动词)的宾语，一般不用“和”连接，而要重复动词，如不说“编

书和报",而要说"编书和编报";不说"买和卖书""看书和报",而说"买书和卖书""看书和看报"。

联合动词做修饰语,不受音节的限制,常常用"和",如"攻和守的器具"。联合动词后边有共同的补语,或宾语,也要用"和",如"发展和壮大起来""发现和纠正了错误"。这一类的"和""与"都可以换成"并"。**两个动词合用一个补语、宾语的结构**,如"建立和发展起来""慰问和帮助灾民",**文章里常见,口语里平常很少这样说**。联合动宾短语做谓语,中间不用"和",如"他们流血、流汗,为的是什么?""你张口闭口,都是大话"。新加坡华语里,联合动宾短语做谓语,中间有用"和"的。

用"和"连接形容词,一般要求形容词有共同的状语,如例①。**没有共同的状语,连接形容词最好用"而""而且"或"并且"**,如例②的"和",改用"而""而且"或"并且"更适当。古代汉语连接两个形容词就是用"且",如"贫且病""富且贵"。近来用"和"连接形容词的现象越来越多,可以看作是新兴的用法。

"和"也是介词,如"小张和小李下棋呢!"里的"和"就是介词,因为在"和"前面可以加上"正在",说成"小张正在和小李下棋呢!"。"和"的前面,如果能插入修饰成分,这个"和"就是介词。作为连词的"和"是连上读的:小张和小李都出去了。作为介词的"和"是连下读的:小张和小李下棋呢!

10.2.2 "或""或者"都表示选择,二者居其一,但也不排斥兼有,如:

这本书,或者你先看,或者我先看,都行。

这是选择关系,彼此互相排斥,要么"你先看",要么"我先看",**二者必居其一**,不能两者兼有。

你上巴刹去，总能买到牛肉或者羊肉。

“牛肉或者羊肉”，可以只有“牛肉”或者只有“羊肉”，也可以是“牛肉和羊肉”都有，彼此没有排斥的关系，而是二者兼有。再如：

① 大水把铁路冲坏了，你只能坐飞机或者坐船去。

② 去和不去，由你自己决定。

例①和②都是不能兼有的，一句用“或者”，另一句用“和”。

新加坡小学华文会考，曾经出了两个句子，要学生改写成一个句子。两个句子是：

① 每逢星期天，爸爸都带我出去。

② 每逢公共假期，爸爸都带我出去。

学生改写为“每逢星期天或公共假期，爸爸都带我出去”，被认为是不完全正确的，因为标准答案用的是“和”。出题的教师认为“和”是二者兼有，“或”是“其中之一”，却不知道“或”在这种情况之下，也可以表示“兼有”（同“和”）的意思。

“或”“或者”和“还是”也有一些差别：**“或者”不能用在疑问句里。**例如：

×你喝茶或者喝咖啡？

这是疑问句，不能用“或者”，只能用“还是”：

你喝茶还是喝咖啡？

“你喝茶或者喝咖啡？”在新加坡华语里也常听到。

当然，也可以“还是……还是”连用。赵元任（2002b：377）：“要说：‘你还是要看戏，还是要看电影？’或者‘你要看的还是戏，还是电影？’”新加坡华语常用的是“是……还是”。

在非疑问句里，用“或者”“还是”都可以：

① 喝茶还是喝咖啡都可以。

② 喝茶或者喝咖啡都可以。

10.3 “而、而且”“不但……而且”“况且”

“而”是用来连接形容词的,如“聪明而美丽”“勇敢而机智”“长而空”等。这个连接并列形容词的“而”,也可以改用“和”,不过**用“和”连接的并列形容词,通常多充当名词的修饰语**。

连接并列形容词的“而”也可以换用“而且”,只是用“而且”有表示进一层的意思。有时也用“不但”“不仅”和“而且”呼应,说成“不但……而且”“不仅……而且”。如:

① 他的身体高大而结实。

② 长且难的句子,要清楚而且缓慢地读下去。

③ 他的文章写得不但长而且空。

“况且”和“而且”不同。“况且”表示在主要的理由之外,追加或补充某些理由,这些理由不是主要的:

路不算远,况且还是快车,准能按时赶到。(如果换用“而且”,就将次要理由改为主要理由。)

但是,如果表示后面比前面的理由更重要,就只能用“而且”,不能改为“况且”:

×他很勇敢,况且很机智。

连接并列形容词的也可以用“又……又”,如“又短又细”。“又”是副词。

除了连接并列的形容词之外,“而”还有其他用法:

(1) 相当于“可是”“但是”“然而”的意思。如“有其名而无其实”“虽然失败了好几回,而他却从不灰心”“叶子底下是脉脉的流水,遮住了，不能见一些颜色；而叶子却更见风致了”。

（2）与“因”配合，组成“因……而”的结构，表示因果的关系，相当于“所以”，如“我国因人民勤劳而有今天的繁荣”。“因……而”也可以用“因……所以”。

（3）与介词“为”或“为了”配合，组成“为……而”“为了……而”的结构，表示目的关系。“为”“为了”表示目的，“而”表示要达到目的所必须采取的手段或方式。如“为实现理想而奋斗”“为了繁荣而努力”“为祖国而战”。如果用在意义相反的两个动词之间，表示转折，就不能用“为”，必须用“为了……而”，如“为了前进而后退”（吕叔湘主编，1980：485）。

“而”不能用来连接名词和名词，动词和动词。用“而”来连接动词的用法，是文言格式的遗留，如“分而食之”“一哄而散”。这样用的“而”，两个动词有先后的关系。“公而忘私”的“而”有表示正反两面的意思。

10.4　“并”“并且”

用来连接并列动词，如“讨论并通过”“响应并且推动”。这样用法的“并”“并且”，都不能换用“而”。

“并”“并且”也可以用来连接句子，表示更进一层的意思。如：

① 水流很急，并且到处是礁石。

② 阅读能丰富我们的词汇，并且能提高写作能力。

这种用法的“并且”和“而且”相当。

表示进一层的意思有时也用“不但……并/并且/而且”的结构，如：

① 我是向来不爱放风筝的。不但不爱,并且嫌恶它。

② 地上的雪在月光下不但洁白,并且一闪一闪地发光。

“并”和“并且”的作用并不完全一样。“并”和副词“不”“非”“没”等连用时,都不能换用“并且”,如“科学并不神秘”“他并非不知道”“我并没说这句话”。这样用法的“并”是副词,强调否定,表示不像预料的那样,都不能换用“并且”。

10.5 “虽然……可是(但是、但)”

这类结构是用来连接两个句子的。“虽然”先提出某种情况、某件事情,“可是”接着从相反的方面说下去。这是把相反的两层意思连接起来的虚词结构。如:

① 手术室里虽然人很多,可是没有一点声音。

② 波涛虽然非常汹涌,但是我们的船仍然沉着地往前冲。

“虽然”可以在句子的前头(主语之前),也可以在主语之后。句子意思的重点在“可是/但是”后边,所以“虽然”可以省去,“可是/但是”就不能省。上面两句可以说成:

① 手术室里人很多,可是没有一点声音。

② 波涛非常汹涌,但是我们的船仍然沉着地往前冲。

如果要省去“可是/但是”,只用“虽然”,句子前后的次序必须颠倒过来①:

① 没有月光的晚上,这路上阴森森的,有些怕人。今晚却很好,虽然月光

① 吕叔湘主编(1980:454):“用在前一小句,可在主语前或主语后。后一小句常用‘但是、可是、还是、仍然、可、却’等呼应。……‘虽然’用于后一小句,必在主语前。前一小句不能用‘但是、可是’。多用于书面。”

也还是淡淡的。

② 他身体结实，精神奕奕，像三四十岁的人，虽然他的年纪已经半百了。

其实，在文言里，“虽”是可以独用的，如：

① 颜渊曰：回虽不敏，请事斯语矣。（《论语·颜渊》）（颜渊说：我虽然不聪敏，也要实践您这些话——指非礼勿视，非礼勿听，非礼勿言，非礼勿动。）

② 愚者虽欲为不善，智不能周，力不能胜，譬如乳狗搏人，人得而制之。（《资治通鉴》）（愚笨的人虽然想做坏事，但智力不能周到考虑，力量不能胜任，好像小狗扑向人，人能够制止它。）

现代汉语里也有在前一个分句独用“虽然”的例子：

① 虽然我不太认识你，我知道你是个年轻的大夫，你是在用心为我治病……

② 刘太生虽然看不见何殿福的脸，从语音上听，何殿福是高兴的。

③ 关于登台教课，焕之没有一点把握；虽然看过一些讲教授法的书，到这时便忘得干干净净。

“虽然……可是”这一类的结构，也可以用“尽管……可是”或者“固然……可是”来说。只是“固然”不能单用，而“虽然”“尽管”都可以单用。

“但是”可以省作“但”，只是所表示的转折比较小。“但是”之外，也可以用“然而”“不过”：

① 尽管外面下着大雪，然而天气并不冷。

② 她虽然那样忙，不过一有空闲，就捧起书本来认真地阅读。

“却”也和“但是”等一样表示转折，但用“却”时一定要置于主语的后边，而“但是”等却必须放在主语前边：

最大的裂缝已经用稻草和布堵住了，风却可以灌进来。

“但是”也可以和“却”连用，说成“但是风却可以灌进来”。

表示轻微的转折，口语里也用“就是”，如“这本书好是好，就是贵了一点”,“就是”轻读,常和“太”“一点”“点儿”“些”等连用。有时有易位的现象,如“这本书好是好,贵了一点就是”。

10.6 “不管(无论、不论)……都(总)”

“不管”等是连词,“都(总)”是副词。这种结构用来表示条件或情况不同,而结果不变。如:

① 不管你说什么话,他都不听。

② 无论是在外的在家的,谁都想念那不在身边的亲人。

“不管”跟“无论”“不论”的意义和用法基本相同,但是“无论”“不论”多见于书面语,可以和文言词语“与否”“是否”等搭配,如“无论了解与否”“不论是否赞成”。“不管”除了在书面使用之外,也常在口语中使用,跟它搭配的多为口语词,因此**“不管”后边不能用“如何”“何”“是否”“与否”等文言色彩的字眼**(吕叔湘主编,1980:79;北京大学中文系1955/1957级语言班编,1982:100)。**新加坡华语里“不管”后边也用“如何”“何”“是否”“与否”等文言色彩的字眼。**这是因为我们的书面语和口语,没有严格的区别。

“无论……都”也用来连接单句内部的成分:

无论什么人都得承认这个道理。

10.7 “只有(除非)……才”

“只有”“除非”都是连词,“才”是副词。“只有”“除非”表示必需的、唯一的条件,“才”所带的分句表示结果。

① 只有人民了解政策的意义,才会积极支持政府。

② 除非亲眼看见，他才会相信。

如果先提出结果，后提出条件，就只用“只有”“除非”，不用“才”搭配：

要做到这一点，只有(除非)依靠人民的支持。

“只有……才”也可以连接单句内部的成分：

只有热爱工作的人才能热爱生活。

“除非……，才……，否则……不……”也可以连用：

除非亲眼看见，他才会相信，否则他不相信。

如果省去“才”，就成为“除非亲眼看见，否则他不相信”。

10.8 “因为……所以”“由于……因此”“之所以……是因为”

用来表示原因和结果的关系。如：

到了战国时代，因为写字的工具比以前方便，所以散文的体裁也受到影响。

也可以用“由于……因此”，或者单用“因此”“因而”：

① 由于欧美还有许多人失业，因此它们可能进一步推行保护主义。

② (由于)孔子的学说在伦理道德上有很大的贡献，因此人们称他作圣人。

“因为”和“由于”的区别是：(1)“因为”比“由于”常用。(2)“因为”只和“所以”配搭，不和“因此”“因而”配搭；“由于”可以和“因此”“因而”“所以”配搭。(3)“由于”只能用在前边，后边跟着表示结果的分句，不能单独放在后边；“因为”没有这个限制(吕叔湘主编，1980：557)。

这里无法过江，因为水流太急。(**不能用“**……由于水流太急”)

新加坡华语里，“由于”能单独用在后边，表示原因。上面的句子，华语也能说成“这里无法过江，由于水流太急”。

要突出原因或理由,书面语可用“(之)所以……是因为(由于)”来表示:

① 我当时(之)所以不得不学拉丁文,是因为我想当律师。

② 这部小说之所以语言生动,是由于作者深入生活,熟悉了群众语言的缘故。

10.9 “宁可……也不”“与其……不如”

“宁可”表示选择在前,“也不”表示后边是舍弃的部分。如:

宁可到公园走走,也不坐在家里发闷。

“宁可”也可以和“与其”搭配,说成“与其……宁可”:

与其写信给他,宁可立即打个电话和他联络。

也可以用“与其……(倒)不如”:

与其一放学就在马路上闲逛,(倒)不如到图书馆去看看书。

如果没有明显地表示舍弃的一方面,只表示选择的一方面,可以用“最好是”或“……的好”来表示:

① 我们最好是到公园去走走。

② 我多付些钱买个耐用的好。

练习二十一

一、下列句子里的关联性词语用得正确吗?

1. 首先,以个人来说,学习儒家伦理可以帮助我们了解做人的基本道理。

2. 其次,以社会和国家来说,学习儒家伦理,也有许多好处。

3. 但他却以孔子作为模范,立志要继承孔子的事业。

4. 在孔子以后，一直到战国时代，中国的局势非常混乱。

5. 我们要一方面追求知识，做个有学问的人；一方面修养道德，做个堂堂正正的人。

参考《现代汉语虚词例释》(北京大学中文系1955/1957级语言班编，1982:127)“从……来看/看来/来说/看”以及《现代汉语八百词》(吕叔湘主编，1980:538)“以……而论”“拿……来说”“以……为”“把……作为”“认为……是”。

二、“或”“或者”和“还是”用法上有什么不同？

第十一章　助词

11.1　助词

助词是附在词、短语或者句子上面，表示一些附加意义的词。助词大都念轻声。现代汉语的助词包括结构助词、动态助词和语气助词等几类。

结构助词有“的[①]”“地”“得”“个”“所”“似的”“与否”等几个。动态助词有“着”“了”“过”。语气助词有“的”“了”“呢”“罢了”“不成”等表示陈述语气；“吗”“呢”“吧”“啊”等，表示疑问语气；“吧”“了”等，表示祈使语气；“啊(变音做‘呀’‘哇’‘哪’)”，表示感叹语气。

有些助词，是否有作为词的资格，吕叔湘(1979:45)说：“有些助词的‘词’的资格不牢靠。比如动词后边的了和着，赞成把它们作为动词后缀的恐怕会比赞成作为单词的多。的(地)能够保留词的资格，全靠用在短语(包括主谓短语)后边的例子(发给你们的文件|领导交给我们的工作)；有人就主张把的分为两个，一个是助词，一个是

---

① “的”和“地”的区分，在《中学教学语法系统提要(试用)》(1984)里做如下的建议：这里不区分“的”“地”，都用“的”。过去曾经不分，并未引起混乱，而通行的分写办法在教学上和使用上不无困难，所以根据许多教师和一些专家的建议，提倡不分。但考虑到目前报刊文章许多著作中大都是分写的，因此不做硬性规定，愿意分写的尽管分写，只要分得对(定语用“的”，状语用“地”)就行。

后缀(我的,布的,现成的)。大概除语气助词外,都在不同程度上有能否保留'词'的资格的问题。这个问题现在还与实用无关,将来实行拼音文字,势必会由连写的问题牵连到是词不是词的问题。"尽管如此,我们还是把这些词都当作词处理。

下面分别谈谈这几类助词。

11.2　结构助词:的、地、得、个、所、似的、与否

11.2.1　"的"。用来表示它前边的词或短语是名词的修饰成分,也就是定语。如:

① 这不是伟大的奇观吗?

② 杨柳才吐出半粒米大的新芽。

"伟大"修饰名词"奇观","半粒米大"修饰名词"新芽",都是定语。定语和中心词之间加上结构助词"的"。"奇观""新芽"都是名词,所以我们也可以说,"的"用在名词之前,表示名词前面的成分是修饰语。修饰语和名词(定语和名词)之间也不一定要用"的",如:

① 又找到了一头大狮子,和娘娘庙门前的大石头狮子一模一样。

② 我喜欢挨坐在母亲的身边,挽住她的衣袖,央求她述说我幼年的事。

③ 忽然来了一阵大风雨。

④ 那时她那丰满红润的面庞,使我在姊妹妯娌群中,起了骄傲。

从上面的例子中,我们可以归纳出**用与不用"的"的情况**:

(1) 数量短语(简称数量词)充当定语时不必用"的",如"一头狮子""一阵风"。**如果用"的",大都是借用名词做量词**,如"一屋子的人""一桌子的菜"。"屋子""桌子"都是名词。

(2) 名词或代词充当定语,若是表示领属的,一般要用"的",如

“母亲的身边”“孩子的衣服”“他的东西”。如果作为句子的一部分，也可以省去“的”，如“母亲身边没有什么人”“把孩子衣服撕破了”“借你相机用一用”。如果中心词前边是指示词，不用“的”，如“那东西”“这衣服”。表示质料，也可以不用“的”，如“木头人”“石头狮子”。

有时用“的”和不用“的”表示的意思有差别，如“狐狸的尾巴很大——露出了狐狸尾巴”“孩子的脾气很大——他有点孩子脾气”。**用“的”的领属意义非常清楚**，没有“的”时，成了有特殊意义的短语。

复合方位词修饰名词时，一般要带“的”，如“前面的大门”“西边的房子”。复合方位词受名词修饰时，则可以用“的”，也可以不用“的”，如“大门的前面——大门前面”“房子的西边——房子西边”。

时间名词修饰名词时，一定要用“的”，如“幼年的事”。

（3）形容词**充当**定语，一般来说，双音节形容词和带辅助成分的形容词要用“的”，如“丰满红润的面庞”“冷冰冰的态度”；单音节形容词做定语，不用“的”，如“大狮子”“大风雨”。如果要强调定语，单音节形容词也可以用“的”，如“大的狮子”“小的星星”。如果单音节形容词前面有修饰成分，则要用“的”，如“很大的房子”；单音节形容词重叠，也要用“的”，如“冷冷的态度”。

（4）**代词充当定语，若中心词是表示身体的部分、亲属、机关或处所，可以不用“的”**，如“你身体”“他爸爸”“我学校”“你左边”。如果中心词是一般名词，单说时要用“的”，如“你的眼镜”“我的手套”“他的自行车”，包含在句子里的时候，可以不用“的”，如“你眼镜呢？”“我手套丢了”“把他自行车骑走了”。**华语里这些地方都倾向于用“的”。**

（5）动宾短语当定语，如果谓语动词（无论是单音节或双音节动词）是单独的动词，宾语也是单独的名词（无论是单音节或双音节名词），则不必用“的”，如“造船技术”“讨论问题过程”“看书时候”。

“造”“看”是单音节动词,“讨论”是双音节动词。这些动词之前都没有修饰成分。“船”“书”是单音节名词,“问题”是双音节名词。这些名词前面都没有修饰成分,所以“造船”和“技术”之间,“讨论问题”和“过程”之间都不用“的”。如果谓语动词带有其他成分,或宾语带有其他成分,则必须用“的”:“造大船的技术”“讨论这个问题的过程”“看完书的时候”。

11.2.2　“的”字短语。除了用在定语后边,“的”也可以用在名词、动词、形容词、**人称代词或者短语后边,和这些词或短语组成“的”字短语,作用相当于一个名词**,表示人或事物。如:

① 这个杯是玻璃的。(名词 + 的)

② 什么穿的、吃的、用的,全都有了。(动词 + 的)

③ 我喜欢粉红的。(形容词 + 的)

④ 这个粉红色的书包是她的。(人称代词 + 的)

⑤ 航行却慢了,摇船的都说很疲乏。(动宾短语 + 的)

⑥ 这是五块的,那是三块的,你要哪一种?(数量短语 + 的)

⑦ 这种篮子是用柳条编的。(偏正短语 + 的)

不是所有的“偏正短语”加上“的”都能成为“的”字短语。朱德熙(1982:197):“大多数程度副词修饰形容词,后头可以加上助词‘的’转化为名词性成分。例如:‘最大的/更便宜的/非常新鲜的/特别结实的’。‘很、挺、怪’三个副词的情形不同,‘很、挺、怪 + 形容词 + 的’可以做谓语、状语、补语,例如‘这个人很可靠的’‘挺亲热地跟我们打招呼’‘这封信写得怪有意思的’。可见这类格式不是名词性的”。其实第一个和第三个例子的“的”可以看作是语气助词,而第二个的“的”也有写作“地”的。这样处理,上头关于“的”字短语的说明都能成立。

“的”字短语也可以用在介词后边,组成介词短语,如“他把大的都拿走了”中的“把大的”。

“的”有时也附在“什么”后边,表示“等等”“之类”的意思,如“买些文具什么的”“弄点玩的什么的”。

11.2.3 由“的”构成的特殊偏正短语。有一类由“的”构成的偏正短语,如“鹰的捕雀”“猫的捕鼠”“洋毛笔的用与不用”“言语的简劲与美好”等,形式上是偏正结构,却含有主谓关系的意思。**这是受了外语的影响而出现的结构,口语里是不很通行的。这种结构,在古代汉语里出现过,如“不患人之不己知,患不知人也”“君子之爱人也以德”**(丁声树等,1979:52;王力,1980:397—398),句子里的“人之不己知”“君子之爱人”,这两个主谓短语之间的“之”,就和“鹰的捕雀”里的“的”作用一样。

练习二十二

一、指出下列句子里的“的”字短语,并说明在表达意义上有什么不同。

1. 老的老,小的小,做活没有人手。

2. 一时妇女们叫的叫,喊的喊,全都哭开了。

3. 这几双鞋,大的大,小的小,我都不能穿。

4. 这些文字的内容,有的以事件为中心,有的以人物为主干。

5. 他说的和我听的不一样。

6. 有的你不要,没有的你偏要。

7. 筷子粗的粗,细的细,挑不出一双好的。

8. 他们有的机智，有的灵巧，有的勇于负责任，有的富于冒险性。

二、下列短语的空格里，哪些可以不必用“的”，哪些一定要用“的”，哪些可用可不用？

1. 一把（　　）刀　　一箱（　　）苹果　一斤（　　）菜心
2. 输入（　　）方法　做事（　　）态度　做大事（　　）态度
3. 石头（　　）桌子　孩子（　　）玩具　孩子（　　）脾气
   孩子（　　）玩具坏了　以前（　　）事情
4. 学校（　　）前面　我（　　）书　他（　　）母亲　你（　　）公司
5. 大（　　）孩子　　天真（　　）孩子　小小（　　）眼睛
   很大（　　）书本　研究（　　）态度　研究（　　）问题

11.2.4 结构助词“地”。 用来表示它前面的成分是状语，它的中心词是动词或形容词。状语后边的“地”，有点人为性，所以写作“的”也可以，但是不能将表示定语的“的”写作“地”。

状语后边的“地”用与不用，和状语所属的词类有关。

(1) **名词很少做状语，名词做状语一定要用“地”。** 如“逻辑地分析问题”“历史地看待问题”等。

(2) 指示代词做状语一般不用“地”。如“这样说来”“那么好”。

(3) 单音节形容词做状语不用“地”，如“快跑”“慢走”。双音节形容词做状语，如果中心词比较简单，用不用“地”都可以，如“勇敢(地)前进”“顺利(地)完成”。如果**中心词比较复杂，一般都要用“地”**，如“热烈地欢迎远方来的客人”(中心词“欢迎”后边有“远方来的客人”)。形容词重叠以及有后加成分的形容词做状语时，可以用“地”，也可以不用，如“好好(地)讨论一下”“慢慢(地)走来”“热乎乎(地)吃下去”“懒洋洋(地)坐在那儿”。

(4) **拟声词做状语，单音节的用“地”**，如“哗地开了”。其他情况可用可不用，如“哗哗(地)流走了”“淅沥淅沥(地)下了半天”。用“地”有突出状语的作用。

(5) 副词做状语一般不用“地”，如“刚走”“已经来了”。“渐渐”“逐渐”“再三”“反复”“白白”等**双音节副词做状语，可以用也可以不用**，如“渐渐(地)好了”。

(6) **短语充当状语，通常要用“地”**，如“有计划地展开工作”(北京大学中文系1955/1957级语言班编，1982:156)。

下列三种情况，**绝对不用“地”**：

(1) 形容词或动词做定语，定语前面又有状语，这个状语不用“地”。如“热闹的场面”，“热闹”是“场面”的定语，它前面如果加上状语“空前”，就只能说“空前热闹的场面”。在“空前”和“热闹”之间不用“地”。

(2) 动词加上“的”所组成的“的”字短语，如果动词前面有状语，也不能加上“地”，如“体会到的——深深体会到的”“改变的——不断改变的”。“深深地体会”和“深深体会”，“不断地改变”和“不断改变”都可以说；但只能说“深深体会到的”“不断改变的”。**新加坡华语“深深体会到的”和“不断改变的”这一类短语里，也常用“地”。**

(3) 如果状语和中心词结合得很紧，也可以不用“地”，如“热情帮助”“深深体会”“白白浪费”。如果加“地”，则有强调的作用。

11.2.5 结构助词“得”。用在动词或形容词后边，表示“得”的后面是补语，如：

① 青蛙等得不耐烦。

② 烟气和灰尘把周围的东西都笼罩得看不见了。

③ 玩得疲乏了，我们便在地上坐下来。

中心词和补语之间，在下列情况下要用“得”：

(1) “很”做补语，如“好得很”。

(2) “怎么样”做补语，如“打得怎么样？”

(3) 形容词重叠做补语，如“洗得干干净净”。

(4) 形容词前边有修饰成分，如“非常干净”“很整齐”，做补语时，得说“屋子打扫得非常干净”“房子收拾得很整齐”。形容词“干净”“整齐”单独做补语，就不能用“得”，如“把屋子打扫干净”“把房子收拾整齐”。

(5) 动宾短语做补语，如“他的脸色白得吓人”“产量高得惊人”。但某些熟语性的动宾短语也可以省去“得”：“抽上(了)瘾了”“看出(了)神了”“说漏(了)嘴了”。

(6) 主谓短语做补语,需要用"得",如"他哭得眼睛都红了""吃得肚子都胀坏了"。

"得"也有省略的:形容词"大"和"太"结合做补语,可以省去"得",如"放太大～别放太大""放得太大～别放得太大"。或由"太"和形容词结合,也可以省去"得"。如"离太远了～离得太远了""说太具体了～别说得太具体"。形容词带上"一点儿",也可以省去"得",如"放大一点儿""说具体一点儿"。

单音节动词和形容词做补语,跟前面的中心词结合得很紧,不用"得",如"带走""听懂""走来""弄坏""吃饱"等。如果用"得",就有表示"可能"的意思。这一类的结构,用"得"表示可能,用"不"表示不可能。带上宾语时,宾语在整个动补短语之后,如"听懂他的话——听得懂他的话——听不懂他的话"。只有少数熟语例外,如"放心得下——放心不下""吃罪得起——吃罪不起"。**宾语放在谓语之后,是宋元白话的格式,如"拉他不住"**(朱德熙,1982:132)。华语里常见"瞧他不起""击它不倒"的说法,这种格式只限于否定式,宾语只能由人称代词充任。这是受南方方言的影响而形成的结构。陆俭明(1996):"是早期白话的用法,现在普通话已不采用。"

动补加"得""不"的正反组合,也常常出现压缩的形式,如"经得起经不起"压缩成"经不经得起","插得上插不上"压缩成"插不插得上"。华语里更有"经得起不起"和"插得上不上"的说法。

有时候,为了加强"能"或"可以"的意思,用了"得"还可以再用"能"或"可以",如"能办得到""可以办得到"。

补语如果是表示程度,北京口语现在也可以用"到"("到"是南方方言的用法)，如“她哭到两只眼睛像灯笼似的”[①](陈建民，1984：27)，这个“到”等于“得”。

11.2.6　带“个”的补语。这类补语有肯定的和否定的两类。肯定的多半是形容词，表示程度高。如：

① 让我们喝个足，喝个饱，喝个痛快！

② 小船儿轻轻地漂，漂了个快。

③ 他把玻璃杯打个粉碎。

否定的补语通常带表示“不停”意义的词，如“雨下个不停”“骂个不休”“笑个不停”。

此外，“个”的后边总是成语，如“杀个鸡犬不留”“打个落花流水”“闹个不亦乐乎”等。也有“得”和“个”连用，如“打得个半死”“杀得个鸡犬不留”。“个”用在数量短语的前边，表示概数，如“买个三四百本”“等个三两天”。

11.2.7　结构助词“所”。主谓短语或动词做定语，中心词是动作的对象，可以在动词定语的前边加上“所”，强调这个定语。如：

① 走不远，就看见昨天所说的峭壁。(动词“说”是“峭壁”的定语，“峭壁”也是“说”的对象。)

② 那手也不是我所记得的红活圆实的手。(“记得”是“手”的定语，“手”也是“记得”的对象。)

这种现象，有人解释为动词前面加上“所”，先构成“所”字短语“所说”“所记得”，这类短语作用相当于名词，再加上“的”成为定语。但是，例句①的“所说”和例句②的“我所记得”也可以省掉“所”，说成“昨天说的峭壁”“我记得的红活圆实的手”。有“所”和没有“所”，差别只在“强调”的作用。所以我认为这个“所”的作用是强调定语。

---

① 陆俭明认为普通话里没有助词“到”，也没有“使到”的说法。

“所”还可以加在动词前,如“所得”“所在”“所有”“所见”等,这个“所”字短语相当于一个名词。“工作一天的所得”,“所得”指的是“一天的报酬”;“把所见所闻都告诉我们”,“所见所闻”指的是“见到的、听到的事物”。也可以充当主语或宾语,如“所言极是”,“所言”是主语;“少有所学,老有所娱”,“所学”“所娱”是宾语。这一类句子的动词通常是单音节的,而且具有文言色彩。

“所”还可以插在“的”字短语之中,如:

① 他所骂的还是康有为。

② 这些故事都是我往常所不知道的。

曾经看到这样的句子:

音乐家XXX先生拨冗主持开幕典礼、设宴招待来宾,报界特别是《联合早报》……等协助宣传,……院系的领导以及其他专家学者……在不同方面协助、支持我们,使研讨会获得预期的成功!**都是我们所衷心感谢的。**

句子“**都是我们所衷心感谢的**”前面应加上主语“这些”,谓语“是”后边的“的”字结构“**我们所衷心感谢的**”,用“所”强调。

11.2.8 结构助词“似的”。常和词或短语结合,构成表示比况的短语,充当谓语、定语、状语或者补语。有时也用“像……似的”或“像……一样”。如“被雨淋了,一个个像落汤鸡似的”,“像落汤鸡似的”是谓语。“孩子似的李小生,现在竟变得像个老头一样”,“孩子似的”是“李小生”的定语。“他狂了似的向前冲过去”,“狂了似的”是状语。“他被雨淋得像落汤鸡似的”,就以“像落汤鸡似的”为补语。

11.2.9 结构助词“与否”。用于书面语,只能跟在一个双音节的动词、动词短语或者双音节形容词的后边,相当于口语的“XX不XX”。如“准确与否——准确不准确”“考虑与否——考虑不考虑”“可用与否——可用不可用”“见面与否——见面不见面”。新加坡华语除了用在一个双音节的动词、动词短语或者形容词的后边之外，也用在单音节动词、单音节形容词后边，如“对与否”“错与否”“来与否”。

11.3　动态助词有“着”“了”“过”等

11.3.1　动态助词“着”。用来表示事情正在进行。如：

① 想着想着，终于想起来了。

② 他敲着桌子，唱着歌。

出现持续的情况，也用“着”：

① 那木头慢慢地匀匀地烧着，整夜不灭。

② 那两扇窗开着，他一定在家。

“着”和“呢”常常搭配使用，如：“正在下着雨呢。”表示持续。形容词带上“着”和“呢(哩)”，表示肯定一种状态的持续的情况，而且往往带有夸张的意味，如：“事情多着呢！”“他忙着呢！”

“着”也常常和“就”搭配使用，如“说着说着就到家了”，表示在持续的状态下，跟着另外一种新的情况发生了。这种新的情况由“就”带出来。

形容词带上“着”，就可以带宾语，如“大着胆子”“阴着天”。广州话只能用主谓结构表示，如“胆好大”“今日天阴”。

11.3.2　动态助词“了”。表示动作行为已经完成，或处于完成状态。“了”与动作发生的时间没有关系，无论现在、过去或者未来，只要强调完成，都可以用“了”。例如：

① 你还在等他？他早就走了。(过去的事)

② 下了课再去。(尚未发生的事)

③ 到了明天,什么事都忘记了。(假设的事)

有些名词后面也可以加上"了",如"大孩子了,还哭!""夫妻了,还分那么清干什么?"。这样用的名词都是能发生变化的名词,"孩子"能从"小"长大,从不是"夫妻"到成为"夫妻"。邢福义(1984,2002:71—72)认为:"进入这一句式的名词必须具有推移性。"

有时候,"了"在祈使句中表示强烈的语气:

① 脱了它!("脱掉它。"没有这样强烈的语气。)

② 吃了它!

在否定的祈使句里,用"了"具有提出警告的意思:

① 别选了那门课!("别选那门课。"没有警告的意思。)

② 别打翻了茶!

③ 别碰了玻璃橱!

现代汉语里还有一个语气词"了",表示出现了新情况,如"下雨了"(原来没有下雨);"这瓜甜了"(先前没熟,现在熟了)。也可以用来表示决定开始某一个动作,如"来了,就来了"。语气词"了"和动态助词"了"连用,如"我吃了药了",表示对现在来说已经完成了的事。如果不用语气词"了",只是说已经完成的事,没有和现在联系起来。

11.3.3 动态助词"过"。表示过去的经历或动作曾经发生:

① 这件事你没告诉过我,怎么倒怪我忘了呢?

② 我没参加过这样的晚会,这是第一次。

"过"还可以和"了"连用。这样连用既强调经历,又强调完成:

① 听过了他的解释,大家才明白他为什么那样做。

② 我虽然看过了这本书,但是还想再看。

"过"表示事件发生过,而现在已经结束,所以下面两个句子表示的意义有差别:

① 我选了这门课。(现在还在修读。)

② 我选过这门课。（现在已经不修读了。）

动态助词也常常和某些副词连用，如：

① 我们已经讨论了这个问题。（已经……了）

② 深蓝色的天空里，正悬挂着无数半明半昧的星星。（正……着）

③ 这上面的夜的天空，奇怪而高，我生平没有见过这样奇怪而高的天空。（没有……过）

④ 我曾经学过两年的日文，现在全忘了。（曾经……了）

语文教学应该注意这种连用关系，以养成正确的搭配习惯。

11.4　语气助词

我们根据说话的需要选用不同的**语气助词**。

11.4.1　表示疑问的语气词有“吗”“呢”“吧”等。

在陈述句（肯定或否定）的句尾，加上表示疑问语气词“吗”，就构成疑问句。如：

① 这本书他读过了。（陈述句）　　——这本书他读过了吗？

② 这是很伟大的奇观。（陈述句）　——这是很伟大的奇观吗？

这种用法的“吗”可以写作“么”。如：

你借此可以支持生活吗？

但以现在的用法而论，疑问语气词一般写作“吗”，“么”只用来表示含蓄的语气，用在前半句的末尾：

① 对你说么，你又不懂。

② 去么，又嫌太远；不去么，一个人在家里寂寞。

“吗”是独立性的疑问语气词，本来没有提问的句子靠它表示提问。

有疑问代词的疑问句，和谓语肯定、否定重复构成的疑问句，可以在句尾加上“呢”。加了“呢”，使句子增加疑惑、猜想或焦虑的意

义。如:

① 他到哪儿去了? ——他到哪儿去了呢?

② 你的诗预备怎样写下去? ——你的诗预备怎样写下去呢?

③ 你是不是穷人长了个富心? ——你是不是穷人长了个富心呢?

“呢”是依存性疑问语气词,句子本身必须已经表示疑问,才能用它表示疑问语气。

疑问句也用“吗”,但意义不同。如“今天星期几吗?”“他去不去吗?”意思是“你是问今天星期几吗?”“你是问他去不去吗?”。

陈述句也用“呢”,但意思和一般的疑问句不同,如:“你去呢?”不是问你去不去,而是问“你去怎么样?”(朱德熙,1982:204)。

加上疑问语气词“吗”的疑问句,也可以将“吗”换用“吧”。如:

① 东西都预备好了吧?

② 怀疑母爱的人,我想不会有吧?

用“吧”不纯粹表示疑问,而是表示一种推测,要别人给予证实。这一类的“吧”,有时也写作“罢”。

11.4.2 语气助词“的”“了”“呢”“嘛”。在陈述句后边也可以加上语气词,表示不同的陈述语气。

“的”是表示确认的语气词,表示事情确确实实是如此,如:

① 我自有分寸,绝不会上当的。

② 这件事情你不能不管的。

句子后边的“的”可以不用,但用上“的”就增强了肯定的语气。

“的”也能和“是”连用,成为“是……的”的结构。用这种结构,表示语气加重,含有“绝对不是相对的一面”的意思:

① 事情是明明白白的。

② 他是从家里来的。

“会……的”合用,表示可能的判断,如“他会喜欢的”。新加坡华语常常只用“会”，省掉后边的“的”，说成“他会喜欢”。如果“会……的”连用，新加坡华语出现“会……的，会……的”：

真可以说是没有一个男人见了她会不动情的、会不动心的。（田流《高山、流水、虹》）

普通话不用前一个“的”和后一个“会”，上例普通话说成：

真可以说是没有一个男人见了她会不动情、不动心的。（萧国政，2001：183）

“了”表示事情成为这样，是一种表决定的语气。例如：

① 已经这个时候，今天不会来了。

② 他吃了饭了。

句子加上语气词“了”，是将事情和现在联系起来：“我看了这本书”是纯粹表示已经“看”完了；加上语气词“了”，就和现在联系起来，“我看了这本书了，还想再看一遍”，表示到现在为止，已经看完。

形容词受程度副词“可”修饰时，句子后边要用语气助词“了”（或者“呢”“啦”），构成“可……了”的结构，如“变化可大了”“历史可长了”。下面的句子就缺少了语气助词：

×他的字写得可漂亮。

×这样可好。

“呢”表示情况还在持续着，如：

① 我在这里陪客呢，晚上才来。

② 他还在哭呢，劝不听。

有时候含有夸张的语气，用意在使人信服：

① 这种药很灵呢。

② 这东西三百块买不来呢。

如果动词加“着”再加“呢”，既表示动作的持续，也表示静止的状态，如“门开着呢”。

“嘛”表示一种肯定的语气,含有“很明显,事情就是这样”的意思。如:

① 你要去嘛,有什么办法呢?

② 这个容易嘛,还用我解释吗?

“罢了”用于陈述句末,有把事情往小里说的意味,常与“不过”“无非”“只”“仅仅”等连用。口语多用“罢了”,书面语多用“而已”。新加坡华语口语除了用“罢了”,也常用“而已”,如“说说而已,不必当真”。“罢了”和“而已”,在新加坡华语里,没有书面语和口语的分别。

11.4.3 祈使语气词“吧”“了”。请求别人做某件事,用“吧”,请求别人不要做某件事,用“了”:

① 下雨了,我们进去吧。

② 不要说了,我不想听下去。

11.4.4 “好了”是表示不介意、不在乎或尽管放心的语气词(陆俭明,马真,1985:9):

① 让他去告好了,我才不怕。

② 你拿去看好了。

11.5 感叹语气词“啊”

“啊”本来是叹词,表示惊讶或赞叹。如“啊,真美呀!”。用“啊”来做语气词也就有惊异或赞叹的语气,如:

① 他能力很强啊。

② 日子过得真快啊!

除此之外,“啊”加在一般句子里,还可以表示各种不同的语气。如:

你来不来啊？

这个“啊”表示疑问。疑问句用“啊”语气比较随便，如“是谁啊？”“你骑车还是走路啊？”，把这个“啊”去掉，语气就显得直率些。

“你不吃吗？”是一个是非问句，能用“是”（吃）或“不是”（不吃）回答。若用“啊”是为了验证对方的意图或已经说过的话。“啊”本身不表示疑问，只是使原来的疑问句带上某种语气。

在陈述句里，“啊”带着提醒或警告语气，如“你可要小心，别上当啊。”。

“啊”有变音的现象。如：

① 快来啊（呀）！（“来”的韵母是 ai，i 和 a 连读，就成了“ya”。其他相连汉字的字尾是 a、e、yu 时，也变音为“呀”。）

② 你好啊（哇）！（“好”的韵母是 ao，o 和 a 连读，就成了“wa”。）

③ 天啊（哪）！（“天”的韵母是 an，n 和 a 连读，就成了“na”。）

④ 他已经走了啊（啦[①]）！（“了”和“啊”连读，就是“la”。）

除了上面所举的助词之外，还有“等”“等等”“来（十来个）”“把（百把人）”，也都是助词。邢福义也将“给”“来”“去”等归为准结果助词，如“河堤给冲垮了”“用酒精来麻醉自己”“用经济手段去赢取”（邢福义，1996：232—234）。

练习二十三

一、给下列句子加上适当的结构助词“的”“地”“得”“所”“似

① 新加坡华语里有一些“啦”不是“了”和“啊”的合音，而只是表示“确认的语气”，如“他那种人是这样的啦！”陆俭明（1996）：“中国普通话里没有这样的用法。”

的”：

1. 最长最大(　　)几枝，却已默默(　　)铁(　　)直刺着奇怪而高(　　)天空，使天空闪闪(　　)鬼䀹眼；直刺着天空中圆满(　　)月亮，使月亮窘(　　)发白。

2. 灯光渐渐(　　)缩小了，在预告石油已经不多，石油又不是老牌，早熏(　　)灯罩很昏暗，鞭爆(　　)繁响在四近，烟草(　　)烟雾在身边：是昏沉(　　)夜。

3. 它立着不动，失望(　　)拍拍尚未丰满(　　)羽翼。

4. 丧子(　　)悲哀，是怎样(　　)压迫着母亲(　　)心啊！

5. 我(　　)记得(　　)只是他的背影。

6. 张小青把路上(　　)遇到(　　)事说了一遍。

二、试在下列句子里的空格处填上适当的动态助词：

1. 我已经在这里站(　　)半个小时了。

2. 有些地方还埋(　　)过去砍(　　)剩下的盘曲的树根。

3. 他进来的时候，我在写(　　)字呢。

4. 你疯(　　)，凤仙！我什么时候对你这样怀疑(　　)？

三、请填上适当的语气词：

1. 难道我们就任它长此荒芜了(　　)？

2. 你怎么这样讨人厌(　　)？

3. 大概你早已知道了(　　)？

4. 字是什么人造的(　　)？

5. 天黑了，我们还是回宿舍去(　　)。

6. 目标还远着(　　)。

7. 眼前的一切都是很熟悉(　　)。

8. 哟，两条小金鱼，给我(　　)，给我(　　)。

四、试填上“哪”“呀”“哇”“啦”：

1. 花葩山的景色多么迷人(　　)！

2. 我还以为是谁，原来是你（　　）。

3. 老师的话，你可要记住（　　）。

4. 你看，河水又涨了（　　）。

5. 这么美的风景，可把人迷住了（　　）。

五、丁声树等《现代汉语语法讲话》（1979：7）认为“附在后面的叫作‘词尾’，如‘吃着饭呢’的‘着’字，……‘了’字。词尾‘的’字不但可以附在单词后面，……也可以附在词组后面，如‘种田的……他送我的书’。”你有什么看法？

六、邢福义《汉语语法学》将“们”“第”“多（二百多）”“来（十来个）”“把（百把）”归为“表数助词”，你有什么看法？

七、新加坡华语里有“做到厌了”“搞到头很痛”和“坐好来”等说法。这样用法的“到”和“来”跟普通话的用法有什么不同？（参考陆俭明《新加坡华语语法的特点》（1996））

八、“语法我知道得少”，如果将“得”换用成“的”，表示的意义有没有差别？

九、下面的句子，名词都带“了”，请说明带“了”的条件：

1. 几年不见，你都大姑娘了。

2. 他呀，部长了，可还是那样平易近人。

3. 冬天了，得穿毛衣毛裤了。

4. 他现在普通老百姓了，三年前就不当官了。

5. 现在轮到谁？——王小刚了。

6. 王府井了，还不下车。

第十二章　叹词

12.1　叹词的类别

叹词可以分为两类，一类是表示**呼唤**、表示**各种感情**或者**应答的声音**，另一类是表示**物体所发出的声响**。有的语法书也叫拟声词。例如：

① 唉，我有什么办法呢？

② 呸！胡说八道。

③ 锤声叮叮当当响。

④ 火车“呜……呜”地从不远的地方叫嚣着奔过来。

例①表示感伤、无可奈何的感情；例②表示唾弃或气愤；例③和例④模拟物体或交通工具发出的声音。

表示呼唤、感叹或应对声音的叹词，**独立性很强，通常不跟任何词、短语或分句结合，经常独立成句**。表示物体所发出的声响一类的叹词，经常做谓语或者其他附加成分，能跟各种词类结合成短语，有时也可以单独成句。所以，有的语法书将后一类分出来，独立成为拟声词。拟声词的写法和读音也不固定，同一个拟声词也可能表示不同的声音。从上面的分析看来，叹词跟一般的虚词不同。

12.2　叹词的写法与用法

用叹词来表示不同的感情或模拟不同的声音，都有一定的习惯写法，千万不可以乱用或生造。

① 哦，原来如此。（表示醒悟）

② 咦，是谁留下的？（表示惊讶）

③ 嗯，我知道了。（表示回应）

“叮当”（金属声）、“当”（金属器物的声音）、“滴沥”（雨滴声）、“咩”（羊叫声）、“唧唧”（虫叫声）、“呱呱”（小儿哭声）、“叽叽”（小鸟叫声）、“吱吱”（鼠叫声或鸟叫声）等，都有固定的写法。

同一个叹词能表示不同的情绪，我们得从它后面的语句去体会。例如：

① “啊！”他似乎受了一惊。（表示惊讶）

② 啊，好大的工程！（表示赞叹）

③ 啊，你说什么？（表示疑问）

④ 啊，这就对了。（表示满意）

叹词可以充当不同的句子成分。如：

① 咕咚一声吓得兔子拔腿就跑。（做主语）

② 他指着那坏蛋的鼻子狠狠地呸了一声。（做谓语）

③ 他乐得张口打哈哈。（做宾语）

④ 屋前的小河静静的，河水打着漩涡哗哗地向下流。（做状语）

⑤ 火车一进站，孩子们就沿着铁路旁边的泥土路追着火车奔跑，并发出喧哗的“呵——呵——呵——”的欢乐声。（做定语）

⑥ 他早已回来睡得呼呼的了。（做补语）

叹词如果表示强烈的感情，可以用感叹号来表示。感叹号可以用在叹词后边或者句子后边。例如：

① 唉！这老头子孤零零的真可怜！

② 哎哟！真漂亮哦，都来看新娘子！

上面两个句子，感叹词的后边最好用逗号，句子的末尾才用感叹号。

① "哇，是你啊，添进仔！"他兴奋地伸出他那双莹白丰厚的手来和我握。

② 哎呀，这是什么地方，还会有什么好生意呢！

叹词和语气助词有时同一个写法，如"啊"，是叹词，也是语气助词。试比较：

① "啊，马场君，他们来了。"那个人指着我说。

② "马场君，我们还等什么？"他们催着。

"不等什么啊！"

例①的"啊"是叹词，例②的"啊"是语气助词。语气助词附在句子后边，表示说话的语气。

练习二十四

一、下列句子画线的词，哪个是叹词，哪个是语气助词？

1. 为什么要把牛的眼睛蒙起来呢？

不把牛的眼睛蒙起来，牛一天围着磨子绕几万圈不就晕倒了嘛！

2. 喂！叙利亚！你父亲还着实未老哩！

3. 撒、撒、撒，像秋天的细雨声，所有的蚕儿都在那里吃桑叶。

4. 哇的一声，夜游的恶鸟飞过去了。

5. 哎呀，不要说，还是始终隐瞒了仍替父亲帮忙罢。

6. 啊，乡愁呀，如轻烟似的乡愁呀！

7. 你说啊，这是什么？

8. 他<u>呀</u>了一声叫起来。

二、普通话里没有叹词"嗨"和"哇"，新加坡华语里却常用，如"嗨，想不想去游泳？""哇，这么好的成绩！"。为什么华语会出现这两个叹词？（参考陆俭明《新加坡华语语法的特点》（1996））

三、如果将叹词分为叹词和拟声词两类，这两类应该怎样分？

四、在下列词类表中，每一类各填写四个词：

<table>
<tr><th colspan="2">词　　类</th><th>例　　词</th></tr>
<tr><td colspan="2">副词</td><td></td></tr>
<tr><td colspan="2">介词</td><td></td></tr>
<tr><td colspan="2">连词</td><td></td></tr>
<tr><td rowspan="3">助词</td><td>结构助词</td><td></td></tr>
<tr><td>动态助词</td><td></td></tr>
<tr><td>语气助词</td><td></td></tr>
<tr><td colspan="2">叹词</td><td></td></tr>
</table>

第十三章　句子与句子成分

13.1　句子

能够表达完整意思的语言单位,就是句子。例如:

① 他们坐在树下乘凉。

② 读古代圣贤的书,要学些什么呢?

③ 老李,振作起来!

④ 唉,好辛苦呀!

例①直接叙述一件事,是直陈句;例②提出一个问题,是疑问句;例③表示祈使,是祈使句;例④抒发感情,是感叹句。这四个语言单位都表达了完整的意思,都是句子。我们把这四个句子分为直陈句、疑问句、祈使句和感叹句,是按照**句子的功用**分类的。

如果按照句子**谓语的性质**,可以分为体词谓语句、形容词谓语句、动词谓语句和主谓谓语句四种。体词是名词、代词(一部分)、数词、量词的总称。具有主语和谓语两部分而不能独立应用的语言单位,是主谓短语;以主谓短语为谓语的句子,是主谓谓语句。

① 今天<u>星期三</u>。(体词谓语句)

② 我们的院子很<u>宽绰</u>。(形容词谓语句)

③ 他<u>回转</u>身子<u>点点</u>头。(动词谓语句)

④ 这件事，我也没办法。（主谓谓语句）（丁声树等，1979：18—28）[①]

体词谓语可以受副词修饰，如“他真君子”“那个人简直骗子”。这类句子里的名词都是充当谓语之后，才能受副词修饰的。

句子通常具有主语和谓语两部分，这一类的句子称为主谓句，例句①～④都是主谓句。除了主谓句之外，还有非主谓句，如：

① 车！

② 加油！

③ 多美好的日子！

④ 来！

⑤ 禁止吐痰。

上面的语言单位，或者只有主语，或者只有谓语，所以称为非主谓句。这类非主谓句，有的是省略所造成的，如：“贵姓？”“请坐。”可以说：“你贵姓？”“你请坐。”有的根本不能补上任何部分，如“下雨了”“出太阳了”之类，就不能补上“天”。

13.2　主语部分与谓语部分

句子是由词或短语组成的。词或短语在句子里都要担任一定的职务，我们把词或短语在句子里所担任的职务，叫作**句子成分**。现代汉语句子的句子成分有六种：主语、谓语、宾语、定语、状语和补语。

在分析句子的结构时，我们先将句子分为主语部分和谓语部分。然后才划分主语部分里的中心词和谓语部分里的中心词。例如：

话剧表演在热烈的掌声中结束了。

上例中，“话剧表演”是主语部分，“在热烈的掌声中结束了”是谓语部

① 关于主谓谓语句的范围可以参考孟维智（1984）。

分。“话剧表演”里的“表演”是主语部分的中心词;“在热烈的掌声中结束了”,“结束了”是谓语部分的中心词。主语部分的中心词是主语,谓语部分的中心词是谓语。这个句子的主语是“表演”,谓语是“结束了”。

我的眼睛渐渐地模糊了。

上例中,“我的眼睛”是主语部分,“渐渐地模糊了”是谓语部分。“眼睛”是主语部分的中心词,“模糊了”是谓语部分的中心词。这个句子的主语是“眼睛”,谓语是“模糊了”。

练习二十五

一、分析下列短语的结构:

1. 参观访问　聪明人,傻子和奴隶　勤劳、勇敢、善良
2. 两种态度　勉强同意　多么新鲜
3. 跳过去　亮起来　欢喜极了
4. 编剧本　游长城　来了一批客人
5. 在天上　顺着不平的石板路　向身边的人
6. 搬木头的　从上海来的　没心学习的
7. 一群　千万个
8. 一只鸟失去了翅膀　他分析问题　工人工作认真
9. 邻居小李　教育家叶圣陶　二年级的级任黄老师
10. 一颗柚子树　在花园里　研究方法　从他的口里
冷静下来　读书的方法　投射下来　非常好吃
讨论问题　救命恩人　时间宝贵　联系实际
动作敏捷　讲不完　形势的发展　马上出发

批判地继承　从零开始　　学点本领　　关于宗教

重视并且办好教育　赞成讨论这个问题　广九铁路通车的消息

二、主从短语包括"定语 + 中心词"和"状语 + 中心词"两类，请各举三个例子。

三、请给下列短语各举三个例子：

1. 动宾短语

2. 并列短语（联合短语）

3. 主从短语（偏正短语）

4. 后补短语（述补短语/主从短语）

5. 数量短语

6. 指量短语

7. 主谓短语

8. 介宾短语

9. 的字短语

10. 方位短语

四、试分析下列短语：

1. 关心报考的学生

2. 观看杂技表演

3. 一种好习惯

4. 按照一定的顺序安排

5. 在图书馆发现

6. 刚才发生的不愉快的事情

7. 抱起这个无父无母的孩子

8. 他讨论问题的态度

9. 老的小的，我都要

10. 发表六篇名作家的作品

11. 咬死猎人的狗

12. 学习资料

13. 哥哥和弟弟的朋友

14. 准备了两年的资料

15. 情况大家知道

五、短语根据功能可以分为“名词短语”“动词短语”“形容词短语”三种。请分析下列短语：

1. 批评的对象

2. 那个课室

3. 星期三以前

4. 邮政局的

5. 张小民我们的老师

6. 说清楚

7. 便宜一点

8. 非常勇敢

9. 讨论问题

10. 告诉他一下

六、试根据结构类型,填上短语：

结构类型	短语例子
并列	
主从	
谓补	
动宾	
主谓	

七、指出下列句子的主语部分和谓语部分：

1. 在讲台上说话的那个同学是我们班的班长。

2. 夜游的恶鸟飞过去了。

3. 这太阳像负着重担似的，慢慢儿一步一步地，努力向上走来。

4. 花生的味儿很美。

5. 你冷汗被面地惊坐起来。

6. 小马飘浮在脸盆里的水面上。

7. 灯光渐渐地缩小了。

8. 他静静地自己沉思。

9. 荷花已经开了不少。

10. 他的老婆跟人跑了。

11. 雪白的衣裳随风飘动。

12. 一溪活水，由南向北流着。

13. 一片热气，在深绿的长的水藻上飘荡着。

14. 排成直线的三颗星儿，又在枯寂的地平线上出现了。

15. 美丽的池水渐渐枯干了。

八、陈建民《汉语口语》(1984a:36)认为“同一词语有主谓和动宾两种格式，北京口语里常用动宾式”。如“房子塌了”“灯亮了”“火灭了”常说成“塌房子了”“亮灯了”“灭火了”。你同意这个看法吗？

13.3　主语和谓语

13.3.1　主语都在句首，是谓语陈述的对象，也就是话题，指出谓语说的是“谁”或者是“什么”。通常充当主语的是名词、代词或名词性短语。谓语是对话题(主语)加以陈述，说明主语“做什么”“怎么样”或者“是什么”；常用动词(陆俭明，1993b)、形容词①、动词短语、形容词短语充当。

一般情况下，一个句子不论长短，都有主语和谓语两部分。如果没有主语，句子就会显得没头没脑。如果没有谓语，句子就会显得有头没尾。所以，主语和谓语是句子的主要成分。如：

① 小李走了。

② 困难克服了。

③ 同学们辛苦啦。

④ 我是学生。

例①的主语是“小李”，谓语是“走了”，回答“做什么”的问题。例②“困难”是主语，谓语是“克服了”，回答“怎么样”的问题。例③的“同学们”是主语，谓语是“辛苦啦”，回答“怎么样”的问题。例④的“我”是主语，谓语是“是学生”，回答“是什么”的问题。

具有主语和谓语两部分的句子，叫“主谓句”。如果没有主语，或根本不需要补上主语的，如“下雨了。”“刮风了。”“闪电了。”之类的句子，是无主句。

主谓句里的主语也常常省略，如：“今天出门忘了带雨伞。”这个

---

① 有一部分形容词不能做谓语，如“大型、慢性、主要、个别”，可以叫“非谓形容词”。见(吕叔湘，1963；吕叔湘，1979：38—39)

句子就省略了主语。如果补上主语，可能是“我”或者“他”，也可能是其他的人。在对话里也常省略主语，如：“上哪儿去？”这个句子就省略了“你”。诗歌里也有省略的情况：

床前明月光，疑是地上霜。举头望明月，低头思故乡。

如果补上主语“我”，这就不是诗了。

朱德熙(1999，第3卷：125—132)：“从先秦古汉语一直到现代口语，句子没有主语是正常现象。有时一段话里无主语的句子甚至比有主语的还多。……完整的句子不一定都是主谓构造，可以说是汉语语法的一大特点。……从‘五四’白话文运动开始以来逐渐形成的现代书面语不断受到印欧语(特别是英语)的直接或间接(通过翻译作品)的影响，产生了一些所谓‘欧化’句法。其中最重要可是又一直没有引起人们注意的一个方面，就是要求句子在形式上有主语的趋势。……由于它涉及全部书面语句式，所以它又是欧化句法中影响最大、最重要的一个方面。”

13.3.2　主语的类别。主语和谓语有不同的关系。一般来说，汉语句子的**主语通常是已知的、确定的事物，或含有周遍性的事物**。如“客人来了”，“客人”是已知的、预期中的。“来了客人”“有客人来了”，“客人”通常是未知的、未预期的。“书买了”的“书”也是早已经知道是什么书。因为主语是已知的，所以有时可以省略。

“一切事情都好办”“什么地方都去过”，这些主语都含有周遍性。**这些含有周遍性意义的主语通常是表示受事的，只能在主语的位置，**不能在其他位置。量词重叠，表示周遍的意思，如“句句”“个个”“样样”等，都只能做主语，如“样样都会”“句句都懂”，而不能做宾语。这类句子，通常前面都有个话题：“他，样样都会。”“你说的话，我句句都懂。”

根据主语和谓语动词的关系,我们可以将主语分为下列四种。

(1) **施事主语。** 主语是谓语所表示的动作的发出者,如"小李走了","小李"是"走"这个动作的发出者。我们把这一类的主语叫"施事主语"。再举一些例子如下:

① 张先生进来了。

② 老李振作起来!

(2) **受事主语。** 主语是谓语所表示的动作或行为的接受者,如"困难克服了","困难"是"克服"这个行为的接受者。这一类的主语是"受事主语"。再举一些例子如下:

① 衣服洗过了。

② 犯人押下去了。

受事主语的谓语部分有时有"被""受""给""叫"一类的介词。主语是受事的句子有两个特点:第一,主语往往是确定的或者是具有周遍性的;第二,谓语往往不只是一个单独的动词,动词前后还有别的成分。不过,这两个特点不一定同时具备,有时候只有一个就行了(丁声树等,1979:30—33)。例①和②的谓语动词后边都有别的成分。

(3) **被描述的主语。** 有的句子,谓语并不是叙述动作或行为的,而是从性状方面描述主语的,如"同学们辛苦了","辛苦"是描述主语"同学们"的。再举几个例子:

① 困难多着呢!

② 颜色很艳丽。

③ 我有点头痛。

(4) **判断主语。** 句子的谓语是用来说明或者判断主语的。如"今天星期三""我是学生",谓语"星期三""是学生",是对主语"今天"

“我”做个判断。主语和谓语之间一般用判断词“是”。只有当谓语是表示时间、日期、籍贯、国籍、气候等，才可以不用“是”。**不用“是”的句子，如果用上“是”就有强调的意思。**试比较“今天星期三”和“今天是星期三”，后者有强调的意思。

总括起来说，无论主语和谓语之间存在怎样的关系，我们都把主语看作是被陈述的对象，而谓语是对主语加以陈述的，主谓之间是**陈述与被陈述**的关系。如：“他耳朵软”，主语“他”是**被陈述**的，“耳朵软”是**陈述主语的。“他”是话题。**

一般来说，句子的主语总是在句子的前头，**但在口语里，尤其是在感叹句和疑问句里，主语和谓语有易位的现象：**

① 上哪儿去，你？

② 真美呀，这儿的风景！

③ 快上车吧，小李。

13.3.3　主语、谓语与短语。充当主语部分或谓语部分的有时不是一个词，而是词与词的组合单位（短语）[①]。这类短语包括并列短语、偏正短语、补充短语、动宾短语和主谓短语等。

① 小宝和小娥都来了。

② 小明天真又活泼。

例①的“小宝”“小娥”，组成并列短语，充当主语；谓语部分的“都来了”是偏正短语，以“来了”为中心，“都”来修饰它。“来了”是谓语。谓语部分如果是偏正短语，就必须再进一步分析。例②的“小明”是主语，“天真”“活泼”组成并列短语，充当谓语。

---

① 吕叔湘（1979：10）：“词组，一般理解为必须包含两个以上的实词，一个实词搭上一个虚词，像我们的，从这里之类，就不好叫词组（只能叫作‘的字结构’‘介词结构’什么的），可是把它们叫作短语就没有什么可为难的。”

① 这地方风景优美。

② 那个孩子坏极了。

例①和②的主语部分"这地方""那个孩子"。主语部分是偏正短语，必须进一步分析，"地方"和"孩子"是主语，"这"和"那个"是修饰成分，是定语。谓语是"风景优美"和"坏极了"。"风景优美"是"主谓短语"。"主谓短语"由主语和谓语两部分组成，独立出来可以成为一个句子。"坏极了"是"补充短语"(也叫主从短语或谓补短语)。"补充短语"由中心部分加上补充部分组成，"坏"是中心部分，"极了"补充说明"坏"的程度。句子的谓语是中心词"坏"。

① 我锁上的大门开了。

② 他急得哭了。

例①"我锁上的大门"是由"偏正短语"充当的主语部分，"我锁上"是主谓短语，中心词是"大门"。主语部分的中心词"大门"，是这个句子的主语。谓语是"开了"。例②"他"是主语，"急得哭了"是由补充短语(也叫主从短语或谓补短语)充当的谓语部分，中心词是"急"，"哭了"是补充部分，"急"是谓语。

帮助别人是好事。

上例里，"帮助别人"是动宾短语充当主语，"是好事"是谓语部分。"是"是谓语，"好事"是宾语。动宾短语的宾语也可能是双宾语，如"送印尼灾民物品是好事"，就用含双宾语的动宾短语"送印尼灾民物品"，充当主语。

13.4 宾语

句子的谓语部分，如果由动词和动作涉及的对象组成，我们可以将动作涉及的对象分出来，作为“宾语”。如：

我看见天空中密密麻麻的繁星。

“我”是主语，“看见天空中密密麻麻的繁星”是谓语部分。谓语是“看见”。“天空中密密麻麻的繁星”是主从短语，“天空中”“密密麻麻的”是修饰“繁星”的。“繁星”是动作所涉及的对象，是宾语。这个句子的基本结构是“我看见繁星”，是由“主语 + 谓语 + 宾语”组成的。

我向父亲索取我的相片。

谓语部分的谓语是“索取”，动作所涉及的对象是“相片”。“相片”是宾语。

在讲台上说话的那位同学是我们的班长。

“是我们的班长”是谓语部分，谓语是“是”，动词所涉及的对象是“班长”。“班长”是宾语。谓语“是”的宾语，也叫作表语。

宾语能回答“谁”或者“什么”的问题。“宾语”也是句子的主要成分之一。

通常宾语是由名词充当的，3 个例子的宾语都是名词。但也有用形容词、动词充当宾语的，如“我们不怕困难”“她怕静”“新加坡人不愁吃、不愁穿”“我表示赞成”，“困难”“静”是形容词，“吃”“穿”和“赞成”是动词，它们都是宾语。

13.4.1 谓语和宾语之间的联系是各种各样的，我们可以根据这种联系的性质，将宾语分为下列几种：

① 受事宾语：吃<u>点心</u>

② 施事宾语：来<u>客人</u>了

③ 工具宾语：吃<u>盘子</u>

④ 结果宾语：挖<u>地洞</u>

⑤ 终点宾语：上<u>吉隆坡</u>去

⑥ 存现宾语：贴着标语/到了一批货

⑦ 判断宾语：是他/成为医生

⑧ 使动宾语：端正态度/发展经济/融化人心

这几种只是大略的分法，当然还可以分得更细[①]。

汉语里动宾结构有很强的促成作用，差不多任何结构都可以利用动宾离析形式强制成动宾格式：

① 他报他的告

② 我已经保下证了

③ 恋过爱

④ 提个醒

⑤ 小个便(邢福义，1996)

动宾关系的复杂化主要发生在单音节及物动词和宾语之间，如：

单音节	双音节
写人物	描写人物
写心情	抒写心情
写论文	撰写论文
写教材	编写教材
写小说	写作小说
写匾额	书写匾额
写毛笔	—
写黑板	—
写颜体	书写颜体(?)

单音节动词能带的宾语远远比双音节动词多，动宾关系比较复

① 邢福义《谈一种宾语》(1986)提出“他站住了……动着嘴唇”一类的例子，“嘴唇”这一类便不属于上述几种宾语。陈建民(1984a：35)把“再讲一个人”之类的动词和宾语，叫“动词带上宾语成为容许义动词”，“吃五个人”“走火车”等之类都是。

杂。双音节动词不能带工具、处所宾语。单音节动词能带非常规宾语，如“吃小碗”“喝大杯”等。

下面的句子便出现动词和宾语搭配不当的毛病：

×以“XX游记”为题，描写一篇不少于300字的说明文。

“描写”的可以是“人”或“物”，也可以是“事情”，但不可以是文章。

13.4.2　短语与宾语。短语也可以充当宾语，如：

① 我们访问了养老院和孤儿院。

② 我最讨厌养鸭。

③ 我知道太阳是从那边升起来的。

④ 水就剩下了一点啦。

例①里“养老院和孤儿院”是并列短语充当宾语。例②里“养鸭”是动宾短语充当宾语。例③里“太阳是从那边升起来的”是主谓短语充当宾语。例④里“一点”是数量短语充当宾语。现代汉语的书面语里有两个动词共用一个或两个宾语的现象，如：

① 我们应该大量培养和训练国家建设所需要的人才。

② 行色匆匆的各族同胞扛着抱着背着提着大小旅行包、麻袋和木箱。

这种是书面语的用法，口语里不常说。并列谓语和并列宾语的结合，也是书面语的用法，但情形比较复杂，如：

×这个会议开得比较成功，及时地发现和纠正了工作的缺点和错误。

×我们应该发展和加强我国的经济和文化。

并列谓语和后边的并列宾语有交互的关系：

发现——缺点

纠正——错误

但也可能不是交互的关系，而是单一的关系，如：

我们要认真地执行和解决教学工作和教学上的难题。

执行——教学工作

解决——教学上的难题

这一类句子,在表达上还不很清晰,应用时需要特别小心。

古代汉语里也有并列谓语和并列宾语连用的,如:

① 饮食君之酒肉。《庄子·徐无鬼》(饮君之酒,食君之肉)

② 跋涉山川,蒙犯霜露。《左传·襄公二十八年》(跋山涉川)

除了上面的现象之外,古代汉语还有其他现象,如:

① 吾闻天有时,地有利。吾盗天地之时利。《列子·天瑞》(天之时,地之利)

② 耳目所闻见,不过十里。《论衡·艺增篇》(耳所闻,目所见)

③ 不为丑美好憎,不为赏罚喜怒。《淮南子》(好美憎丑,喜赏怒罚)

④ 繁启蕃长于春夏,蓄积收藏于秋冬。《荀子·天论》(繁启于春,蕃长于夏;蓄积于秋,收藏于冬)

⑤ 周封……伯禽康叔于鲁卫。《史记》(周封伯禽于鲁,封康叔于卫)

⑥ 君臣不惠忠,父子不慈孝。《墨子·兼爱》(君不惠,臣不忠;父不慈,子不孝)

⑦ 耳目欲极声色之好。《史记·货殖列传》(耳欲极声之好,目欲极色之好)

⑧ 所听视者近,而所闻见者远。《荀子·不苟》(所听者近,而所闻者远;所视者近,而所见者远)

⑨ 管仲毋易齐,郭偃毋更晋,则桓、文不霸。《韩非子·南面》(管仲毋易齐,则齐桓公不霸;郭偃毋更晋,则晋文公不霸矣)

现代汉语要求词序一致,如:

① 各色的货摊,各样卖艺的场子,都很早的摆好占好。《骆驼祥子》

② 奴隶社会和封建社会的法律,明确规定奴隶主和奴隶,封建主和农民的权力是不平等的。

往往用"分别""先后"做状语,如:

在女子铁饼决赛中，中国选手李晓惠和王丹，分别以五十五米九二和五十一米二二的成绩，获得第一和第二名。

古代汉语也有语序一致的，如：

父之遗书，母之杯圈，感其手口之泽，不忍读用。《颜氏家训·风操》

13.4.3 宾语的类别。宾语是谓语动词所涉及的对象，受谓语动词的支配，所以谓语和宾语的关系是支配的关系（也叫动宾关系）。我们只分析以下三种宾语①。

（1）**受事宾语。**宾语受动词的支配，关系非常明显，如：

① 妻在屋里拍着闰儿，迷迷糊糊地哼着眠歌。

② 我拣定了靠车门的一张椅子。

“拍着”直接支配“闰儿”，“哼着”直接支配“眠歌”；“拣定”直接支配“椅子”。这些宾语都是动词的动作对象，是“受事宾语”。

有些宾语并不是动作的直接对象，而是动作的结果，如：

① 这张纸烧了一个洞。

② 孩子们在墙角挖了一个窟窿。

③ 走了一天，脚上磨起了一溜泡。

“洞”“窟窿”“泡”都是动作的结果，直接受动词的支配，也可以把它归入“受事宾语”。

① 窗上糊了纸。

② 包裹外捆了一条绳。

“纸”是用来“糊”的，“绳”是用来捆的，这些宾语表示谓语动词所用的工具，但也都受动词的支配，也是“受事宾语”。

邢福义（1986）举出“他……动着嘴唇”“他……深深皱着眉头”“赵大叔……闭起眼睛”等例，建议将这些宾语归为“反身宾语”。我

---

① 朱德熙（1982）分为 7 种，李临定（1990）分为 10 种，马庆株（1992）分为 13 种。

们不另外再分小类，也把这类宾语归为“受事宾语”。

(2) **存现宾语。**这类宾语表示人或事物的存在、出现或者消失。宾语虽然不受动词的直接支配，但却是谓语动词所涉及的对象。如：

① 大厅里坐着好几个人。

② 小门上横着一条铁丝，挂着“闲人勿进”的牌子。

③ 湖面上出现了一艘汽艇。

④ 隔壁店里走了一帮客人。

⑤ 院子里又响起了一阵脚步声。

从意义上说，这一类宾语有的是谓语动词所表示的行为的发出者，如“坐着”的是“好几个人”；“走了”的是“一帮客人”；有的宾语是谓语动词所处理而存在的，如“铁丝”是被横着的。这些宾语，我们都归为存现宾语。

(3) **中性宾语。**这一类句子的谓语有“是”“像”“姓”“算”“变成”“变作”“当作”“作”等动词，谓语后边的宾语与动词没有施受关系，宾语只是和动词一起来说明主语而已。

① 他是李先生①。

② 新来的职员姓张。

③ 太阳像个大火球。

④ 他怎么变成这个样子？

13.4.4　宾语提前。一个句子，如果有了主语、谓语和宾语，宾语一般在谓语之后，构成“主语＋谓语＋宾语”的结构。但在某些情况下，宾语可以提到谓语前面。

(1) 宾语前面有数量短语“一个”之类，谓语受“不”“没”的修饰，并且前面有副词“都”“也”的修饰：

---

① “是”等动词后边的名词(或代词)，有的语法著作叫作“表语”。

① 他一个字都不认识。

② 这篇文章一点意义也没有。

③ 他坐了半天，一句话也没说。

（2）宾语是“什么”“谁”等，后边有副词“也”“都”；或者用“连”提前宾语，后边用副词“也”“都”：

① 你什么也不用管，有我们呢。

② 我初到这里，谁都不认识。

③ 你怎么帽子也没戴就跑出去了？

④ 你连他也不认识？

⑤ 你连这么好的晚会也不参加？

（3）用“这个”之类的指量短语修饰的宾语，通常要放在句子最前头：

① 这件事，你妈会答应吗？

② 这个字，我就不认识了。

这一类的宾语，如果放在动词后边，就好像话还没有说完，还得说下去，如“我看过这个电影，是个惊险片”“我知道这件事，就是不告诉你”。

（4）宾语太长，所以提前：

① 新来的那位姓李的朋友，你见过了吗？

② 昨天刚到的那本书，我买了。

这种提前，是整个“数量短语＋名词”一起提前，像“钢笔，他送我一支”“衣服，我给他两件”，一般比较少说（陆俭明，1980）。

当然，我们也可以把本节这一类例句分析为主谓短语充当谓语，而以“这件事”“这个字”等为主语。

成语“唯利是图”“唯命是从”是用“唯……是”的结构提前宾语，宾语“利”“命”提在动词“图”“从”之前。“何罪之有”也是将宾语“何罪”提在动词“有”之前，在宾语和动词之间插入“之”。这是文言里提前宾语的条件。

13.4.5 双宾语。有些谓语动词后边可以连用两个宾语，前一个宾语指人，回答“谁”的问题，后一个宾语指事物，回答“什么”的问题。表示“人”的宾语靠近谓语动词，叫“近宾语”（也叫间接宾语），表示事物的宾语离谓语动词远一些，叫“远宾语”（也叫直接宾语）。如：

① 他的话给了我很大的启示。

② 王先生送李先生一本地图。

“给了”带两个宾语，“我”是近宾语，“启示”是远宾语。“送”也有两个宾语，“李先生”是近宾语，“地图”是远宾语。

双宾语结构的分析，可以看作是动宾短语再带宾语，如：

```
给了我很大的启示
|___||________|    复杂的动宾短语
|_||_|             动宾短语
```

表示“给予”意义的动词，如果近宾语是名词，远宾语必须带数量词：

送学校一幅油画。

如果没有数量词，就不能成句。“送学校油画”只能处于被包含的地位：

送学校油画的是今年的毕业生。

如果近宾语是人称代词，远宾语可以不带数量词，如“给我书”，但远宾语不能是领属性主从短语，如：

给我你的书。

而必须用“把”字句表达：“把你的书给我”（陆俭明，2001b）。**新加坡华语没有这个分别，“给我你的书”和“把你的书给我”一样常用。**

广东方言谓语动词带两个宾语时，宾语的位置和现代汉语不同，如“我俾钱你”，“钱”是表物宾语，在表人宾语“你”之前。新加坡华语口语里也能听到“我给东西他”的说法，就是受了方言影响而出现的结构。现代汉语只能说“我给他东西”“我给你钱”。表人宾语必须在表物宾语之前。

谓语动词后边先带上表物宾语，再带上表人宾语，也是现代汉语的格式，只是有文言色彩：

① 复信(函)张先生

② 致电 XXX

这些用法的条件是：第一，动词是单音节，指物名词也是单音节的，二者合成两个音节；第二，作为表人宾语，最少是两个音节，更多是三个音节以上。**如果改为先表人宾语，则表物宾语是双音节或带上数量定语：**

① 送**粮**灾民——送灾民**粮食**

② 授**旗**童子军——授童子军**一面旗**

双宾语也有前后宾语都指人的，如“给我十个人”；也有前后宾语都指物的，如“送图书馆书”。口语里回答问题时，双宾语句的直接宾语也有提前的现象：

① 他送你什么？——一支笔，他送我。

② 你给了他些什么？——两件衣服，我给了他。

双宾语后面也可以再用上另一个动词：

给猫鱼吃　给我一杯水喝　给他一点尝尝

给学校这块空地做操场

“吃”“喝”“尝”的对象(宾语)是前头的“鱼”“水”“一点”。这类句子，华语里有另外的说法：

给鱼猫吃　给一杯水我喝　给一点他尝尝

给这块空地学校做操场

现代汉语能带双宾语的动词,一般含有“给予”“告诉”“请教”之类的意思。进一步考察**带双宾语的动词,大概可分为四类**:(1)要求一定带两个宾语的,如“称他大哥”;(2)可以单带表人宾语,而不能单带表物宾语,如“提醒我这件事”,能说“提醒我”,但不能说“提醒这件事”;(3)可以单带表物宾语的,不能单带表人宾语,如“偷了他一包东西”,可以单说“偷了一包东西”;(4)双宾语的任何一个都可以,如“问你问题”,可以说“问你”,也可以说“问问题”。

陆俭明(1993a:243)提出双宾语的两条规律:(1)当近宾语为**非人称代词**时,远宾语得是个“数+量+名”结构,否则所形成的双宾语结构是黏着的,不能独立成句。如“给隔壁奶奶挂历”不能成句,“给隔壁奶奶一个挂历”才能成句;而“给他书”却可以成句。(2)双宾结构的远宾语不能是一个领属偏正结构。没有“给张老师我的书”“给他我们的皮箱”的说法。对新加坡华语,第一条规律有约束力,而第二条规律却没有。也就是说,新加坡华语有“给他我们的皮箱”一类的说法。

练习二十六

一、试先将下列句子分为主语部分和谓语部分,然后指出句子的主语、谓语以及宾语。

1. 我已经听不见墙外孩子们的笑声了。
2. 孩子们在墙角下挖了一个洞。
3. 太阳从云隙中散射出灿烂的金光。
4. 叶子像亭亭的舞女的裙。

5. 我忽然想起日日走过的荷塘。

6. 他一口气做完了十二道题目。

7. 墙上挂着红红绿绿的风景画。

8. 他们在会议室里讨论一个重要的问题。

9. 我爱看天空中密密麻麻的繁星。

10. 我记不住他说的话。

二、下列句子各用了主谓短语或动宾短语，请指出这些短语。

1. 我记不住他说的话。

2. 这个地方风景美极了。

3. 我没看见他走出去。

4. 他看书的习惯很不好。

5. 我知道走错了路。

6. 夕阳斜照的小径渐渐消失了。

7. 鬼眨眼的天空，不安了。

8. 大伯公古庙是一座具有百年历史的废庙。

9. 提高学生的写作能力，是语文老师的责任。

10. 华佗的医术没有流传下来，是中国医学的大损失。

11. 人们都说这是不可能的事。

12. 这不是我二十年来时时记得的故乡。

13.（病房里很静很静，）听不见隔壁房病人的较早时偶尔发出来的呻吟声。

14. 西岸的豆麦和河底的水草所发出来的清香扑面地吹来。

15. 我记得母亲最爱看戏。

16. 我们多年聚族而居的老屋，已经共同卖给别姓了。

17. 这帽子是妈妈给我织的。

18. 妈怎能浪费你爸爸辛苦赚来的钱呢？

19. 他是一个得失心重的人。

20. 我就像看见无数的萤火虫在我们周围飞舞。

21. (我把清波当镜子,)照见了她嫣然一笑的朱颜。

22. 公元十三世纪到十四世纪中叶,中国古代戏剧史上出现了杂剧繁荣兴盛的局面。

23. 语言是人类交际最重要的工具。

24. 我们可以从现有的大量文献中看到希腊和罗马的思想家、数学家、工程师和自然界的观察者们所奠定的基础。

25. 她更变得勤劳了,家里的一切活她都干。

26. 这一切,我都很熟悉。

27. 学生学习热忱都非常高。

28. 吴世昌是研究红楼梦的专家。

29. 怀疑母爱的人,我想总不会有罢?

三、根据上面的例子,说明主谓短语通常充当什么句子成分。

四、下面四个句子都用主谓短语做谓语。句子的主语可以分为哪几类?

1. 这个人我见过。

2. 我们什么鞋子都做。

3. 这个人心胸狭隘。

4. 你们各管各的。

五、下列句子里用了联合短语,的字短语,介词短语,请指出它们充当的句子成分。

1. (他站住了,)脸上出现欢喜和凄凉的神情。

2. 陈静芬和钱美玉,只是方子庆学校里的女朋友。

3. 你自己把一只小木鹿,放在小靴子里。

4. 大石头狮子很威严很镇静地蹲着。

5. 冷饭是穷人家吃的,(富贵人家往往把冷饭倒掉。)

6. 世界上最可佩服的，是自己做成的人物。

7. 眉毛、眼睛，还有额上一条条的皱纹，都现出了他心底的欢笑来。

8. 他自己任主笔、任编辑、任印刷、任售卖。

9. 这位可怜的人只是没有希望、没有欲望地活着。

10. 爸爸放的是爆竹。

11. 这里有花的芬芳，水的澄清，天的庄严而纯洁，以及一切秋虫的歌唱。

12. 我们必须多认识我们所面对的困难与责任。

13. 他忘了一切困苦，一切危险，一切疼痛。

14. 最惹眼的是屹立在庄外临河的空地上的一座戏台。

15. 桐叶的飘零与黄花的憔悴，是诗人的形容词。

16. 她的质问，和我的羞愧，都是一点理由没有的。

17. 白杨树伟岸、正直、朴质、严肃。

18. 那年，在战争中，和我们断了几年消息的父亲，从马来亚寄信回来。

19. 白天一定要做的事，一定要说的话，现在都可以不理。

20. 太阳从东方一片白茫茫的雪覆盖着的远山尖上慢慢升起。

21. 他经常上海北京地跑。

六、现代汉语的“坚定信心”“突出重点”“光着肩膀”“坚固牙齿”“苍白了昔日的荣光”“颓废了自己”“清洁口腔”“幸福你一生”“以强大自己为上策”以及“斗蟋蟀”“斗鸡”“活血化瘀”“运动你的脸”等，和一般的动宾结构有什么不同？

13.5 定语

13.5.1 主语、谓语和宾语是句子结构的基本成分，是句子的主干，所以是主要的句子成分。句子的次要成分是定语、状语[①]和补语。**定语是主语和宾语前面的修饰或限制成分。**例如：

① 鬼眨眼的天空，不安了。

② 四个瞎子争得脸红耳赤。

③ 这项工作很重要。

例①的"鬼眨眼的天空"是主语部分，主语是"天空"，主语前面的"鬼眨眼"是修饰"天空"的，是"天空"的定语。"鬼眨眼"主谓短语，充当定语。例②的"四个瞎子"是主语部分，"四个"是"瞎子"的定语，是由数量短语充当定语。例③的"这项工作"是主语部分，"这项"是"工作"的定语，是指量短语充当定语。

① 小手还握着一个胖胖的娃娃。

② 我最爱看天空中密密麻麻的繁星。

例①的"一个胖胖的娃娃"是宾语部分，"娃娃"是宾语，"胖胖"是形容词，是修饰宾语"娃娃"的，是定语；"一个"再修饰"胖胖的娃娃"，也是定语。例②的"天空中密密麻麻的繁星"是宾语部分，"密密麻麻"是形容词，修饰宾语"繁星"，是定语；"天空中"再修饰"密密麻麻的繁星"，也是定语。这两个例子的定语都有两个层次。

① 童年时候值得回忆的事情渐渐淡漠了。

② 花木灿烂的春天的确可爱。

③ 研究和学习的态度都非常认真。

---

① 关于定语和状语的分别，可参考朱德熙(1999，第3卷：55—66)。

④ 南国的雨，向来没有变成冰冷的坚硬的灿烂的雪花。

例①的主语“事情”之前的定语“童年时候”是一个偏正短语，“值得回忆”是动宾短语。例②的“春天”之前的定语是“花木灿烂”，这是一个主谓短语。例③的“研究和学习”是并列短语，充当主语“态度”的定语。例④的“雪花”是宾语，它的定语是“冰冷的坚硬的灿烂的”，这是一个并列短语。

如果从词类的观点来看主语和宾语，我们知道充当主语和宾语的通常是名词和代词，所以定语的定义也可以是“修饰名词或代词的成分”。但必须注意的是，动词和形容词也可能充当主语或宾语（中心语），如：“他的粗暴”“你们的分析”，“粗暴”和“分析”之前的“他”和“他们”也是定语。

代词前面用上修饰成分的只限于书面语，如：“有了四千年吃人履历的我”，用“有了四千年吃人履历”做定语，修饰“我”，这是口语里不说的。因此，定语也可以说是“名词前面的修饰成分”。定语和中心语的关系是修饰关系，定语和中心语构成偏正短语。充当定语的词类通常是名词、代词、动词、形容词、数量短语等。

英语单个形容词充当定语，位置在名词的前面；以短语充当定语时，位置却在名词的后面，和汉语不同。不能分辨这个差别，便会出现语言错误，如：

×我想这是一个好机会到那里去看亲人。

×那是个好机会加强两国人民的友谊。

×我们讨论了这个问题，研究了办法解决它。

定语都应该摆在前面，句子改为：

① 我想这是一个到那里去看亲人的好机会。

② 那是个加强两国人民（的）友谊的好机会。

③ 我们讨论了这个问题,研究了解决它的办法。

定语一般都在中心词之前,但在下列情况下,定语可以后置:

(1) 列举事物:

他买了鱼三斤,肉五斤,青菜四斤。

(2) 突出事物:

① 摆在前面的是死路一条。

② 荷塘四面,长着许多树,蓊蓊郁郁的。

(3) 补充说明事物:

东西都被搬走了,新的旧的。

定语后置可以突出定语所表示的内容。

后置的定语也可以前置在谓语之前,同样也有突出的作用:

① 墙壁上,红的,绿的,黄的,贴满了标语。

② 荷塘四面,蓊蓊郁郁的,长着许多树。

13.5.2 多项定语的顺序。定语有多项的,它的次序大致上是:①表示领属关系的或表示时间、地点的名词和代词;②数量短语和指代短语;③动词或动词性短语;④形容词;⑤最靠近中心语的是不表示领属关系的名词(张志公主编,1985:50;丁声树等,1979:47;朱德熙,1982:151;朱德熙,1985:59—60)。如:“几个范围较广的大家感兴趣的问题”,数量短语“几个”在动词性短语“范围较广”“大家感兴趣”之前,而“范围较广”“大家感兴趣”都是动词性短语,次序可以调换。

a. 他是我们 ①一位 ②有多年教学经验的 ③优秀的 ④语文 ⑤教师。

b. 他 ①那件 ②新 ④羊皮 ⑤大衣不见了。

数量短语和形容词做定语,**一般是先数量短语,后形容词**,如“一位优秀的教师”“一朵红花”“一种扎实的学问”。**但如果形容词也有修饰成分,则前后都可以**,如“一个好看的女人”只有一种说法,而“一个那么好看的女人”和“那么好看的一个女人”却都可以说(赵元任,1979:305;邢福义,1996:94)。**定语如果是状态形容词或者形容词短语,也有两个说法**,既可以说“一碗香喷喷的饭”“一片绿油油的草地”“一队勇敢而善战的士兵”“一对明亮而迷人的眼睛”,也可以说“香喷喷的一碗饭”“绿油油的一片草地”“勇敢而善战的一队士兵”“明亮而迷人的一对眼睛”。

下面的句子用了多项定语,但定语的位置出现错误:

×我们参观了很多北京的名胜古迹。(表示领属的“北京”应该在“很多”的前面。)

×墙上贴着红色的保证品质的标语。(“保证品质”是动宾定语,离中心语最远,应该在“红色”之前。“红色”是不表示领属关系的名词。)

×我去了台湾,买了不少关于汉语语法台湾出版的书。(“台湾出版”是主谓短语,应该在“关于汉语语法”之前。)

×我们参观了一个中国有历史意义的地方。(表示领属的定语“中国”,应该在数量短语之前。)

×大选对于各政党的领导人与候选人,也是能力的一项考验。(“能力”是不表示领属关系的名词,应该在中心词“考验”的前面。)

×较明显的其中一个原因是,学生一进入学校,就得为会考关而烦恼。(“较明显的”应在中心词“原因”之前。)

×名电视节目主持人(如果把“电视节目”当作表示领属关系的名词,“名”就应该在主持人之前。)

汉语的修饰成分都必须在被修饰成分之前,因此**修饰成分不宜太长、太复杂**。下面的句子都用了长修饰语:

① 我用一笔**在我当时的经济状况堪称巨额的**文学奖奖金,陪同我的老父母参加一个十四日欧洲精华游的旅行团……(朱天心《威尼斯之死》,见《当代台湾文学选译》,春2001)

② 我甚至不想打开**我带去和朋友从台北不断寄来的**书本杂志期刊。(同上)

这些都是书面的欧化句子。

小学语文教材,更不适宜用太长的定语。我就看过课本编写员用了下面的句子:

你是不是那位写了一封信给皇上,说要拿出一半的家产,给国家买兵器的人?

上例中,“人”之前的定语,除了“那位”之外,还有一个很长的定语“写了一封信给皇上,说要拿出一半的家产,给国家买兵器”,这就是没有必要地用长定语。句子的“那位”也不能修饰“人”,只能用“那个”。

有些修饰成分之间的关系不清楚,容易造成阅读理解的困难,如:

特别是王氏父子和俞樾的《读书杂志》《经义述闻》《诸子评议》《群经评议》四书,实际上有如吕朱所著讲述语法规范的内容与方法。(孙良明,2005:419)

上例中,定语和中心语的关系是“王氏父子的《读书杂志》《经义述闻》”“俞樾的《诸子评议》《群经评议》”。作者把定语联合起来,组成并列定语,把中心语联合起来,成为并列短语。这样的组合,对于一般读者,容易造成理解的困难。句子如果改为:

特别是王氏父子的《读书杂志》《经义述闻》,俞樾的《诸子评议》《群经评议》,这四本书,实际上有如吕朱所著讲述语法规范的内容与方法。

修饰成分和中心语的关系就比较清楚。

13.6　状语

13.6.1　谓语的前面,加上表示情状、方式、程度、范围、时间、地点等的修饰成分，这些修饰成分便是状语。充当状语的词类，通常是形容词、副词和表示处所时间的名词。如：

① 童年时候值得回忆的事情渐渐淡漠了。

② 花木灿烂的春天的确可爱。

③ 南国的雨，向来没有变成冰冷的坚硬的灿烂的雪花。

例①～③的谓语部分“渐渐淡漠了”的“渐渐”，“的确可爱”的“的确”，“向来没有变成冰冷的坚硬的灿烂的雪花”里的“向来”“没有”，都是状语。这些状语都在谓语之前。

但是，有些表示时间、条件、处所等的状语，也可以提到主语前面。这种提前的状语，往往用逗号隔开：

① 从前在家乡，六七月间的夜晚，在庭院中纳凉时，我最爱看天空中密密麻麻的繁星。

② 在星的怀抱中，我微笑着，我沉睡着。

如果状语比较短，提前时也有不用逗号隔开的：

① 渐渐地我的眼睛模糊了。

② 转眼间天边出现了一道红霞。

③ 同时附近的云也着了光彩。

由“在”“对”“对于”“顺着”“按照”“据”等介词构成的介词短语充当的状语，通常可以提前。但有时受上下文的影响，也会失去这种灵活性，如：“我一直在这里等着你”，就不能将“在这里”提前到句首。

单音节的副词、形容词做状语，大多不能移动，如“我早上就知道了”，可以说成“早上我就知道了”，但“我早就知道了”却只有一种说法。

有些状语只能在句首，作为全句的修饰成分，如用“关于”“至于”组成的介词短语当状语，就只能在句首。有些状语摆在句首或在句中，所表达的意思不一样：

① 幸而他来了,要不然我们要迷路。

② 他幸而来了,要不然他一个人要迷路。

“幸而他来了”的“幸而”修饰“他来了”,“他幸而来了”的“幸而”只修饰“来了”(丁声树等,1979:15)。

状语可以是词,也可以是短语。

① 我对这个问题提出了自己的看法。

② 他孩子似的笑了。

③ 大家深入细致地做好调查工作。

④ 他态度粗暴地打断我的话。

例①的“对这个问题”是介词短语,例②的“孩子似的”是比况短语。例③的“深入细致”是并列短语,充当谓语“做”的状语。例④的状语“态度粗暴”是主谓短语。

状语和谓语的关系是修饰关系,所以它们构成偏正关系。由状语和中心词构成的短语是偏正短语,如“对这个问题提出了”“孩子似的笑了”“深入细致地做好”和“态度粗暴地打断”都是偏正短语。

充当谓语的通常是动词和形容词,所以状语也可以说是修饰动词或形容词的成分。但是,名词或者名词短语也可能充当谓语,如“今天星期二”,以“星期二”为谓语,因此可以受“才”的修饰,说“今天才星期二”。“才”也是状语。

主谓短语也能充当状语,这类的主谓短语通常有两种:一类是成语或文言格式,如“喜气洋洋”“声色俱厉”等;另一类是主语和宾语同形式的主谓短语,如“一声接一声地叹气”“面对面地坐着”(朱德熙,1999,第1卷:384)。

有少数例子,状语被后置了。这是欧化的说法,只见于书面语:

① 我怀着敬意,对于那悲壮的小鸟,对于它那爱子的冲动。

② 我怀念着他，默默地。

③ 他们已经走了许多路，无疑的。

④ 我漫步着，漫步着，在这少有的寂寞里。

将状语后置，造成状语位置的特殊化，从而突出状语所表达的内容。

口语里也有为了补充，而出现状语后置的现象：

① 这是极肤浅的道理，当然。

② 我只有两块钱才。

陆俭明（1993b）："口语里状语和中心语之间有易位的现象，如：下班了，已经？（＝已经下班了）他们走了都？（＝他们都走了）滚吧，你给我。（＝你给我滚吧）单音节副词能易位的有'都、还、就、快、又、正、在'等七个，双音节副词能易位的比单音节多些，如'大概、到底、反正、恐怕、简直、已经、大约、多半、好歹、忽然、居然、索性、幸亏、幸好、也许、正在、逐渐'等二十个左右。"陈建民（1984b：117—132）也认为北京话里"几点了都"比"都几点了"的说法更为广泛。

广东方言里，有些副词、形容词充当状语，后置于谓语：

先：你行先　　你食先　　我去街买嘢先

多、少：饮少些酒　　饮多些水

新加坡华语受方言影响，也出现"先""多""少"充当状语而后置的现象：

① 你吃先，我就来。

② 喝多几杯吧，别客气。

普通话里"多""少"出现在动词之后，是表示结果（充当补语），而不是充当状语。如：

买多了吃不完，买少了不够吃，真难啊！

陈建民（1984a：35）认为**汉语口语里的动宾结构势力不断扩展，"某些介词引起的动词短语变换为动宾结构"**。如"在礼拜歇着"说成

“歇礼拜”,“比人矮一头”说成“矮人一头”,“用肥皂搓”说成“搓肥皂”,“在六点上班”说成“上六点”。

13.6.2 多项状语的顺序。 多项状语排列的顺序比较复杂,由外到里,一般语序大体上是:①离动词最远的是表示时间或表示原因、目的等的状语;②是描写动作者的感情、心理活动、状态等的状语;③是表示处所、方向等的状语;④是表示动作涉及的对象的状语;⑤最靠近动词的是描写动作的方式、状态的状语(张志公主编,1985:49;邢福义,1996:103—104;朱德熙,1999,第1卷:387—388)。

a. 我已经 ①在会上 ③向大家 ④详细地 ⑤说明了情况。

b. 他兴冲冲地 ②和小王 ④一起 ⑤上街去。

这种语序也不是绝对的。有些排列是有选择性的,如:

a. 那鹅毛般的雪花,纷纷扬扬地 ⑤从半空中 ③降落下来。

b. 那大片大片的雪花,从彤云密布的天空中 ③簌簌落落地 ⑤飘将下来。

其实,从“纷纷扬扬的雪花”“簌簌落落的初雪”看来,“纷纷扬扬”“簌簌落落”也是“描写动作者的感情、心理活动、状态等的状语”,就像“兴冲冲”一样。因此也可以是②。

下面的句子,用了多项状语,但位置有问题:

×医生给他及时治好了病。(“及时”表示时间的状语,离动词最远。句子应改为“及时给他……”)

×她微微地对我笑了一下。(“微微”描写“笑”的状态,应该最靠近动词,句子应改为“对我微微地……”)

13.7 补语

13.7.1 在谓语后边或者宾语后边,从结果、趋向、程度、时间、地点、次数等方面，对谓语加以补充说明的成分，就是补语。如：

① 他高兴得跳起来。

② 电灯照得黑夜和白天一样。

③ 国庆展览会已经开幕了半个多月了。

④ 他被逼得降低标准。

例①～④的补语分别是“跳起来”“黑夜和白天一样”“半个多月了”和“降低标准”，它们都在谓语的后边。谓语和补语之间有的用“得”连接起来，有的不用“得”。“跳起来”是补充短语，“黑夜和白天一样”是主谓短语，“半个多月”是偏正短语，“降低标准”是动宾短语，分别用在谓语“高兴”“照”“开幕”和“逼”的后边，补充说明谓语。

根据谓语和补语之间用不用“得”连接，可以将补语分为三类：一、不能用“得”的，如程度补语，“好极了”“难看死了”；数量补语，“打两下”“住三年”。二、必须用“得”的，如“看得很透彻”。三、用“得”和不用“得”构成对待的格式，如趋向补语，“走出去——走得出去——走不出去”；结果补语，“打破——打得破——打不破”。在用“得/不”时，如果再带宾语，宾语一定在补语后面：“吃得下饭”“叫不出名字”“瞒不住我”。**一些动宾结构的动词，带上补语，也受这种结构的影响，出现了“放不下心”和“放心不下”，两种说法。但“得罪”却仍然只有“得罪不起”一种说法，没有“得不起罪”的说法。**

结果补语和谓语，一般上有直接的关系，如：“打伤”“打破”，“伤”和“破”都是“打”的直接结果。但有的时候结果补语和谓语只有间接的关系，如“石斑都是让香港人吃贵的”，“吃”和“贵”之间含有比较间接的因果关系。如果从语义关系上看，补语的指向可以分为以下几种：

(1) 补语直接指向谓语的:“跑得很快”。“很快”直接指向“跑”。

(2) 补语直接指向主语的:“他跑累了”。“累”指向主语“他”。这一类的结构有压缩的现象,是“他跑了”和“他累了”的压缩。

(3) 补语直接指向受事者:“桌子抹得干干净净”。“干干净净”的是“桌子”。

(4) 补语直接指向谓语动词所凭借的工具:“你把笔写坏了”。“笔”是“写”的工具。

(5) 补语直接指向和谓语有关的处所:“礼堂里坐满了人”。“满”的是“礼堂”。

补语的指向不同,“战胜”的补语“胜”指向主语,所以“他战胜了病魔”,是“他”胜了;“战败”的补语“败”指向宾语,所以“他战败了病魔”,是“病魔”败了。其他如“打胜”“打赢”“听懂”“喝醉”等,补语都指向主语;“打败”“打输”“叫醒”“放大”等,补语都指向宾语。

单音节形容词重叠,如“大大”“低低”等,在普通话里是不可以充当补语的,但在新加坡华语里却可以充当补语,如“眼睛睁得大大”“门关得紧紧”等。

用介词短语做补语表示关系的,含有文言的色彩。常用的介词有“以”和“于”:“寄望于青年”“代之以符合现状的做法”。

13.7.2 句子有了宾语又带上补语时,宾语和补语的位置有下列几种:

(1) 数量补语跟代词宾语连用时,数量补语必须放在代词宾语的后头。如:

① 人家没骂过我一声,没打过我一下。

② 学程看了他几眼。

这是因为代词宾语读轻声,在语音上附着于动词,因此位置在补语之前。如果是表示人的名词，多数插在补语之后：

① 瞟了一下张三。

② 她看了一眼艾艾。

③ 他救过两次妹妹。

当然也可以在补语之前，说成“瞟了张三一下”。

（2）跟名词连用时，数量补语在前居多。如：

① 当了三天新媳妇，过了三天好日子。

② 他已经上过二十多次医院。

③ 我们应该先了解一下情况。

也有数量补语在后的：

① 每个月看电影两次——每个月看两次电影。

② 他上星期去了一趟天津——他上星期去了天津一趟。

（3）动词带结果补语时，代词可以插在补语之前，名词不能：

① 骂他骂得很厉害——骂得他很厉害。

② 骂人骂得很厉害——×骂得人很厉害。

谓语和补语是补充关系，所以谓语和补语所构成的短语是补充短语。充当谓语的是动词或形容词，所以补语也可以说是用在动词或形容词后边，从结果、程度、趋向、时间、地点、次数等方面，对动词或形容词做补充说明的成分。

补语多少带有谓语的性质，**在句子里的地位比修饰语重要些**。如：

作者是像前一个例子一样地尽力模仿着外国文字的组织法，而且是很拙劣地模仿着。

“很拙劣”是句子的重点，所以比较自然的说法是“而且是模仿得很拙劣”（丁声树等，1979：67）。

练习二十七

一、试指出下列句子里的定语、状语和补语：

1. 中国人的耐性、韧性、吃苦耐劳真是举世无双。

2. 我们的面前摆着极为繁重的任务。

3. 昨天报上刊登了一组反映小学生做好事的照片。

4. 在大沙漠里，他们终于找到了有人生活的地方。

5. 能源短缺是当地的一个大问题。

6. 了解情况是做好工作的前提。

7. 半天的工夫，我就把那本书看了两遍。

8. 同学们都跑了，从操场上，从课室里，从学校的每个角落。

9. 我到处都看了樱花，在东京、大阪、京都。

10. 在人类文明的发展史上，中华民族曾经有过杰出的贡献。

11. 最后，我们齐声合唱先前那蚂蚁唱给他听的那个歌儿。

12. 关于种植棉花，我没有经验。

13. 乌鸦的翅膀绝对遮不住太阳的光辉。

14. 语言是人类交际最重要的工具。

15. 深忧的我，重病的你，和你疲乏的乳母，都沉沉地睡了一大觉。

16. 一个五十岁上下的女人站在我前面。

17. 他对中国的大家庭制度有很详细的研究。

18. 人的耳朵变得对发音器官的细致表演非常敏感。

19. 黄道周是个不大明白人情世故的学者。

20. 门外蹲着张着嘴露出粗大的牙齿的两个石狮子。

21. 一连串的浑浊的泪水，顺着她的多皱的、浮肿的脸颊，滴落在胸前。

22. 《史记》中保留下来的许多生动活泼的故事，都成了人民喜见乐闻的东西。

23. 许多学者为在语文教学和语言研究中建立词的概念大声疾呼。

24. 小王冷得浑身发抖。

二、下面句子里的状语有没有错误？

1. 我和妈妈常常去百货公司。

   我常常和妈妈去百货公司。

2. 他不在这里听课。

   他在这里不听课。

3. 他把妈妈的话早已忘得一干二净。

   他早已把妈妈的话忘得一干二净。

13.8 句子分析

上面叙述了句子的六个成分,我们用图式把这六个成分表示如下:

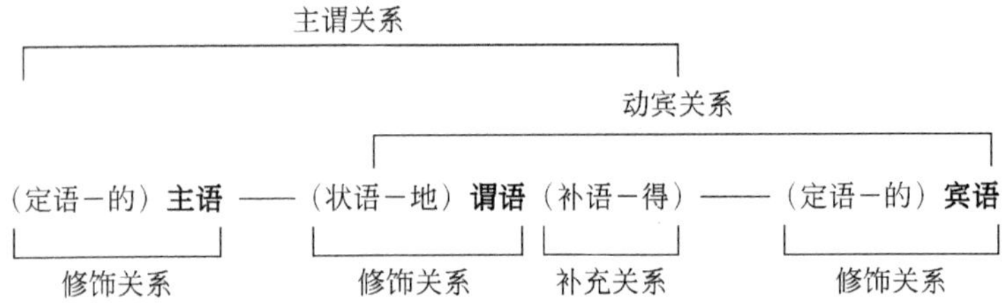

句子的结构是有层次的,因此在进行句子分析时,必须做层次的分析。分析句子时,我们先将句子一分为二,即先分主语部分和谓语部分。如:

① 苏林教授从秘书那里取去了陈伊玲的报名单。

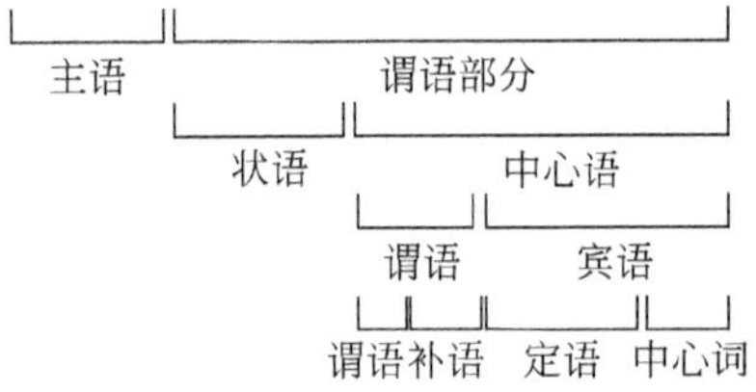

如果我们用"‖"表示主语部分和谓语部分的间隔,并以六个符号分别代表六个句子充分:"═══"代表主语,"——"代表谓语,"～～～"代表宾语,"(　　)"代表定语,"〔　　〕"代表状语,"〈　　〉"代表补语,分析句子时可以将这些符号注上,以表示句子充分。例①用上符号分析法,就成为下面的样子:

苏林教授‖〔从秘书那里〕取〈去了〉(陈伊玲的)报名单。

只是，用这种办法分析句子，不能显出句子的结构层次，这是用符号法的缺点（陆俭明，1993b：143—161）。

我们再举几个例子，先用层次分析，然后再用符号分析。如下：

② 赵州桥高度的艺术水平和不朽的艺术价值充分显示了劳动人民的智慧和力量。

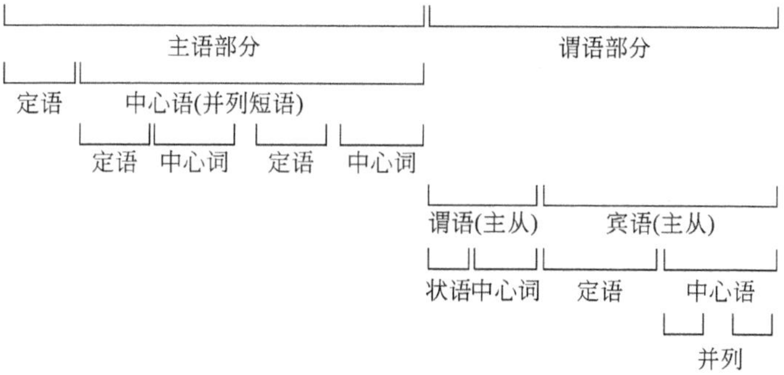

如果用符号分析，则是下面的情况：

（赵州桥）（高度的）艺术水平和（不朽的）艺术价值‖〔充分〕显示了（劳动人民的）智慧和力量。

③ 乌鸦的翅膀绝对遮不住太阳的光辉。

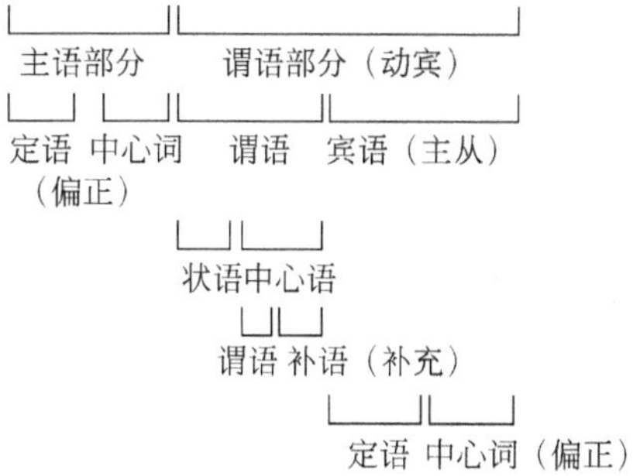

用符号分析则如下：

（乌鸦的）翅膀‖〔绝对〕遮〈不住〉（太阳的）光辉。

④ 在操场上打球的学生都穿着运动服。

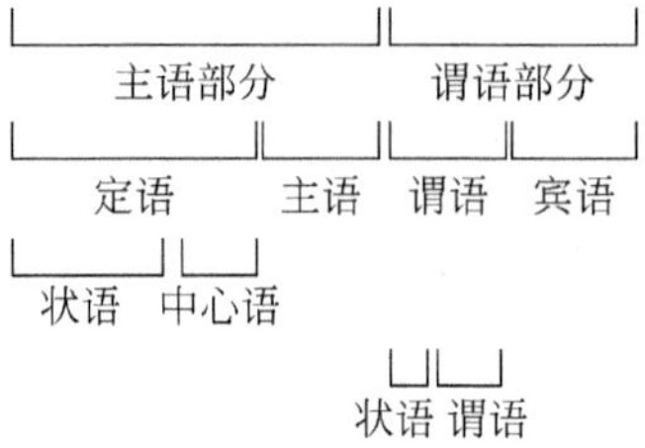

用符号分析则如下：

（在操场上打球的）学生 ‖ 〔都〕穿着运动服。

⑤ 你听得懂听不懂他的话？

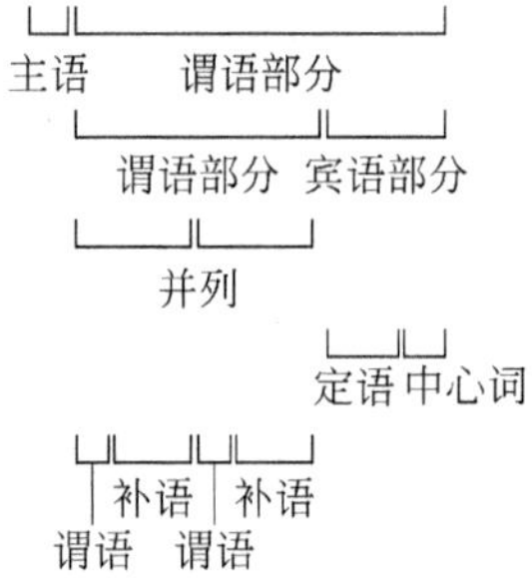

用符号分析则如下：

你 ‖ 听〈得懂〉听〈不懂〉（他的）话。

练习二十八

一、分析下列句子：

1. 行色匆匆的各族同胞扛着抱着背着提着大小旅行包、麻袋和木箱。

2. 我们应该而且可以改正这些错误。

3. 找木匠的，搬石头的，搭架的，拉锯的……七手八脚忙起来。

4. 他把刚才的话又说了一遍。

5. 母亲喜欢得流着泪。

6. 关汉卿塑造的人物形象每个都具有符合各自身份的鲜明性格。

7. 一个有经验的语音学家实在不难制造出实际调查中没有遇到过的语音。

8. 中国繁殖珍贵动物取得成果。

9. 气象资料表明大风将于明天经过本市。

10. 他在观察和处理问题的时候，仔细而稳重。

13. 提着行李走进候车室的那个人，我认识。

14. 在小溪的两岸上，有许多好看的石头，长的、圆的、粉红的、雪白的。

15. 他们的胜利鼓舞了殖民地人民争取独立的斗争。

16. 他的脸上充满了自然和谐的美，是我从来没有看见过的。

18. 西汉司马迁所作的《史记》是中国两千年来最伟大的历史名著。

二、分析下列句子。如果用短语充当句子成分，请注明短语的名称：

1. 桌子的周围、墙壁的近旁，横七竖八，放着好些椅子、高凳和长凳。

2. 飘满茶子花香的一阵阵初冬月夜的微风，送来姑娘们一阵阵欢快的、放纵的笑闹。

3. 我们从四川来的都喜欢吃辣的。

4. 他们来到人间以后的第一课是饥饿、贫困、压迫、侮辱和恐怖。

5. 窗外飘过祖国的天、祖国的山、祖国的漠漠无边的田野。

6. 她说得那样平稳、那样从容、那样温存又那样有力量。

7. 他只是个有时候教点书，有时候也做些别的事的小人物。

8. 我们过去遭到过的挫折，现在工作中仍然存在的缺点，今后还会遇到的困难，都丝毫动摇不了我们的信念。

9. 白苍苍的带鱼就像沸腾的开水一样，在水中挣扎、跳跃。

10. 那些要猴子的凤阳人、跑江湖扎纸花的石门人,那些摇着串上铜钱的冬青树枝的乞丐,以及号称从五台山、峨眉山下来的化缘的行脚僧人都不见了。

11. 当你坐在飞机上,看着我们无边无际的像覆盖上一张绿色地毯的大地的时候,你曾否为土地涌现过许许多多的遐想?

12. 家家户户的庭前屋后都生长着枝叶挺拔的椰子树和槟榔树,绿荫盖地的杧果树和荔枝树。

13. 七尺宽、十二尺深的工房楼下,横七竖八地躺满了十六七个被骂作"猪猡"的人。

14. 这没完没了的诉说不是加强了而是削弱了与贬低了母爱的感染力。

15. 她还丢失了、抛弃了、被大喊大叫地抢去了或者悄没声息地窃走了许多别的颜色的梦。

16. 我们已经制定或者正在制定,或者将要制定各方面的具体政策。

17. 他再不愿,也不敢认真地稍微思考一下五十年代的旧事。

18. 这是至今仍然活着,完整地保存下来的,从来没有中断过的文明。

19. 我不是意识到,而是感觉到在他身上隐藏着一种极其深厚的东西。

20. 他们之间的关系,仍然是那么质朴,那么纯洁,那么高尚。

21. 拳头、皮鞋,雨点似的落在他的头上、背上、腿上。

22. 解决的途径首先在于对实际用例多做调查。

23. 编辑部在杂志的创刊号上面刊登了一则征稿启事。

24. 在我国今年的礼貌运动中,他被车辆注册局选为最有礼貌的德士司机。

25. 别挖苦我好不好?

26. 每当刮风的时候,我总会想起那个哑巴的女孩子,还有她送给我的毛衣。

27. 后来,刘备听说隆中卧龙岗有个诸葛亮。

28. 很久以前,人类就梦想着能够像鸟儿一样在天空中自由自在地飞翔。

29. 他必须像牛一样地、像拖拉机一样地工作。

30. 那种布，带点小花的，我要。

31. 他们应该有新的生活，为我们所未经生活过的。

32. 语法的任务是研究并说明语言中词的变化及用词造句的规律。

33. 我们得到了一大批恐怕连孔子也不曾见过的殷代太史太卜们所留下来的记录。

34. 一部分很慎重的学者对于它取着怀疑的甚至否认的态度。

三、试分析下列句子，并指出画线的短语属于哪种短语：

1. 这个光荣而艰巨的任务，我们必须完成。

2. 那个孩子长得又聪明又伶俐。

3. 他头脑清楚，态度亲切。

4. 那里的情况，他非常熟悉。

5. 说空话、说假话、说大话的恶习必须杜绝。

6. 雪山上的那棵红松，显得更有生气了。

7. 他满怀深情地说：你好！

8. 他乐得直拍手。

9. 关于宿舍的问题，已经解决了。

10. 讲故事的绘声绘色，发议论的激情满怀。

11. 他浑身发热，心突突地跳。

12. 我们必须恢复和发扬"实事求是"的作风。

13. 这泪珠，包含着见到亲人的兴奋，也包含着失去亲人的悲伤。

14. 农家小院子里的菜花开了，一片金黄。

15. 人们必须完全服从日本人的命令。

16. 我明白了什么是权力。

17. 我断定他们关心的不是我们的将来。

18. 在21世纪里，华人会面对怎么样的文化冲击？

19. 新加坡拥有第一世界水准的卫生、保安、效率、通信与交通。

20. 我们应该充分利用我们处在印度洋到太平洋航线中的战略性地理

位置。

21. 我们拥护的价值观是诚实、言行一致、透明。

22. 华人地区出现具有国际水准的媒体。

23. 关键性的要着重处理。

24. 作者在调查研究的基础上,提出了中学语法教学的目的、内容和方法。

25. 简明就是简要、清楚易懂。

26. 周围的山把这个山谷包围得像一口井。

27. 邻居都被他的叫声惊醒了。

28. 最重要的是善于应用这些知识。

29. 祖母告诉我,白蛇娘娘就是被压在这塔底下。

30. 我是给主人家送粮来的。

13.9　病句改正

13.9.1　怎样的句子才算是病句？先看下面的句子：

① 周萍：听父亲的话吧，父亲的脾气你是知道的。

② 周萍：听爸爸的话吧，爸爸的脾气你是知道的。（曹禺《雷雨》）

例①，曹禺后来改为②。倪宝元（1992：572）认为：兄弟之间交谈，用的是日常会话语体，应该以用爸爸为宜。这两个句子都是正确的，只是在词汇的选择上做了进一步的斟酌。“父亲”比较庄重，不适合用于兄弟之间的交谈。

① 人们称这小草为“含羞草”。

② 这小草，人们叫它“含羞草”。（叶圣陶《含羞草》）

“称……为”是书面语，在童话里用“叫”更合适。例 b 用了外位成分“这小草”来强调。

① 吴妈此后倘有不测，应由阿 Q 负责。

② 吴妈此后倘有不测，惟阿 Q 是问。（鲁迅《阿 Q 正传》）

将“应由阿 Q 负责”改为“惟阿 Q 是问”，因为前面用了“此后倘有不测”，是古汉语的成分，“惟阿 Q 是问”和它更能配合。

上面的这些句子都是因为语用的需要而加以修改，在结构上都是正确的，因此都不是病句。

13.9.2　我们所谓的病句是指那些结构不协调的句子。请看下面的句子：

他不是中国人，就是外国人。

“不是……就是”表示二者必居其一。句子从结构上看，是正确的，但它没有传递任何新信息。这是一个无效句，不是病句。

我们对句子成分有了认识之后,就可以借助这些认识来改正这一类结构不协调的病句。

在他碰到我的时候,非常高兴。

"谁"高兴?"他"高兴。"他"是主语,"高兴"是谓语。"碰到我的时候"(偏正短语)和"非常"都是状语,分别表示时间和程度。所以上例的"在"应该删掉。句子改作:

他碰到我的时候非常高兴。

如果将表示时间的状语提前,句子则成为:

碰到我的时候他非常高兴。

下列句子里画线的虚词都应该删掉:

×(在)这个岛上,尤其旅游业特别发达。

×关于这个问题,在大家的讨论下,总算解决了。

×至少在我个人以为如此。

×我们应该力求上进,才不会白费老师的教导。

上例的谓语"白费"与宾语"教导"不能搭配,应将"白费"改为"辜负"。

下列句子的谓语和宾语都不能搭配,应该改正:

×战争摧残了许多房屋。(只能说"摧残生命","摧残"应改为"摧毁")

×尽可能节省不必要的开支和浪费。("节省"和"浪费"不能搭配,应该删去"浪费"或者改成"节省开支,减少浪费")

×教徒的健康和工作,都不会受到妨碍。("妨碍"可以和宾语"工作"搭配,但不能和"健康"搭配,应将"妨碍"改为"影响",或者删去"健康")

×办公的时候聊天,严重妨碍了工作效率。("妨碍"和宾语"工作效率"不能搭配,"效率"只能"减低"或者"提高"。这里将"妨碍"改为"减低")

×我们应该改进工作方法和错误。("错误"不能"改进"。句子可以改为:我们应该改进工作方法,纠正错误。)

×我们可以藉此增进学生对某些亚洲建筑设计的学识与欣赏。("增进学识”可以构成动宾关系，但“增进”不能和“欣赏”构成动宾关系。句子应改为：我们可以藉此增进学生对某些亚洲建筑设计的学识，提高他们的欣赏能力。）

×乒乓球是一项速度快，灵敏度高的全身运动。（主语是“乒乓球”，谓语是“是”，宾语是“运动”。主谓之间不能搭配，主语应改为“打乒乓球”或“打乒乓”。）

下面的句子，主语和谓语的搭配有问题：

×这篇文章的内容和见解都很丰富。（“内容”可以“丰富”，但“见解”就不能和“丰富”搭配。“见解”可以“深入”）

×独立以后，我国社会的建设，人民的爱国意识迅速提高。（“爱国意识”可以“提高”，但“社会的建设”却不能“提高”。“社会的建设”可以“发展”）

×妈妈种了一棵柚子树，在花园里。

上例“在花园里”是表示地点的状语，应该置于谓语之前。句子有三种改法：

① 妈妈在花园里种了一棵柚子树。

② 在花园里，妈妈种了一棵柚子树。

③ 妈妈把一棵柚子树种在花园里。

“在花园里”后置的现象，新加坡华语里非常普遍，可以当作新加坡华语的特点之一。如果是表示状态的状语，就可以后置：

① 太阳下山了，渐渐地。

② 他拿起锄头，懒洋洋地。

状语后置在翻译的作品里，也比较常见：

我怀着敬意，对于它爱子的冲动。

练习二十九

一、试改正下列病句：

1. 在我六岁的时候，生了一场大病。

2. 我国的一切面貌都发生了巨大的变化。

3. 乒乓球是一项速度快,灵敏度高的全身运动。

4. 这篇文章的内容和见解都很丰富。

5. 独立以后,我国社会的建设,人民的爱国意识迅速提高。

6. 我们应该改进工作方法和错误。

7. 劳驾你倒一杯茶给我先。

8. 李老师讲的书有声有色。

9. 我国政府不断地改善人民的生活水平。

10. 老李读书多,懂的事也多。

11. 我们要努力克服这种费力不讨好的学习方法。

12. 办公的时候聊天,这就严重妨碍了工作效率。

13. 他非常努力,终于在毕业考试时取得了全级第一。

14. 这种病比较慢性,需要长期治疗。

15. 能否克服这个弱点,是胜利的关键。

16. 老人在养老院里得到细致的关怀。

17. 这场比赛在严寒的气温下进行。

18. 由于他的帮忙,使我提前完成了任务。

19. 他借口有病和工作忙为理由坚决不参加讨论。

20. 一个球队,能否充分发挥队员的积极性,指挥是否正确,是克敌制胜的关键。

21. 翠娟更要梁志达每个月给几百元她母亲。

22. 外公家很穷,七岁的妈妈被迫卖给戏班子。

23. 日军……对他们施行可怕的种种酷刑。

24. 从各方面加以说明主题。

25. 刻书传布的作坊便成为当时新兴的事业。

26. 我向就近一个渔民打听老人是谁。

27. 世界各国都纷纷努力或盘算如何向庞大的中国市场进军。

二、试修改下列句子：

1. 从林温玉女士的回忆当中，我们可以进一步了解这位深情丈夫、慈祥爸爸的林谋盛，如何在民族危难之际，在抗日和家庭做出选择。

2. 他描写每一个人的说话或者几个人的对话都刻画得那么声口宛然，惟妙惟肖地恰如其人的身份和性格。

3. 随着中国的崛起，学习华文的情况也已经大大提升。

4. 学校也会安排双文化课程的学生到中国进行数个月的浸濡计划，让他们了解当代中国社会的各个层面。

三、朱德熙《语法讲义》(1982)有"并列式复合词"一类，这和我们的联合短语有什么不同？

四、下列句子结构不同，所表达的意思也不同吗？

1. a. 他已经做完了功课。

   b. 他功课已经做完了。

2. a. 我不喜欢甜的。

   b. 我甜的不喜欢。

五、有许多前置宾语的句子不能还原，或还原了意思不同，如：

a. 我们什么也没看见。

   我们也没有看见什么。

b. 我一点办法也没有。

   我也没有一点办法。

c. 我们什么意见都表示了。

   我们都表示了什么意见。

有些语法学者因此主张取消前置宾语，把这一类句子说成以主谓短语充当谓语。试说一说你的意见。

六、充当状语的词类，通常是形容词、副词和表示处所时间的名词，名词一般不能充当状语。你怎么解释下面的现象？

1. 从生涩的歌喉里机械地发出来

2. 形式主义地分析问题

3. 科学地研究

七、下列短语,哪些是定语,哪些是状语?

1. 周密的想法

2. 周密地调查一下

3. 周密地调查这里的情况

4. 已经周密地调查过了

5. 进行周密的调查

6. 周密的调查很重要

(参考朱德熙 1999,第1卷:312)

八、朱德熙《语法答问》(1999,第1卷:314)认为"凡是名词性偏正结构和准谓词性偏正结构里的修饰语是定语,凡是真谓词性偏正结构里头的修饰语是状语。"试加以讨论。

九、动词后面的时量和动量词语,朱德熙《语法答问》认为是宾语,他的根据是什么?(参考朱德熙,1999,第1卷:318)

第十四章　复杂的谓语

一个句子里头连用了两个或两个以上的谓语，这两个或两个以上的谓语之间没有语音停顿，就构成复杂的谓语。复杂谓语句包括两种句式：连谓式和兼语式。

14.1　连谓式

连谓式是指谓语连用而使用**同一个主语**的格式。如：

① 秃子睁起了眼睛看他。

② 黄道周带兵由广信出衢州去救徽州。

例①的“睁”和“看”是前后两个连续的动作，而这两个动作都是属于“秃子”的，两个谓语同一个主语。例②的“带”“出……去”“救”是三个连续的动作，这些动作都是由同一个主语“黄道周”发出来的。所以，这两个句子都是连谓式。

连谓式和并列式不同。并列式的次序可以颠倒，而句子的意思不变，如：“假期，他常常在家里读书写字。”颠倒了“读书写字”，句子的意思仍旧相同。连谓式如果颠倒了，句子的意义就改变，如：“开门走出去”和“走出去开门”，意思不同。

14.1.1　我们可以根据谓语之间的关系，将连谓式分为下列三种：

（1）两个谓语之间有先后的关系，同时前一个谓语表示方式、方

法,后一个谓语表示目的。如:

① 小方搬了张凳子坐在奶奶身边。

② 他笑着向我走来。

例①先“搬凳子”,后“坐在奶奶身边”;前一个动作表示手段或方法,后一个动作表示目的。例②“笑着”说明“走来”的方式,重心在后头。

① 我去买菜。

② 我来帮你修理。

“去”后头的谓语“买”表示目的。“来”后头的“帮”,表示“来”的目的。“来”“去”如果出现在后边,则念轻声,作为补语。

① 我送一本书给他。

② 我织一件毛衣给他。

例①的“送”是第一个谓语,“给”是第二个谓语。例②的“织”是第一个谓语,“给”是第二个谓语。这两句都是连谓式。

“送”有“给予”的意思,可以说成“送给他一本书”,将“送给”当作一个词。“织”没有“给予”的意思,不能说成“织给他一件毛衣”。“写了一副春联给他”,“写”也没有“给予”的意思,也不能说成“写给他一副春联”(朱德熙,1982:170—173)。新加坡华语里这个分别不严格。

陈建民(1984a:35)认为汉语口语有动宾结构的势力不断扩展的趋势,其中的例子是把连动式换成动宾结构,如“排队买电影票”叫“排电影票”等。

(2) 前一个谓语表示行为,后一个谓语表示对人的形容或评议。如:

① 陶侃做事很认真。

② 大家听了很高兴。

③ 他照顾病人非常细心。

例①"做事"是"陶侃"的行为,"认真"是对他的评议。例②"听"是"大家"的行为,"高兴"用来形容大家。例③"照顾"是"他"的行为,"非常细心"是对"他"的评价。这一类的连谓式,第二个谓语是形容词或形容性短语。

(3) 前一个用"有"或"没有",带上宾语,表示可能或必要(或者不可能、不必要),或表示原因、假设;后一个谓语表示行为。如:

① 我有责任提出自己的意见。

② 他有办法完成这件工作。

③ 我没有理由不这样做。

④ 他有事不能来。

连谓式的第二个谓语也可能有自己的主语,组成主谓短语,说明第一个主语,如:

年轻的教员做训育工作方法常常不对头。

连谓式不是动词的连用。连谓式连用的谓语之间没有并列、主从、动宾、动补等关系,中间没有语音停顿。几个谓语连用,中间如果有语音停顿,就不是连谓式,而是由几个分句组成的复句。如:

① 秃子突然睁起了眼睛,朝他那里一看。

② 黄道周带了数万大兵,由广信出衢州,赶去救徽州。

句子的几个谓语之间有关联性词语连接,也不是连谓式。

旅客们又饿又渴。

这是联合短语充当谓语,用"又……又……"将两个谓语联系起来,不是连谓式。

她每天淘米煮饭。

这个句子虽然没有关联性词语,但也是以并列短语充当谓语,不是连谓式。

我喜欢养金鱼。

“养金鱼”是“喜欢”的宾语。这也不是连谓式。

局势混乱吓跑了外来投资。

“局势混乱”是主谓短语,充当主语。这个句子不是连谓式。

如果句子有关联性词语,表现了复句里分句的关系,也不是连谓式。

他匆匆忙忙带上门就出去。

句子有关联性副词“就”,表示连贯关系,是紧缩句。

小王搞技术革新信心十足。

“小王”也是后边主谓短语“信心十足”的主语。这是连谓式。

他们这么闹后果不堪设想。

“他们这么闹”是主谓短语,“后果不堪设想”也是主谓短语。这是以“他们这么闹”这个主谓短语为主语,而以“后果不堪设想”为谓语,所以这不是连谓式。

a. 我干这件事顾虑重重。

我们搞大型设备经验不足。

b. 失业人士自谋职业机会不高。

国内生产这种产品用途不大。

上例 a 组是连谓式,b 组不是连谓式,而是以主谓短语为谓语。

连谓式也可以充当句子成分,如:“到国外去学习也不坏”是以“到国外去学习”做主语,“抬着东西走的样子”是以“抬着东西走”做定语。这些都是连谓短语充当句子成分。

14.1.2 连谓式的分析。分析连谓式时,得先找出句子里连用的谓语部分,然后再分析其他次要的成分。如:

他完全有条件成为一个优秀的歌唱家。

上例第一个谓语是“有”,宾语是“条件”;第二个谓语是“成为”,宾语是“歌唱家”。用符号分析这个句子：

他 ‖〔完全〕有条件成为（一个）（优秀的）歌唱家。

一支法国军队和一批难民，撤退到一个小镇来。

上例第一个谓语是“撤退”，第二个谓语是“来”。用符号分析如下：

一支法国军队和一批难民‖，撤退〈到一个小镇〉来。

如果用层次分析，则结果如下：

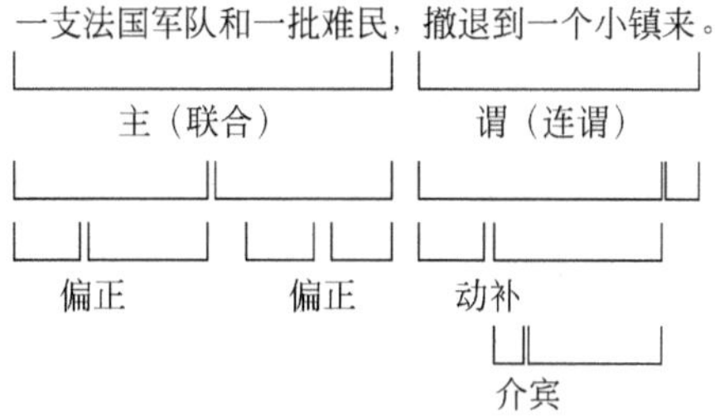

14.2　兼语式

前一个谓语的宾语同时又是后一个谓语的主语，用这种格式组成的句子，就是兼语句。如：

典狱官陈天乐打发狱卒替黄道周收拾了一间干净的房子。

第一个谓语是“打发”，宾语是“狱卒”；第二个谓语是“收拾”，它的主语是第一个谓语的宾语“狱卒”。“狱卒”是句子的兼语。

兼语式的格式可以用下面的图表示：

主语＋谓语 1（动词）＋宾语
　　　　　　　　　　|
　　　　　　　　（主）＋谓语 2

兼语式的句子，按照意义，可以分为下列四种：

(1) 第一个谓语用表示“使令、允许、禁止”等意义的动词,第二个谓语表示相应产生的动作或者状态。这一类可以归为“使令式”。如:

① 他的精神,永远鼓舞和激励着我们把教育工作做好。

② 我邀请他做学术报告。

例①的第一个谓语是联合短语“鼓舞和激励”,“我们”是兼语,第二个谓语是“做好”(当然也可以将“好”划为补语)。例②的第一个谓语是“邀请”,第二个谓语是“做”。表示使令等意义的动词,有“使”“教”“请”“要”“逼”“迫使”“驱使”“强迫”“通知”“鼓励”“要求”“邀请”“命令”等。

(2) 第一个谓语表示某种心理活动或者带有某种感情色彩,第二个谓语表示这种心理或感情产生的原因。这一类可以归为“爱憎式”。如:

① 大家都感谢你给我们带来这么多中文书。

② 我就看不起他为了几分钱做出这种事。

例①的“感谢”是第一个谓语,“你”是兼语,“给我们带来这么多中文书”是“感谢”的原因。例②的“看不起”是第一个谓语,“为了几分钱做出这种事”是“看不起”的原因。

(3) 第一个谓语用“有”“没有”,表示存在或不存在、占有或不占有的意思;第二个谓语进一步述说所存在或占有的事物。这一类可以归为“有无式”。如:

① 花园里有许多蜜蜂在采蜜。

② 课室里没有人上课。

例①“在采蜜”进一步说明兼语“蜜蜂”;例②“人”是兼语,“上课”是第二个谓语。

(4) 第一个谓语是普通动词,第二个谓语用“叫”“做”“作”“当”“为”一类的动词。如:

① 我们叫他作瘦皮猴。

② 他还雇了一个小朋友当助手。

主谓短语做宾语的句子和兼语式很相似,但不是兼语式。如“我希望大家都来”,主谓短语“大家都来”是“希望”的宾语,这个句子不是兼语式。

主谓短语充当宾语的句子,可以说“我希望的是大家都来”“大家都来是我希望的”。兼语式不能这样说。

在语音停顿上,主谓短语充当宾语,语音停顿是“我希望——大家都来”,兼语式是“我请他——进来”(丁声树等,1997:118)。“使令式”的兼语句可以分为两句,如“我请他,他进来”。“爱憎式”兼语句的第二个谓语说明原因,这一类句子,也可以分为两句,如“我称赞他做事认真——我称赞他,因为他做事认真”。主谓谓语句都不能这样分。

双宾语句和兼语句有牵连,如“我送他一本书”是双宾语句,“我送他一本书看”却是兼语句。“他”是兼语。“我叫他小李”是双宾语句,“我叫他作小李”是兼语句。

陈建民(1984a:37)认为汉语口语里兼语式动词越来越多,表现出旺盛的生命力,如“照顾”“集合”“培养”“安置”等,都有极为普遍的兼语式用法。过去用“使他们”“使之”,如“阻止第三次世界大战使之不能发生”,都成了书面上的用法。

14.3 兼语式和连谓式套用

兼语式和连谓式可以互相套用,组成复杂的谓语。如:

只有一班闲人们却还要寻根究底的去探阿Q的底细。

上例的第一个谓语是“有”,兼语是“人们”,第二个谓语是“去”,第三个谓语是“探”。“去”和“探”是上面所说的连谓式。这是将兼语式和连谓式套用在一起。

他后来还托他的父亲带给我一包贝壳和几支很好看的鸟毛。

上例的第一个谓语是“托”,兼语是“父亲”;“父亲”是后边的连谓“带”和“给”的主语。这是兼语连谓套用。(如果把“带给”当一个动词,那这个句子就只是兼语式。)

在分析句子时,为了简便起见,对连谓式或兼语式所组成的句子,可以直接把它们当作谓语部分的一个短语:连谓式短语充当谓语、兼语式短语充当谓语或兼语连谓套用充当谓语,而不做进一步的分析。

14.4 复杂谓语常见的错误

兼语式和连谓式能表达比较复杂的内容,但在运用时,要注意结构正确,表达清楚,要不然容易犯形式不能表达内容或语义不清的毛病。如:

教育他们彻底了解家庭计划的重要。

“教育”不是使令意义的动词,不能用作兼语式的第一个谓语。应改作:

教育他们,使他们了解家庭计划的重要。

现在越来越多人将“教育”用为兼语式的第一个动词,那么这个句子也就不是错误的了。

×这种思想的形成,促进了他日后诗歌创作赋予更深刻的思想内容和现实意义。

“促进……创作……赋予”不能构成兼语式。应改为：

这种思想的形成，赋予他日后诗歌创作更深刻的思想内容和现实意义。

让“赋予”后边带上双宾语。

×一个人整年忙碌，使到积在肠胃里的食物，完全没有清除的机会。

“使食物”怎么样和后边的“没有清除的机会”不能配合。句子应改为“使积在肠胃里的食物没有机会清除”。修改后的句子才是兼语式。

教导生活教育科的目的是培养儿童从小就有辨别是非的能力。

“培养”不能做兼语式的第一个谓语，句子应改为“培养儿童，使他们从小就有辨别是非的能力”。现在越来越多人将“培养”用作兼语式的第一个动词，因此这个句子也可以不修改。

×张大妈走过来亲切地安慰她不要伤心。

“安慰”不能充当第一个谓语，应改为：

张大妈走过来亲切地安慰她，叫她不要伤心。

×警察若要使自己的任务完成，就有赖于广大人民的合作。

删除“使”字，改为：警察若要完成自己的任务，就有赖于广大人民的合作。句子不需要用兼语式。

×能够在减少上课人数的情况下，更好地督促学生的华文进度。

“督促”可以作为兼语式的第一个动词。这个句子在“督促”之后少了一个动词。句子可以改为“督促学生学习华文，提高他们的华文成绩”。

×这次新加坡的聚会具有深远的意义，它不仅为繁荣新加坡的文学起作用，而且也将使各地华文文学的作家和诗人引起注意：我们必须互相关怀，互相支持，得到互相交流的机会。

上例中，“使各地华文文学的作家和诗人引起注意”应改为“引起各地华文文学作家和诗人注意”。这是误用兼语式。句子后边的“得到互

相交流的机会”,也应改为“互相交流”。“为……起作用”也必须改为“对……起作用”。修改以后的句子如下:

这次新加坡的聚会具有深远的意义,它不仅对繁荣新加坡的文学起作用,而且也将引起各地华文文学作家和诗人的注意:我们必须互相关怀,互相支持,互相交流。

练习三十

一、下列短语,哪些是连谓短语另外的是什么短语?

唱歌跳舞　读书写字　上街买菜　有机会出国　讨论通过

躺着看书　提着行李上飞机　分析研究　有人说　拿杯水喝

请他出去　称赞你聪明　出去请他进来

二、试分析下列句子:

1. 林建平顺手拿起了扫帚把课室打扫了一下。

2. 第二天早晨,他就领了小生回去。

3. 我现在没工夫去想这个问题。

4. 他只带领了几万人马来打楚国。

5. 我不喜欢他做事很粗心。

6. 你只要求我们,只允许我们做守业者,做接班人。

7. 区长还吩咐他把吴家送来的钱和东西原封不动地退了。

8. 王亚南却安排他在图书馆当管理员。

9. 元代剧作家与民间艺人通力合作,不仅使杂剧这一戏剧形式具有了丰富的内容,而且使它的艺术更趋完善。

10. 他的台步和表情,常常令人捧腹大笑。

11. 他还劝我去给眼科医生做检查。

12. 刘备决定第三次去请诸葛亮。

13. 从此以后,他就用全部的智慧和才能辅佐刘备打天下。

14. 每年到那儿去观光游览的中外人士,络绎不绝。

15. 尚独身又没有居处的我,找不出积极的理由不与老父母同住,彼此照顾。

16. 小王主张上街看电影去。

17. 请他参加比较合适。

18. 躺着看书不好。

19. 他气得瞪着眼睛说不出话来。

20. 请老师吃饭的事已经安排了。

21. 国际社会要求联合国解决科索沃问题。

22. 我摇摇头暗示他不要到这里来。

23. 他笑着走进办公室,(大家都放心了)。

24. 他不惜一切代价要达到预定的目标。

25. 领客人去参观学校。

26. “勇气”,这两个普通又平凡的字眼,让我心头感到震撼。

三、用“给”做动词组成的连谓式有以下三种:

(a) 送了一本书/给他

织了一件毛衣/给他

(b) 送给他/一件毛衣

(c) 给他/织了一件毛衣

能有“送给他一本书”,不能有“织给他一件毛衣”,也不能有“给他送了一本书”,请参考朱德熙的观点,说明理由。

四、试改正下列病句:

1. 教师最好培养学生养成一种互相纠正的习惯,让他们也有一种使用语言的警惕性。

2. 最使我感兴趣的是野餐。

3. 我会征求同学参加会员。

4. 张大妈走过来亲切地安慰她不要伤心。

5. 教导生活教育科的目的是培养儿童从小就有辨别是非的能力。

6. 警察若要使自己的任务完成,就有赖广大人民的合作。

五、朱德熙《语法讲义》(1982:162)认为:"不少语法著作把N指施事的一类称为递系式(或称兼语式),凡是N不指施事的(包括N与V2意义上没有直接联系的)统称为连动式,并且认为递系式的特点是其中的N具有双重身份,它既是前边的宾语,同时又是后边V2的主语。连动式的特点则是V1和V2主语相同。这种看法恐怕不一定妥当。如果当N指施事时,说N是V2的主语,那么当N指受事时,是不是说N是V2的宾语呢?其实不管N与V2之间意义上有什么样的联系,从结构上说,N只是V1的宾语。"你有什么看法?

六、《中学教学语法系统提要(试用)》(1984)分出"连动短语"和"兼语短语",把这两个短语归为动词短语,用这两种短语做谓语的句子是连动句和兼语句,并把它们看作和把字句、被字句一样的特殊句式,你有什么看法?

七、下面的句子,宋玉柱(1995:292—295)认为是"双宾语句"而不是"兼语句",你有什么看法?

他批评我学习不认真。

人家诬蔑她不守妇道。

第十五章　复指与插说

15.1　复指与插说

复指成分包括同位成分和外位成分。插说成分也就是独立成分。复指和插说成分的应用，能增加语言的明确性，能使句子复杂化。

15.2　同位成分

同位成分是指两个或几个不同的词或者不同的短语，用在同一个位置上，指同一样的事物，充当一个句子成分。如：

① 她的丈夫李文庆，是本校高中部的教师。

② 人们至今还传颂着爱国诗人屈原的事迹。

③ 这就是景泰蓝，北京有名的工艺品。

上面三个例子，都是用不同的词语，指同一样的事物，充当同一的句子成分。例①的同位成分是“她的丈夫李文庆”，充当主语；例②的同位成分是“爱国诗人屈原”，充当定语；例③的同位成分是“景泰蓝，北京有名的工艺品”，充当宾语。同位成分里的词语关系是平等的，不分主次的。

同位成分还可以包括三个或者更多的词语，如：

我们的班长，学校歌咏团团长，模范运动员张德义同学，荣获了今年度的总统奖学金。

这个句子是用四个词语："我们的班长""学校歌咏团团长""模范运动员""张德义同学"，组成同位成分，充当主语。

15.2.1　同位成分的类别。 按照构成同位成分词语的性质，我们可以将同位成分分为下列五种：

(1)"名＋名"所构成的同位成分，如"马来西亚的首都吉隆坡""他的伯父周平"。这两个同位成分都是由名词性短语和名词组成的。这类同位成分有时可以对调位置，而不影响意义。对调之后，后面的同位词语具有注释前一个同位词语的作用，如"吉隆坡—马来西亚的首都"。

(2)"代＋名"构成的同位成分，如"我这个人""你聪明的"。"这个人"是主从短语，"聪明的"是"的"字短语，都是名词性的短语。这一类的同位成分通常结合得比较紧密。

陆俭明(1996)："在新加坡华语里有一种特殊的同位性偏正结构'N 的人'，意思相当于中国普通话里的'N 这个人'，N 限于人称代词或指人的名词。例如：(1)……我的人一向是懒散惯……。(2)你的人为什么这样的啰唆。(3)院长的人很好的。"

(3)"名＋代"构成的同位成分，如"李先生他""四嫂她"。这类同位语在口语里使用得比较多。这里的"名"也可以是名词短语，如"新来的老师他"。

(4)"代＋代"构成的同位成分，如"咱们大家""你们大家""你自己"。这类同位成分之间不能停顿。

(5)"体词＋数量短语"构成的同位成分，如"他两个""玉生两口子"。这类同位成分之间也不能有停顿。

15.2.2　运用同位成分可以提高语言的表达效果，增加语言的明确性。但是，在应用同位成分时，得注意下列几项：

（1）标点符号。同位成分之间，如果要用标点符号隔开，可以用逗号。如前两例。如果要用破折号，应该用两个破折号；或者一个破折号，一个逗号。只有在句末，才能只用一个破折号，一个句号。如：

×这是鲁迅——文学家的鲁迅，思想家的鲁迅最主要的精神。（《华文》第一册，教育出版社）

句子应该改作：

这是鲁迅——文学家的鲁迅，思想家的鲁迅——最主要的精神。

或者改作：

这是鲁迅——文学家的鲁迅，思想家的鲁迅，最主要的精神。

（2）组成同位成分的词语，必须指同一的事物。如：

×大众的人力，畜力和水车等工具，都有不同程度的困难。

"人力""畜力"不是"工具"，不能和"水车"组成同位成分。所以句子的"等工具"应该删掉，用"大众的人力，畜力和水车"组成并列短语，充当主语。

15.3　外位成分

说话或书写时，把需要突出的词语放在句子外边，以引起注意；或者因为句子太长，需要把某些词语从句子里特别提出来，放在句子外边，句子里还有一个词语，和句子外边的词语同指一样的东西。这些提在句子外面的成分，就是外位成分。用外位成分可以使句子结构更有条理。如：

① 要把柴米油盐醋等几件合起来造成吃的东西,这是不容易的。

② 新来的历史先生,我认识他。

“要把柴米油盐醋等几件合起来造成吃的东西”“新来的历史先生”都用于句外,和句子里的“这”“他”所指相同。“要把柴米油盐醋等几件合起来造成吃的东西”“新来的历史先生”都是外位成分。“这”和“他”是本位语。

外位成分和同位成分都是不同的词语,同指一样事物。但外位成分是用于句外,跟句内的词语同指一样东西,词语之间可以用别的词语隔开,如例①,可以说成“要……东西,我知道,这是不容易的”。同位成分之间,即使用逗号隔开,也不能插入其他词语。如:“我没有亲见;听说,她,刘和珍,那时是欣然前往的。”“她”和“刘和珍”是同位成分,两个词语之间有停顿,书面上用逗号隔开,但不能插入其他词语。

15.3.1 外位成分的类别与功用。外位成分可以分为两类:

(1) 称代式外位成分:在句首,用来说明句子中代词所代表的人或事物。如:

① 枣树,它们简直落尽了叶子。

② 这个家伙,玉宝见过他。

③ 这种人,咱们不必跟他计较。

“枣树”“这个家伙”“这种人”都是外位成分。例①的本位语是“它们”,充当主语。例②的本位语是“他”,充当宾语。例③的本位语是“他”,充当介词短语的宾语。称代式外位成分的本位语可以充当不同的句子成分。

(2) 总分式外位成分:外位成分是总说的,后边再用本位语分说,充当主语或宾语。如:

① 这些议论，有的是对他表示支持，有的是对报纸的报道表示不满。

② 参加旅行的人，一半是医生和护士，一半是他们的家属。

③ 一部《水浒传》，他看了半部。

“这些议论”“参加旅行的人”“一部《水浒传》”都是外位成分。本位语，例①是“有的”，例②是“一半”，都充当主语，例③的本位语是“半部”，充当宾语。

运用外位成分可以使重要的意思突出，引起别人的注意。试比较：

① a. 已有许多学者批评过，指出**《康熙字典》**的错误和缺点很多。

b. **《康熙字典》**，已有许多学者批评过，指出它的错误和缺点很多。

② a. 我们应该使**好高骛远、不求甚解、沾沾自喜**，在同学中没有机会滋生。

b. **好高骛远、不求甚解、沾沾自喜**，我们应该使它们在同学中没有机会滋生。

例①b 和例②b，都比例①a 和例②a 更能突出重要的意思，引起读者或听者的注意。

除了突出意思之外，运用外位成分也可以使句子更简洁，关系更清楚。试比较：

① a. **那个身材苗条，脸儿很秀丽的女教师**叫黄云香。

b. **那个身材苗条，脸儿很秀丽的女教师**，她叫黄云香。

② a. 我不知道**这个小岛**出世的时日，也不知道**这个小岛**有过什么名字，人称**这个小岛**作无名岛。

b. **这个小岛**，我不知道它出世的时日，也不知道它有过什么名字，人称它作无名岛。

③ a. 春在**新绿的草色中，新涨的潮声里**蕴藏着了。

b. **新绿的草色中，新涨的潮声里**，春在这里蕴藏着了。

④ a. 难道你还指望**这位年近九十岁的老人家**辛辛苦苦跟了我去不成?

b. **这位年近九十岁的老人家**,难道你还指望他辛辛苦苦跟了我去不成?

⑤ a. **你平日所佩服的张小云**的文章,竟是抄袭别人的。

b. **你平日所佩服的张小云**,他的文章,竟是抄袭别人的。

⑥ a. 我在**著名画家张蕉鹿**家里住了两天。

b. **著名画家张蕉鹿**,我在他家里住了两天。

⑦ a. 由于时间因素的影响,**古代汉语和现代汉语表达形式**的距离越来越大。

b. **古代汉语和现代汉语的表达形式**,由于时间因素的影响,它们的距离越来越大。

例①~⑦里,所有的b句都显得结构简洁,表达的意思更突出,更清楚。

15.4 独立成分

句子里的独立成分位置比较灵活,它不和句子其他的句子成分发生关系[①]。如:

① **同学们**,这个问题是必须解决的。

这个问题,**同学们**,是必须解决的。

这个问题是必须解决的,**同学们**。

② **不瞒你说**,这个窍门,我一时也摸不透。

---

① 吕叔湘(1979:78)有不同的看法,他说:"除了修饰性的状语外,还有起关系作用的状语,如首先、最后、同样、反之……等。此外还有有的语法书上称之为独立成分的词语,如奇怪、可惜、幸而、可见、据说、看起来、老实说、俗语说得好等,也可以归入状语,是评注性质的状语。"

这个窍门,**不瞒你说**,我一时也摸不透。

这个窍门,我一时也摸不透,**不瞒你说**。

上面句子里的"同学们""不瞒你说",可以在句子前头,句子中间,或句子后头,位置比较灵活,它也不与句子里的任何成分发生关系,如果去掉它,也不影响句子的结构,都是独立成分。

现代汉语的独立成分是多种多样的,各种意思、各种态度、各种语气,都可以借助独立成分来表达。独立成分的运用是使语言更丰富多彩,准确鲜明的手段之一。如:

① 这场雨下得很紧,**看来**今晚不会停了。

② 你这样的体格,**不用说**不是跑第一就是第二。

例①用"看来"表示推测,例②用"不用说"表示语气坚决。如果不用这些独立成分,句子表达的语气就不同了。

15.4.1　独立成分的类别。独立成分可以分为三类。

(1) 呼语或象声的独立成分:

① 他一翻脸,嫂子,你吃不了兜着走。

② 喂,你上哪儿去? 小李!

③ "铃铃铃",车铃响了。

例①的"嫂子",例②的"喂""小李",例③的"铃铃铃"都是独立成分。"喂"和"铃铃铃"是呼应的声音和模拟事物的发声,是象声的独立成分。"嫂子""小李"是呼语,都是用来呼唤人的独立成分。

(2) 表示说话的语气或态度等:

① 看样子,明天会下雨。

② 你看,这一片草地长得多好!

③ 严格说,这个办法是有毛病的。

"看样子"和"看来、看起来、说不定、充其量、少说一点、不用说、毫无疑问、可以肯定、不客气地说、不瞒你说、说老实话、严格说、正如……

所说”等等，是表示推测、估计或肯定的语气。“你看”和“你瞧、你想、大家知道”等等，用来引起对方注意。这一类的独立成分很像分句，但它不和别的句子发生逻辑上的关系，位置又不固定，所以与一般的分句不同。“我看、依我看、我以为、据我的看法”等等，用来表示自己的看法。“相传、传说、据说、据调查、据报道”等等，用来表示传闻。都是独立成分。

（3）表示注释、补充或者举例：

① 我们的黄道周，即当时有名的石斋先生，原是个直肠人。

② 过去成绩比较差的同学，比如朱小光，这学期也有显著的进步。

③ 关汉卿塑造的人物，比如窦娥、赵盼儿、谭记儿等。

这一类的“即……”“如……”“特别是……”“包括”等词语，都是表示注释、补充或举例。还有一些表示承上启下的词语，如“总而言之”“由此可见”“再说”“反之”“此外”“换句话说”等，这里不再举例。

复句也可以用上独立成分：

茅盾当时写了好些有名的小说，**如《子夜》《腐蚀》等**；臧克家写了好些有浓厚生活气息的诗歌，**如《烙印》《罪恶的黑手》等**。

这个复句的两个分句各用上独立成分。

15.4.2　独立成分的位置。运用独立成分时，得注意它的位置，如：

×这次上大学来的同学都有过，**一般地说**，两年半的军训生活经验。

“一般地说”是独立成分，位置不应该在谓语之后（口语里将“一般地说”用在谓语之后，也越来越多了），而应该在主语之前，或者主语之后，或者句子之后：

① **一般地说**，这次上大学来的同学，都有过两年半的军训生活经验。

② 这次上大学来的同学，**一般地说**，都有过两年半的军训生活经验。

③ 这次上大学来的同学，都有过两年半的军训生活经验，**一般地说**。

第三种说法含有补充说明的意思，一般比较少用。

15.4.3　我们把常用的独立成分用图表表示如下：

类　别	例　子
引起注意	你看　你听听　你想想　你们都知道　大家都知道
表推测、估计	看起来　看来　看样子　一般来说　可以肯定　不用说　毫无疑问　充其量
表看法	依我看　我以为
表态度	老实说　这就是说　不客气地说　严格地说　不瞒你说　换句话说
表注释和举例	即……　例如……　比如……　包括……
表来源、依据	据说　听说　据调查　据报道　据传说
表总括	总而言之　总之　总的来说　一言以蔽之
表称呼	小李　老黄　嫂嫂
表强调	特别是　首先是　尤其是
表感叹	喂　扑通

练习三十一

一、请指出句子的同位成分，并说明充当什么句子成分。

1. 学生热爱他们的老师何先生。
2. 秀儿他们不必进什么学堂了。
3. 陈妈妈的女儿宝姐，是你的好朋友。
4. 他的房里有床铺、衣橱、书桌，这几样东西。
5. 王献之是晋代大书法家王羲之的儿子。
6. 你，聪明的，告诉我：我们的日子为什么一去不复返呢？

7. 我认识了健康就是幸福这个真理。

8. 昨日宝丫头她不替你圆谎,为什么问我呢?

9. 西湖是一颗明珠这个神话故事,还一直在民间流传着。

10. 大概我缺乏前辈孟东篱的人生哲学吧。

11. 先秦汉语中的复音词包括单纯词和合成词两大类。

二、下列句子在表达上有没有分别?

1. 我是中文学会的会长张晓华。

2. 我是中文学会的张晓华会长。

3. 他是南洋中学的校长李崇华。

4. 他是南洋中学的李崇华校长。

三、有人主张主谓短语用在句首,就是复句,而不是外位成分,如:“新生的必然代替腐朽的,这是自然界发展的规律。”“调查有两种方法,一种是走马看花,一种是下马看花。”(齐荣,1957)你有什么看法?

四、试改写下列句子,将引号内的词语提前做外位成分。

1. 春在“新绿的草色中,新涨的潮声里”蕴藏着了。

2. 难道你还指望“这位年近九十岁的老人家”辛辛苦苦跟了我去不成?

3. “你平日所佩服的张小云”的文章,竟是抄袭别人的。

4. 我在“著名画家张蕉鹿”家里住了两天。

5. 由于时间因素的影响,“古代汉语和现代汉语表达形式”的距离越来越大。

五、试指出下列句子的外位成分:

1. 散坐在讲堂的二十多个听讲者,有的勃然了,有的却微笑了。

2. 家里的事她管,外边的事我管,这个你是知道的。

3. 那本字典,你可以把它借给我吗?

4. 这样一件小事,我们为着它也费了几点钟工夫。

5. 要把事情做得好，做得合理，这是不容易的。

6. 杭州，我知道那是天堂一样的地方。

7. 鲁迅的散文诗集《野草》，是比较晦涩、深奥，一时难以读通、读懂的作品，这是大家都知道的。

六、田申瑛（1985：96）："用于构成穿插关系，或在句子与句子中间，段落与段落中间起承上启下作用的连词，叫穿插连词。如'例如、如、比方、譬如、于是、换言之、这样、由此可见、就是说、即、总之'，这类连词不是作为造成复句的关联词语，而是在表达上起连贯、提示、总顿等作用的。"你有什么看法？

七、试指出下列句子的独立成分：

1. 听说，你们要走了，是真的吗？

2. 你应该亲自去慰问他们一下，按理说。

3. 参加这次专题研讨会的学者，少说一点，也有三百人。

4. 轰隆隆，远处响起了一阵雷声。

5. 茅盾当时写了好些有名的小说，如《子夜》《腐蚀》等；臧克家写了好些有浓厚生活气息的诗歌，如《烙印》《罪恶的黑手》等。

6. 虎姑娘一向，他晓得，不这样打扮。

7. 我有四年多，曾经常常——几乎每天，出入于质铺和药店里。

8. 我知道祥子是个——虽然很老实——硬汉。

9. 照我看，这是一个不成问题的问题。

10. 总起来看，我们过去的工作是有成绩的。

八、丁声树等《现代汉语语法讲话》把"大体上说，他是个好人""认真说，他可有点儿糊涂"里的"大体上说""认真说"看作是整句的修饰语，你有什么意见？

第十六章　复句与复句的分类

16.1　什么是复句

前几章里，我们所讨论的句子，无论怎样复杂，都是由一个主语部分和一个谓语部分所构成的。**这种由一个主语部分和一个谓语部分所构成的句子，无论多长，都是单句。**如：

我知道，这火柴灭了的时候，你就会不见了。

上例的主语是"我"，谓语是"知道"，宾语是一个主谓短语"这火柴灭了的时候，你就会不见了"。这个句子只有一个谓语"知道"，所以是一个单句。

运动员队伍出现在体育馆门口的时候，观众群里立刻发出暴风雨般的鼓掌声和欢呼声。

上例的主语是"观众群里"，谓语是"发出"，宾语是"鼓掌声和欢呼声"。"运动员队伍出现在体育馆门口的时候"和"立刻"都是状语；"暴风雨般"是比况短语充当"掌声"的定语。这个例句只有一个主语部分和一个谓语部分，也是单句。

虽不能说听不见雷声，但已聋得听不见大型交响乐队演奏自己乐曲的57岁的倔强的单身老人，在病床上黯然逝世。

上例的"虽不能说听不见雷声，但已聋得听不见大型交响乐队演奏自己乐曲"和"57岁""倔强"都是主语"单身老人"的定语，构成主语部分。这一类比较长的修饰成分很容易被错误地当作分句，必须特别小心、注意。“在病床上黯然逝世”是谓语部分，“逝世”是谓语。这个句子只有一个谓语部分，也是单句。

那些孩子瞌睡得头不想抬，眼不愿睁，直打哈欠。

上例里的“头不想抬，眼不愿睁，直打哈欠”是“瞌睡”的补语，因此这也是一个单句。

16.1.1　由两个或两个以上在意义上有关联的单句，通过一定的结构方式而组成的句子，叫复句。组成复句的各个单句叫分句。分句和分句之间，有语音的停顿，用标点符号隔开。如：

九斤老太虽然高寿，耳朵却还不很聋。

上例是一个复句。第一个分句的主语是同位成分“九斤老太”，谓语是“高寿”；第二个分句的主语是“耳朵”，谓语部分是“还不很聋”。这个句子有两个谓语，这两个谓语通过“虽然……却”连接起来。两个分句之间，用逗号隔开了。

如果一项政策是正确的，政府就应该彻底去实行，不管这项政策是不是受人民欢迎。

上例也是一个复句，由三个分句构成。第一个分句的主语部分是“一项政策”，谓语部分是“是正确的”；第二个分句的主语是“政府”，谓语部分是“应该彻底去实行”；第三个分句的主语部分是“这项政策”，谓语部分是“是不是受人民欢迎”。这个句子有三个谓语部分，所以是由三个分句所组成的复句。三个分句通过关联性词语“如果……就……不管”连接起来。

16.1.2　复句里的分句，有时都有主语，有时主语省略了，或者根本没有主语。如：

① 我爱热闹，也爱冷静，爱群居，也爱独处。（朱自清）

② 为了改善人民的居住环境,政府清除贫民窟。

③ 你叫我笑,也笑不来。(朱自清)

例①的主语"我",出现在第一个分句,下面的分句都省略了主语。例②的第一个分句的主语省略了(就是下一个分句的"政府"),只留下谓语部分"改善人民的居住环境"。这是由两个分句所组成的复句。用介词"为了"表示这两个分句之间的关系。"政府清除贫民窟"的目的是"改善人民的居住环境"。例③的第二分句的主语是"我",见于上一个分句的兼语而省略。

只有把这些长期存在的问题解决了,只有把人民对政府的信心重新建立起来,才能实现这次会议所提出来的目标。

上例有三个谓语部分,是由三个分句所组成的复句。这三个谓语部分都没有主语。如果要补上主语,可以用"我们"或者其他合乎语境的词语。

通过上面的例子,我们知道,**辨别一个句子是不是复句,不在于句子的长短,而在于句子里有多少个被标点符号隔开的谓语或谓语部分**。有两个被标点符号隔开的谓语或谓语部分,就是由两个分句组成的复句。下边的句子,都是复句:

① 只有时时刻刻读书,才能多知道一些天下的事理。

(两个分句都没有主语,分句的关联性词语是"只有……才"。)

② 艾礼虽然得了白血病,而且病得很重,但是他还是勇敢地活下去。

(三个分句。第二个分句承上省略了主语。分句的关联性词语是"虽然……而且……但是"。)

③ 到了战国时代,写字的工具比以前方便,因此,散文的体裁也受到了影响。

(三个分句。第一个分句没有主语。第一个、第二个和第三个分句用了连词"因此"来连接。)

在划分复句里的分句时,还得注意其他非句子成分,如:

从总体上看来，对汉语复音词的生成、构造以及汉语词汇为什么会由单音节为主转向以复音词（主要是双音节词）为主等问题，这些解释更为合理，更具说服力。

这个句子的“从总体上看来”是独立成分。“从总体上看来”可以在“问题”的后边，或者在句子的后边。这是独立成分的特征。“对……等问题”是“解释”的定语，提前在句子外边，做句子的外位成分。句子的第一个谓语部分是“更为合理”，第二个谓语部分是“更具说服力”，因此这是由两个分句组成的复句。

16.1.3　复句里分句之间的关系，多数用关联性词语来表示，但是，**有些单句也用关联性词语来强调某些句子成分**。我们千万不能只凭关联性词语而将单句误为复句。如：

① 无论在什么情况下，我们都要忠于国家。

② 只有在紧急情况下，才能动用这笔存款。

例①虽然用了“无论……都”，但只是单句。例②虽然用了“只有……才”，也仍然是单句。

单句在主谓之间用关联性词语“即使……也”，如：

即使嘈杂的声响，也分散不了他的注意力。

“即使……也”用在状语和谓语之间：

他即使心情不好时也不会发脾气。

这两个句子如果将关联性词语除掉，就只有一个主谓结构，因此不是复句。

16.1.4　在口语里，复句不使用关联性词语的频率高于书面语。无论口语或者书面语，对于没有使用关联性词语的复句，分析时，有些可以根据分句之间的关系，加上关联性词语；有些却不能加。

有的是很多人说过的，不用交代出处；有的只记得有人说过，出在哪本书或者哪篇文章已经查不出来,只好在这里总的声明一句:没有掠美的意思。

我们可以根据分句之间的关系,加上关联性词语:

有的是很多人说过的,(所以)不用交代出处;有的(因为)只记得有人说过,(但是)出在哪本书或者哪篇文章(却)已经查不出来,(所以)只好在这里总的声明一句:没有掠美的意思。

16.1.5 有些句子,两个谓语之间,共同有一个状语,我们也划入复句,如:

对诸多前贤尚未触及或语焉不详之处,往往能提出新鲜见解,解决一些新、老问题。

"对诸多前贤尚未触及或语焉不详之处"是介词短语,是后边两个谓语部分的状语,这样的句子,也是复句。

16.1.6 复句末尾的停顿,如果是陈述句,就用句号。如:

① 只要我不外出,我就陪你玩几天;如果我外出,我就请小张接待你。

② 为了帮助一些年轻的同志,更好地读通、读懂鲁迅先生的这部《野草》,我曾经写过一本《〈野草〉诠释》的小书。

如果复句是表示感叹语气,就用感叹号。如:

① 我几乎认不得我们的孩子,他们已经长大了!

② 这个人太阴险,太狠毒!

如果复句是表示疑问语气,就用问号。如:

① 我做了这样的分析,你满意了吗?

② 到底是沟通渠道出了问题,还是决策者未能把握民意?

练习三十二

一、分析下列句子,并指出什么短语担当句子成分:

1. 他从前也是庄稼人,跟他的祖父一样。

2. 我们应该像园丁培养花草一样地爱护我们的青年。

3. 我不知道他们往哪里去了。

4. 咱们明明能够张嘴说话，发表意见。

5. 他们慌手慌脚地洗这个，炒那个。

6. 易卜生的长处就是他肯说老实话。

7. 荷塘四面，长着许多树，蓊蓊郁郁的。

8. 树缝里也漏着一两点灯光，没精打采的，(是渴睡人的眼)。

9. 墙壁上，红的、绿的、黄的，贴满了标语。

10. 他告诉我们他在旅途所看见的一切新气象。

11. 李叔叔是个身材高大粗手粗脚的青年人。

12. 大家都来了，从东，从西，从南，从北。

13. 这故事很美丽，幽雅，有趣。

14. 访问的，研究的，谈文学的，要做序题签的，请演说的，闹得个不亦乐乎。

15. 他走过来，悄悄地，慢慢地。

16. 她笑得多响亮，多爽朗，多清脆，多甜蜜。

17. 你还分得出哪里是水哪里是路来吗？

18. 他才用极低极低的声音说出几句话来。

19. 住在龙须沟的人们也有自来水吃啦。

20. 他可以照着旁人教的办法把饭做好。

21. 我明明白白地告诉他我是没有结过婚。

22. 他那热烈的谈话使每个人都兴奋起来。

23. 他处事沉着、英明、坚决。

24. 我曾在深沉的夏夜里，坐在礁石上看碧绿的海。

25. 这是偶然抑或不是偶然，现在还很难说。

26. 本文所用的术语，绝大多数都是现在通行的或者曾经有人用过的。

27. 比起西方语言来，汉语的语法分析引起意见分歧的地方特别多。

28. 语法分析,就是分析各种语言片段的结构。

29. 上面说的是司马迁在中国史学上的不朽伟绩。

30. 他笔端塑造的人物,都成了有血有肉,充分表现个性的活人。

二、下列句子哪些是复句?如果是单句,试加以分析。

1. 他们俩拉着手,穿过树林,翻过山头,回到草房。

2. 在沉思默想时,我仿佛听到一种深沉有力的呼喊。

3. 他今天到底去了没有,能办成不能,我也不很了解。

4. 他走得那么稳健,又那么豪迈。

5. 去时总带着那钢笔式的温度表,还带着罗盘、高度表和照相机。

8. 它接连不断地唱,为哥儿,为哥儿的姊妹兄弟们。

9. 我们希望你们到这里来,咱们共同享受这些东西。

10. 咱们明明能够张嘴说话,发表意见。

11. 假如他去,我一定去。

12. 那朵花红得人人爱看,这棵柳绿得家家喜欢。

13. 这挺立在风雪中的青松,正是他一生的真实写照。

14. 掌握了汉语拼音,我们学习普通话就方便多了。

15. 我也做过这种工作,不算太难。

16. 这是一个标志,标志着人类正在走向互相了解,走向互相尊重。

17. 小孩子多吃点水果好。

18. 咱们耳灵眼明。

19. 他们希望着、期待着、坚信着那一天总会到来。

20. 他永远不会想一想为什么要做这些事,为什么要这样做,有没有更好的办法。

21. 他们爱国家,爱人民,爱和平。

22. 由于身体很弱,他不能做剧烈运动。/他由于身体很弱,不能做剧烈运动。

23. 我们依着日出日落,也辨得出方向。

16.2　复句的分类

根据分句之间意义上的关系或关联性词语的作用，我们可以将复句分为下列几类①：

16.2.1　并列关系。由在意义上平列的几个分句所组成的复句，叫并列关系的复句。这一类复句里的分句之间，有的不用关联性词语，如：

① 幻想是好的，迷信是坏的。

② 风停了，雨住了。

例①和例②都是由两个分句所组成的复句，这两个分句分别说明两件事，分句之间不用任何关联性词语。

表示并列关系的关联性词语，有"也""又""又……又""既……又""一边……一边""一方面……一方面（另一方面）""是……不是""不是……而是"等。如：

① 老师们来了，校长**也**来了。

② 最近**既**没有刮风，**又**没有下雨。

③ 他**一边**看着电视，**一边**吃着花生。

④ 他**一面**说着话，**一面**朝窗户外面看。

例①～④都是并列关系的复句，并列叙述两件事。

用"一方面……一方面（另一方面）"时，如果主语相同，"一方面"位于主语之后。如果主语不同，则"一方面"必须在主语之前。下面

① 复句的分类，各语法书都不相同，类别的名称也不统一。但一般都先分联合复句和主从复句两大类，然后再在大类之下细分小类。我不先分大类，只直接地将复句的各种关系列举出来，因为根据多年的教学经验，我认为，这样的叙述，初学者比较容易接受。

的句子就犯了错误：

×一方面教师应该肯定学生的进步,另一方面也要严肃地指出他们的缺点。

这个句子的两个分句主语相同,因此“一方面”必须放在主语“教师”之后。

用“也”表示类同,“一边……一边”表示两个或者两个以上的动作同时进行,“又……又”表示两种情况或者两种性状同时存在。下边的句子应该用“又……又”：

① ×我一边觉得很紧张,一边觉得很兴奋。

(改为“我觉得又紧张又兴奋”,或者“我觉得很紧张又很兴奋”。这样更改以后,句子是单句。如果改为“我觉得紧张,又觉得兴奋”,或者“我觉得很紧张,又觉得很兴奋”,就是复句。)

② 他(并)**不是**不知道,**而是**不肯告诉你。

③ (星期天的茶会,我没有出席,)**是**没有接到请帖,**而不是**忙。

例②和例③是对比两件事,用了“不是……而是”“是……而不是”等关联性词语。

① 今天是我们的大喜日子——我们会考及格了。

② 人多意见杂,你有你的看法,我有我的看法。

③ 两个人好像有一种默契:你说,我就听着,我说,你就听着。

并列关系的复句还可以有解释、证明或补充的作用。例①的第二个分句解释第一个分句。例②是由三个分句并列组成的,第二、第三个分句并列,用来解释第一个分句。例③有五个分句,第二、第三个分句和第四、第五个分句并列叙述两种情况,然后解释第一分句。

16.2.2 连贯关系。根据时间的先后或事理的先后顺序将几个分句连接起来,分句与分句之间的次序不能颠倒。如：

他跑了一段路，停了一会儿，四周看看，又匆匆地跑去。

上例是由四个分句所组成的复句，这四个分句是连贯关系，先后次序不能颠倒。

连贯关系的复句常用“又”“便”“于是”“然后”“接着”等关联性的词语。如：

① 过了树林，船**便**弯进了汉港，**于是**赵庄**便**真在眼前了。

② 孩子也许是在小贩中心用餐，或索性自己在家煎蛋吃了就算，**然后**出去玩一整天。

③ 他诊过脉，在脸上端详了一回，**又**翻开衣服看了胸部，**便**从从容容地告辞。

例①用“便”“于是……便”表示三个分句的连贯关系。例②的第一、第二分句是选择关系（详下），第三个分句用“然后”表示连贯关系。例③有四个分句，用了“又”和“便”表示动作的连贯性。

“一……就（立即）”也用来表示连贯关系[①]。用“一……就”表示这两个分句所说的情况是紧接着发生的，如：

① 他**一**下飞机，**就**住在这间旅馆里。

② 他**一**发现我说的句子有了错误，**就**立刻要我改正。

16.2.3　递进关系。后一个分句在意义上比前一个分句进了一层。这种关系的复句，常用的关联性词语有“不但……而且……”“不但……还……”“不仅……也……”等。如：

① （开办全日制的学校，）我们**不但**要有两倍的校舍，**而且也**需要更多的教师。

② 我们**不但**能够共同使用一种语言，**并且**共同具有一种国民精神气质。

---

① “一……就”也可能用来表示条件关系，如“张老师一上课，学生就提前到教室抢座位”（邢福义，2001b：48）。

③ (经过一段长久的努力,)我们**不但**能够发扬艺术,**并且还**能培养仁慈高雅的习性。

④ (长期的旅客流入,)**不仅**要靠昂贵的旅游促进局的广告,**也**要靠朋友的口头推荐。

例①～④里,后头的分句,在意义上都比前一个分句进了一层,所以是递进关系的复句。

"不但……而且"等关联性词语,也可以单说"而且""并且"等,前面不用"不但"或"不仅"。如:

① 我将多年的短篇小说集起来,**并且**付印了。

② 凡是我应该做的事,**而且**力量能够做到的,我都有责任去做。

单用"而且"或"并且",递进的意义比较轻。

"除了……还/也"也用来表示递进关系:

他**除了**有敏锐的观察力,**还**有很强的组织能力。

表示递进的关系,有时也用"不但不(没)……反而"。"不但不(没)"表示否定,"反而"表示相反方向的更进一层。如:

① 风**不但**没停,**反而**越来越大。

② (休息了一天),精神**不但没**好起来,**反而**觉得更疲倦。

③ (他失败了,)**不但不**灰心,**反而**更有信心再去尝试。

"尚且……何况"也可以用来表示递进的意思。前一个分句说明甲已是这样,后一个分句表示乙更是这样。如:

① 老师**尚且**不能解答这个问题,**何况**是我们。

② 他**尚且**搬不动,**何况**你呢?

"尚且……何况",也可以单用"何况"。如:

① 这样重要的事,他都不放在心上,**何况**是小事?

② 他话都不说一句,**何况**做。

在语言的运用里,如果没有递进的意思,就不能用表达递进的关联性词语。如：

×他既喜欢看京剧，而且喜欢看粤剧。

句子里的“而且”应该换做“也”，“既……也”表示并列的关系。

×母语前途不只是一项教育问题，而是一个涉及政治、经济、社会等多方面的大问题。

“不只是……而是”不能表示递进关系，应该改为“不只是……而且是”。

练习三十三

试分析下列复句：

1. 人们似乎既知道文明的好处，也知道文明的危险。

2. 单四嫂早睡了，老洪们也走了，咸亨也关上门了。

3. 毛色既不好，模样也不中看，完全是个下流胚子。

4. 她也不低头，也不别过脸来，也不出声，就这么坐着淌眼泪。

5. 暮春初夏的维也纳，最为宜人，也最为迷人。

6. 山居打猎，一举两得：既生产肉食皮毛，又保护庄稼牲畜。

7. 这村子还是数老孙能干，又会赶车，又会骑马。

8. 有几间房子着火了，火又盛，烟又大，使人不敢到跟前去。

9. 山又高，路又滑，我又背着行李，要爬上去困难是很大的。

11. 过了集宁，就隐隐望见一条从东北向西南伸展的山脉，这就是古代的阴山，现在的大青山。

12. 蒙蒙的小眼睛，先是显得惊诧，然后是愤慨、委屈。

13. 隔了一会儿，瓶里冒出一股青烟，飘飘荡荡地升到空中，继而弥漫在大地上，逐渐凝成一团，最后变成个巨大的魔鬼。

14. 小镇人的心情,就像这早春的天气,才晴几天,又阴了。

15. 她抬头看见我,先愣了一下,后来就微笑了,招手让我进去。

16. 他倾斜着下身,手在口袋里摸索着,终于寻找出几粒葵花子,低着头闷闷地嗑起来。

17. 热浆不仅工友爱喝,就连那些“事后诸葛亮”们也并不讨厌的。

18. 他们的豆汁发得好、漂得净、质量醇正,而且经营有方,为顾客们想得极周到。

19. 老年人容易受到孤独、寂寞、老境凄凉的袭击,可我不但没有这样的心境,相反却有异常的充实感。

20. 我死后,不但希望你坚强地活下去,更盼望你美美满满地去生活。

21. 古人尚且知道这种道理,宣扬这种道理,难道我们还不如古人,还不懂得这种道理吗?

22. 中华民族不但以刻苦耐劳著称于世,同时又是酷爱自由,富于革命精神传统的民族。

23. 在死亡面前,蝼蚁尚且偷生,何况是万物之灵的人类。

24. 语法书有两种:一种偏重于讲语言事实,一种偏重于讲理论或方法。

25. 他的神色,还是那么安详;他的举止,还是那么凝重。

26. 文化传播可以是不同地域里的传播,可以是不同时域里的传播;可以是本文化圈内的传播,也可以是不同文化圈之间的传播。

27. 每一朵小花在冷雨中都像英雄那样傲然挺立着,明亮夺目,神气十足。

28. 当夜冷风冷雨,接连几天时断时续,太阳一直没露面。

29. 跌倒的是一个女人,花白头发,衣服很破烂。

16.2.4　选择关系。分句分别说明几件事情，表示在这几件事中选择一样。这一类的复句，常用的关联性词语有“或者……或者”“是……还是”（一般表示或此或彼），“不是……就是”“要么……要么”（一般表示非此即彼），“宁可……也（决）不”“与其……不如”（一般表示有所抉择）等。如：

今天下午**是**我去找他呢，**还是**你请他来呢？

新加坡华语的选择问句也用“抑或”“或/或者/或是”。陆俭明（1996）：“在中国普通话里，选择问句内的连接成分只用‘还是’，不用‘抑或’，也不用‘或/或者/或是’。换句话说，在中国普通话里，只有‘……，还是……’选择问句，没有‘……，抑或……？’和‘……，或/或者/或是……？’这两种选择问句。‘抑或’是近代白话书面用语，现代普通话已不用。‘或/或者/或是’在中国普通话里只用于陈述句，不用于选择问句。”

不是哥哥在这桌子上写字，**就是**妹妹在这儿画画。

用“不是……就是”，表示二者必居其一。

与其你讲些废话，**不如**歇歇你的嗓子。

“与其……不如”表示有所选择，也可以说成“与其……倒不如”或“与其……宁可”。如：

① **与其**写信通知他，**宁可**打个电话与他联络。

② **与其**制定一套新宪法，**倒不如**我们把现有的和成功实行的加以整理、重写，并且恢复它的条理。

“与其……不如”表示经过比较、衡量之后，决定选择后边分句所说的。“不如”所带分句的动词有时可以重叠，“与其”分句的动词不能重叠：

与其出去，**不如**在家**看看**书。/**与其**在家看书，**不如**出去**走走**。

新加坡华语可以说“与其在家看看书”。“宁可……也不”除了表示选择之外,也强调决心。如:

① 宁可多付些钱,买一个耐用的,也不贪便宜买这种不经用的东西。

② 宁可到图书馆去看看书,也不一放学就在马路上闲逛。

用“宁可”表示选择对自己有损的事项,用“也要”表示如此做的目的,构成“宁可……也要”:

我**宁可**一夜不睡,**也要**把功课做完。

下面句子里的关联词语“宁可……也不”,就必须改为“宁可……也要”:

×我宁可把这本书看完,也不吃饭。(应改为“我宁可不吃饭,也要把这本书看完”。)

“与其……不如”可以单说“不如”,“宁可……也不”就不能省作“也不”。如:

① 求人不如求己。

② 多一事不如少一事,(是懒人的话。)

16.2.5　转折关系。前后分句的意思相反或者部分相反,后一个分句不是顺着前一个分句的意思说下去,这一类的复句,叫转折关系的复句。如:

① 中国大家庭的妇女在生活上**虽然**没有问题,**可是**在精神上是最苦的。

② 他虽然去过那个地方,但是已经记不清了。

③ 艾礼虽然得了重病,但是他还是勇敢地活下去。

上面三个例句,前面的分句和后面的分句,在意思上都不是顺着说下去的。例①前面说“生活上没有问题”,后面的分句却说“精神上是最苦的”;例②前面说“他去过那个地方”,后面的分句却说“记不清了”;例③前面说“艾礼得了重病”,后面的分句是“他还是勇敢地活下去”。这三个句子都用“虽然……但是(可是)”表示分句与分句之间的转折关系。

“虽然……但是”也可以换用“尽管……但是”。如：

尽管以后变化难测，但是大体上的计算还是可能的。

如果为了强调“却”所带的分句，也可以将句子改为“却……虽然”，如：

（没有月光的晚上，这路上阴森森的，有些怕人。）今晚却很好，虽然月光还是淡淡的。

跟“虽然”“尽管”配搭的，除了“但是”“但”“却”之外，也可以用“然而”“不过”。

表示转折关系的连词，可以单用“但是”“但”“却”“然而”“不过”等，却不能单用“虽然”或“尽管”。如：

① 许多人反对他的主张，然而他的主张始终不变。

② 牙齿常咬破舌头，但是他们终究是好朋友。

③ 这当然是他的错，不过你也该原谅他。

如果要单用“虽然”“尽管”，必须将后面的分句提到前面来。如：

① 他的主张始终不变，虽然许多人反对他的主张。

② 我们的船仍然沉着往前冲，虽然波涛非常汹涌。

“而”也可以用来表示转折关系，常与“却”配合应用。如：

① 骆驼力气大，而吃的却比驴还少。

② 他失败了几次，而却不灰心。

③ 有时太阳走入云里，而它的光线仍从云里透射下来，直射到水面上。

转折关系也用“虽然/尽管……也”“虽然/虽……倒”，如：

他虽然不及格，也被录取。

“也”表示类同，表示“不相应的类同”（陆俭明、马真，1985：31）。

卧室虽（然）小，倒挺干净。

也可以说成“倒……但是/不过”，先提出比较积极的看法，然后提出比较消极的看法:"卧室倒挺干净,虽然小一点。"

16.2.6　假设关系。前面的分句提出一个假设,后一个分句说出实现了假设的情形后,会有怎么样的结果。具有这种关系的复句,叫假设关系的复句。如:

① 如果你是个虔诚的教徒,你对于世俗的荣华富贵就会看得比较淡薄。

② 如果大家能够提高警惕,采取适当的预防措施,那么,有些窃案就不至于发生。

除了用"如果……就"之外,也可以用"假使(假若、倘若、要是)……就"。分句与分句之间,如果要停顿,可以用上"那么","那么"之后可以用逗号,如例②,或者不用"那么",如例①。"如果(假使、假若、倘若、要是)……就"所表达的假设关系是假设与结果一致的,假设实现了,就有后边的结果。再举几个例子:

① 假如人类能生出翅膀来,那么就可以在空中高飞了。

② 要是我们想了解中国的传统思想,就一定得了解中国传统社会的特性。

"如果"分句也可以后置。后置的假设分句有补充说明的作用:

她原是可以救活的,如果及时送到医院的话。

要**表示假设和结果不是一致**的,就只能用"即使(哪怕、纵然)……也(是)"。如:

① 即使天塌下来,我们也顶得住。

② 即使有更多新工厂,工作职位也不会太多。

③ 哪怕遭到挫折,我也要这样做。

④ 纵然有你这样的能干,也不一定会这样的和善,这样的体贴。

"即使……也"含有转折关系,但两个分句所表示的都是未实现的事、假设的事,所以和转折关系不同。"即使"先提出假设,"也"表示和假设不一致的结果。

口语里也可以单用"也"表示假设和结果不一致:

天塌下来，我也不怕。

“即使”也和“但是/可是”等连用，如：

① 即使创作在开始的时候质量并不很高，但是也不应该加以责难和攻击。

② 一条小溪，即使浅，但是却浅得清澈。

句子用了“但是”，虽然突出了转折性，但“即使”仍表示假设的事，和纯粹转折不同。

这一类的假设复句，所用的关联性词语还有“就是”“就算”“就说”“尽管”等，和“也(是)”呼应使用。再举数例：

① (那是个大地方，)你就是把地址说给他，他也找不到。

② 尽管天气再热，我们也要把这条路铺好。

③ 就算他有多大的本领，一个人也办不了这事。

练习三十四

试分析下列复句：

1. 这次去旅游的地方，或者是千岛湖，或者是九华山。

2. 你做错题目，或者因为你粗心，或者因为你数学基础差，或者因为你没看懂题目。

3. 最近天气很不好，不是阴天，就是下雨，再不然就是刮风。

4. 如果能招进白衣女婿，把这豆汁铺维持下去，就心满意足了。

5. 假若还太早，她便回到坑上，穿好衣服，坐着打盹。

6. 与其和暴风雨在海上肉搏，不如把轮船停在安全的港湾里，等待较好的天气。

7. 与其让她怀疑，不如主动说出来，以攻为守。

8. 要是我们能摆脱印欧语的干扰，用朴素的眼光看汉语，有许多争论本来是不会发生的。

9. 六朝古文,艺术性可能比不上骈文,但也有不少名篇佳作,保持独特的风格和个性。

10. 卜辞所记载的事情虽然有一定的局限,文辞也很简短,但也可以使我们知道当时语言的大概情况。

11. 汉以后,中国虽然不断受到外族的侵扰,但汉语始终保持着自身的系统,并且按照自己的内部规律向前发展。

12. 我既感到摆脱了一种负担的轻松,却又有一种相形见绌的沉重。

13. 他既没有踊跃赞同,但又没有露出一丝不愿意的样子。

14. 他虽然笑出来了,脸上的肌肉却放松不下来,浑身的神经松弛不下来。

15. 假设没有这一对眼睛,她虽然长得很匀称秀气,可就显不出她有什么特别引人注意的地方了。

16. 这时,母亲脸上的笑,是无可奈何的笑,而父亲脸上的笑,却是得意的笑。

16.2.7　条件关系。前一个分句提出条件，后一个分句说明结果。这种关系的复句，叫条件关系的复句。常用的表示条件的关联性词语有“只有……才”“除非……才”“只要……就(便)”。如：

① 只有人民了解政策的意义，才会积极支持政府。

② 除非家长鼓励自己的子女，他们才会多用华语。

③ 只要我们准备应变，努力克服困难，我们便(就)能解决问题。

“只有”“除非”“只要”都用来表示条件，“才”“就”用来表示结果。“只有”“除非”表示唯一的条件，“只要”表示一种假设性的条件，并不排斥别的条件。“只有”“除非”跟“才”配搭使用，“只要”跟“就”配搭使用[①]。

“除非”也跟“否则”“不然”相配搭使用。“否则”“不然”是“如果不这样”的意思。如：

① **除非**我们奋发图强，力争上游，**否则**就跟不上时代的脚步。

② **除非**有健全的政治领导，**不然**所有的其他专业的存在，迟早都会受到威胁。

陆俭明、马真(1985:7)强调“否则”是表示“如果不是这样，那么……”的意思，因此和“如果不/不是这样”并不完全相同。这是正确的。文言的“则”就有“那么”的意思。

“除非……否则”也可以省掉“否则”，只用“除非”：

除非你住在校外，(　　)什么秘密都保不住，并且口舌多得很。《围城》

“除非”的条件分句也可以移后，成为：

很少见到这样尖利明亮的眼睛，**除非**是在白洋淀上。《白洋淀纪事》

也可以省掉“除非”，只用“否则”：

---

① 邢福义(1986:63)认为在纯粹假设的场合，只能用“如果……就”，如“如果我牺牲了……”。在以事实为假定条件时，只能用“只要……就”，如“只要我还有一口气……”。其实，“只要”和“如果”都可以和“的话”配合使用，可见都有假设的意味。“只要……就”和“如果……就”用法虽有分别，但共同具有假设的意义，也可以一起归为假设关系。

我学会了抽烟,也能喝上二两白干,**否则**每天下了班有多无聊呢。《白罂粟》

如果前面的分句已经表明是条件,也就不必再用"除非"而单用"否则":

① 你站出来说话,否则他不接受这项任务。

② 我幸好躲在他身后还有两三步远的地方,否则也不能幸免。

"除非……才"和"否则"也可以联合应用:

除非有需要,他才说几句,否则就沉默不语。

"否则"是表示"如果不是这样,那么……"的意思,因此它也可以和"如果……就"连用,表示假设关系:

如果你们还想继续留在这支队伍里,你们就必须去抬担架,否则我就把你们赶走。

"否则我就把你们赶走"是表示"如果你们不去抬担架,我就把你们赶走",因此是假设关系。但是如果解释为"除非你们去抬担架,否则我就把你们赶走",那就是条件关系。

单句也有用"只有……才"的,如:"这些话只有在开会时才用"。这样的用法是联结状语和谓语。

"越……越"也可以用来表示条件的关系,如:"时间越长,成功的可能性越大。"相当于说"只有时间长,成功的可能性才越大"。

另一种表示条件关系的词语是"无论(不管,不论)……都(总,也)"。

"无论(不管、不论)"表示无条件的条件,就是在任何情况下都如此。如:

① 无论生活怎样好,中国大家庭里妇女的精神都是最苦的。

② 不管病得怎样重,艾礼都能视死如归,勇敢地面对不幸。

③ 只要有了决心,不管困难多么大,我们都能克服。

“不管”和“尽管”是不同的两个连词。“尽管”作用和“虽然”相同，是表示转折关系的。“不管”是表示条件关系的。我们只说“尽管这样”“不管怎么样”，却不能说“尽管怎么样”或“不管这样”。在配搭上，“尽管”和“但是”“可是”等配搭，“不管”只和“都”“总”“也”等配搭。如：

① 不管多结实的东西，到他手里都不得长久。

② 尽管大家都这样说，可是他还是不相信。

③ 不管你来不来，会都要开的。

④ 尽管天气这么坏，他还是要出去。

例②和例④是转折关系。如果将例④的“尽管”换成“不管”，则句子则应改作：

不管天气好还是坏，他都/还是要出去。

这两类表示条件关系的关联性词语，也可以互相配搭使用。如：

① 不管你在华校或在英校，只有第二语文有好的成绩，才能升班。

② 无论是谁，只要放低要求，就可以找到一份工作。

③ 除非很早就开始学习一种语文，无论是华文或英文，否则很难正确地流利地使用。

16.2.8　因果关系。前一个分句提出原因或理由，后一个分句说明结果或推论，这种关系的复句，叫因果关系的复句。表示这种关系的关联性词语，可以分为两类。

第一，表示原因和结果的，有“因为……所以”“由于……因此（因而）”“之所以……是因为”，或单用“因而”“因此”“所以”等。如：

① 因为人民不了解我们的真正目标，所以在处理徙置问题时，我们碰到了一些困难。

② 由于我国的经济多样化，因此，我们在石油危机中并没有受到严重的打击。

③ 许多国家之所以发生社会和政治的动乱,是因为失业的人太多。

例①和例③都先说原因后说结果。这种先原因后结果的“因为……所以”“由于……因此”,也可以单用“所以”“因此”或“因而”。例③是先说结果后说原因,所用的关联性词语是“之所以……是因为”。“之所以……是因为”也可以说成“所以……就是因为”或“所以……就是”。“由于”也可以和“之所以”搭配成为“之所以……就是由于/是由于”。

为了强调原因,也可以在“因为”前边加上“就”“正”“正是”之类的词,说成“就因为”“正因为”“正是因为”。

用这种关联性词语,得注意“因为”“由于”可以和“所以”配搭,成为“因为……所以”或“由于……所以”。“因此”或“因而”一般只能同“由于”配搭[1]。

如果单用“因为”,一般表示原因的分句要移后,有追加的性质,如:

在处理徙置问题时,我们碰到了一些困难,因为人民不了解我们的真正目标。

现在越来越多人单用“因为”,而这个表示原因的分句并没有移后,如:

① 因为海边的缘故罢,总有些风,用不着挥扇。(鲁迅《门外文谈》)

② 因为饿,她已经没有力气跑跑跳跳。(老舍《四代同堂》)

表示原因的分句没有移后的句子,也可以单用“由于”:

上了中学以后,由于学校离家较远,每天要坐公共汽车上学。

表示原因和结果,有时也用“因……而”,但使用“因……而”时,

---

① 邢福义(2001b:64):“‘由于’单用的频率大大地高于成对使用。”“由于……所以”搭配使用的现象越来越多。我以前认为是错误的使用,现在只好从众了。

分句之间没有停顿。如：

① 他果然因我的镇定而坚强起来。

② 我因受这位老师的影响而养成看书的习惯。

这种形式上类似单句的复句，我们叫“紧缩句”。请参阅紧缩一节。

第二，表示理由和推论的，有“既然……就”“既……就”。如：

① 中国既然是一个农业社会，一切的风俗习惯自然就要适应这个环境。

② 我们既然要避免政治落入无能及为非作歹的人手里，就得吸引有才干、诚实及有献身精神的人参与政治。

“既然……就”是根据理由或原因，或一定的依据去推断结果，而“因为……所以”是就既定的事实说明原因和结果。试比较：

① 既然天气这么好，到海边来的人就一定很多。

② 因为天气这么好，所以到海边来的人很多。

例①的推论“到海边来的人就一定很多”，未必是事实，而例②所表示的是根据事实，说明因果。

16.2.9　目的关系。一个分句说明目的，另一个说明要达到目的所应采取的措施或方法，这种复句，是目的关系的复句。表示目的关系所用的关联性词语有：

（1）为了：

① 为了减轻学生学习语文的负担，家长应尽量用华语或英语和自己的子女交谈。

② 为了办好教育，我们应该往前看，不可以只看到目前。

（2）以便：

① 教育部开始修订小学的科学课程，以便改善科学教学。

② 政府人员开始和机上的劫机者接触，以便见机行事，处理这宗飞机骑劫事件。

(3) 就是为了:

我们清除贫民窟,就是为了改善人民的居住环境。

"为了""以便""就是为了"都表示目的是要达到什么,但三者在用法上有些差异。"为了"所表示的目的分句在前,若要将表示目的的分句移后,则只能用"以便"或"就是为了"。

(4) 好:

她坚持等下去,好有个水落石出的结果。

"好"相当于"为的是、以便",是连词,表示目的。

(5) 以免、免得、省得:

① 我来给你做个帮手,免得你一个人孤单单的。

② 你再说明一下,免得引起不必要的误会。

"以免"等词语,是表示目的在避免什么,表示目的的分句在后边。

(6) 要……就(必须、应该)

① 要学习西方的工艺和技术,又要保留东方的传统,就必须学习两种语文。

② 要学好第二语文,就应该多听、多说、多读、多写。

"要"表示所要达到的目的,"就"表示应该采取的方法或措施。

"要……就"有时也表示假设关系,如:

① 明天要下雨,我就不出去。

② 他要来请你,你就应该去。

这种用法的"要……就"相等于"如果……就""要是……就"。

练习三十五

分析下列复句：

1. 无论是蹲在灶火旁，坐在炕沿上，或者是躺在被窝里，都只会使这温暖起来的小屋增添更多温暖和亲切。

2. 她似乎后悔嫁给祥子，不管他多么要强，爸爸不答应，他一辈子都是拉车的。

3. 这种沙丘，只要能妥善保护草皮和灌木，防止过度砍伐和任意放牧，就可以固定下来。

4. 说老实话，不管他怎样哀求，我都不会答应的。

5. 人类能够这样劳动，能够一面做，一面想，所以文化能够不断进步。

6. 只有把这些长期存在的问题解决了，只有把人民对政府的信心重新建立起来，才能实现这次会议所提出来的目标。

7. 它们在树上做窝，喝露水，只有树被风刮得太厉害了，才到地上来。

8. 不管你学习或研究什么东西，只有专心致志，痛下功夫，不懈地努力，才会有收获。

9. 识了字，还是文盲，非得读懂了文章，明白那里面的许多意思，才不是文盲。

10. 她爱这花爱得入迷，不管刮风下雨，每天都要看上几遍。

11. 不管当年作为她的学生，还是后来做了她的女婿，她都曾疼爱过他，维护过他。

12. 两个小老太婆也有点没遮拦，不管女主人同意不同意，便把李曼丽的家看个够，连厕所里也去伸伸头。

13. 他事先没有充分调查研究，以致做出了错误的结论。

14. 因为历史前进了，形势改变了，时间相隔了三十五年，所以现在四十岁左右的人，对当时的形势知道的很少。

15. 我们的屋子很小，而且也不留人住宿，所以你今晚还是另找地方住吧。

16. 她做得那样自然，那样平凡，她交出了自己的心，因此也得到别人的心。

17. 她一生充满矛盾,为了消除矛盾,她甚至否定艺术,相信“艺术是一种罪恶”。

18. 我提倡讲真话,争取讲真话,正是为了有错就认,认了就改,也是为了有病就治,治了就好。

19. 假若还太早,她便回到炕上,穿好衣服,坐着打盹,不敢躺下,以免睡熟了误事。

20. 如果作者本没有什么新颖独创之见,却勉强去雕砌一些警句、格言之类来等着读者喝彩,那就是舍本逐末的做法。

21. 语言和文化间的影响制约是双向的,而且这种影响制约都在同时发挥作用,因此许多现象都应该而且必须进行双向考察。

22. 我们之所以输掉这场球,不是因为我们技不如人,而是因为我们临场过于紧张。

23. 你一路来对她很挑剔,这个东西与其送给你,她宁可送给别人。

24. 由于受到研究现状的限制,加上受到编者自身实际能力的限制,本书的增订本尽管较初版有了不小的变化,但是,只能说我们已经做了努力。

25. 只要自己省吃俭用,再加上神佛的保佑,就必定会一顺百顺,四季平安。

26. 只要做到指挥大体上适合情况,而在有决定意义的部分适合情况,那就是胜利的基础了。

27. 他似乎从来没有看过这些,或者这些都在他的意料之外,所以他天天都生活得那么有兴致。

16.2.10　多重复句。包括了三个以上的分句，并且具有两层以上的关系的复句，叫多重复句。我们所谓的“重”，是指层次的意思，“多重”就是多层次。如：

a. 保存有历史价值的东西①，不仅有利于我国旅游事业的发展②，也有利于发展我国的教育和文化事业③。

这个句子有三个分句。第二个分句和第三个分句是用来解释第一个分句的，和第一个分句是并列关系。第二个分句和第三个分句之间，用了关联性词语“不仅……也”，是递进关系。这个复句有三个分句，两层关系，所以是多重复句——二重复句。各分句之间的关系如下：

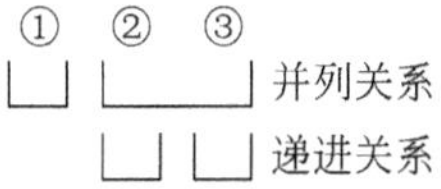

用简图表示如下：

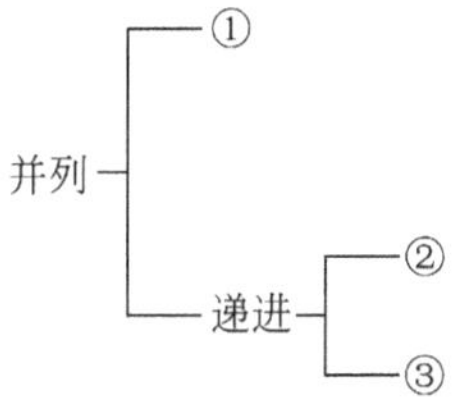

b. 守时在现代社会，不仅是一种美德①，做人的基本道理②，而且还是事业成功的要素③。

这个句子具有三个分句。第一和第二个分句之间是并列关系。第一、第二和第三个分句之间是递进关系，用了“不仅……而且”来表示。分析如下：

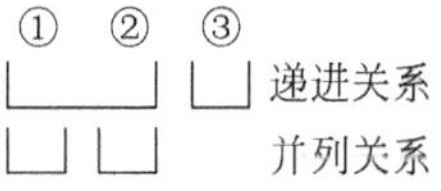

用简图表示如下：

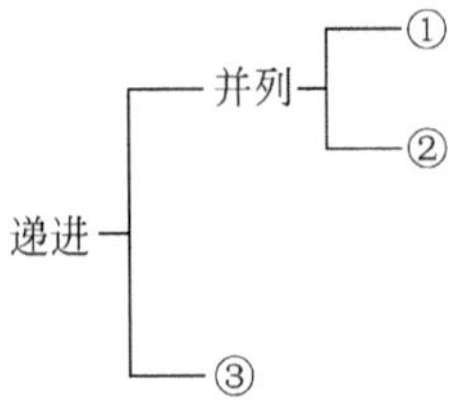

例 a 和例 b,都是二重复句。例 a 的第二和第三分句先组成递进关系,再和第一分句组成并列关系。例 b 的第一和第二分句先组成并列关系,再和第三分句组成递进关系。二重关系的复句,也有由四个分句组成的。如：

c. 经过的年月一多①,话更无从说起②,所以虽然有时想写信③,却又难以下笔④ 。

第一和第二分句是连贯关系,第三和第四分句是转折关系。第一、第二个分句和第三、第四个分句之间,是因果关系。用简图表示如下：

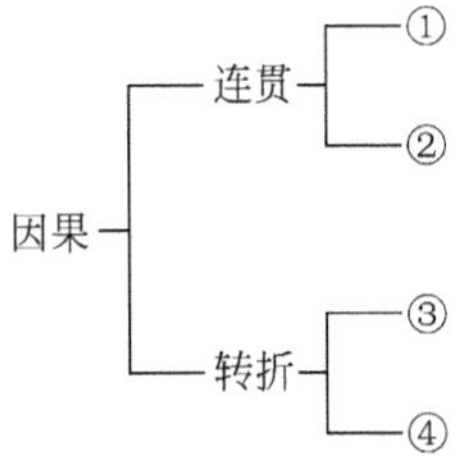

d. 对方如果一次没有听明白①,可以重说②;如果怀疑③,可以解释④;如果不同意⑤,可以讨论⑥。

这也是二重关系的复句,由六个分句组成。用简图表示如下：

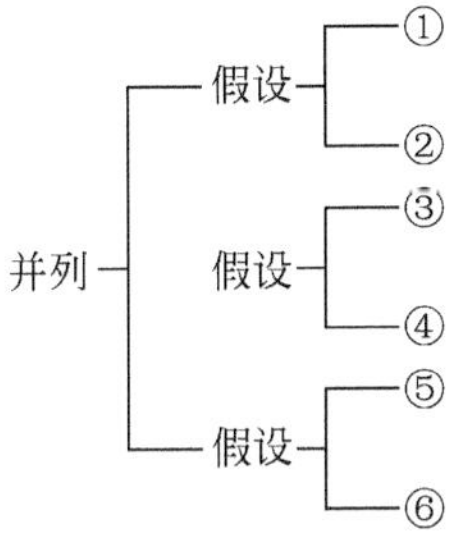

复句也有三重以上的。举例如下：

e. 美丽的池水，从前淙淙地流过石桥①，现在因为没有人管理②，渐渐地干了③——干得见底了④。

第一和第二、第三、第四个分句之间的关系，是并列关系。第二个分句和第三、第四个分句之间是因果关系。第三个分句和第四个分句之间是并列关系。用简图表示如下：

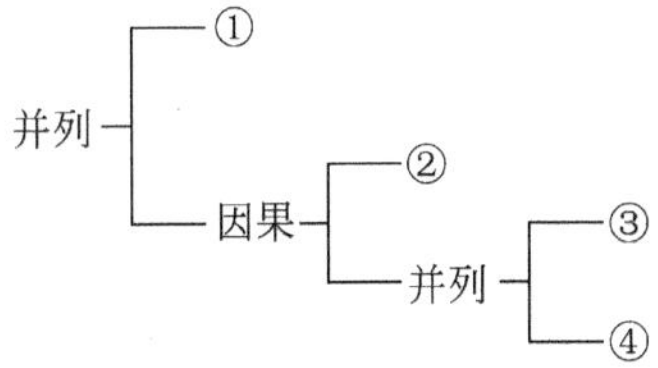

f. 三味书屋后面也有一个园①，虽然小②，但在那里也可以爬上花坛去折腊梅花③，在地上或桂花树上寻蝉蜕④。

这也是三重复句，用简图表示如下：

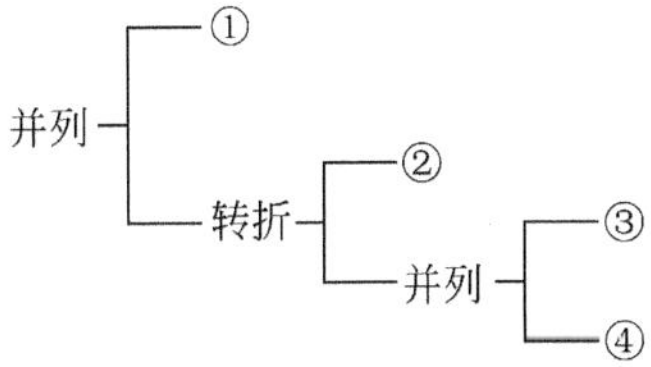

g. 曹雪芹的文艺修养很深①,红楼梦中又时常插入有趣的"文字游戏"②,所以王蔡诸氏用猜谜的方式来附会③,不能说毫无因由④;不过附会得越深⑤,离题也就越远了⑥。

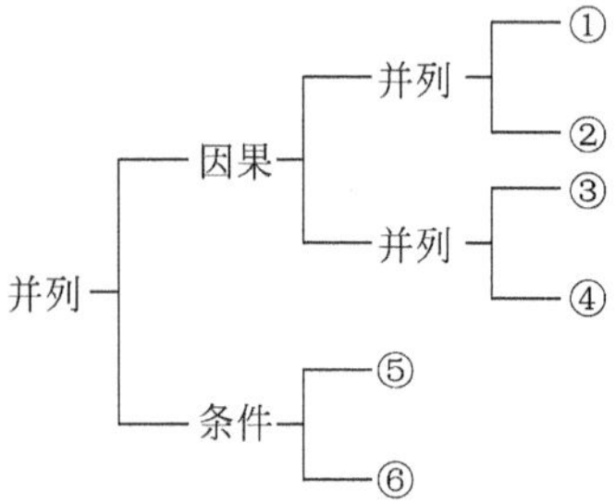

这也是三重复句。

h. 除非我们满足现状①,不愿再朝前迈进②,逐渐被人遗忘、淘汰③,不跟人家争一日之长短④,否则我们的年轻一代,都得掌握好华文⑤。

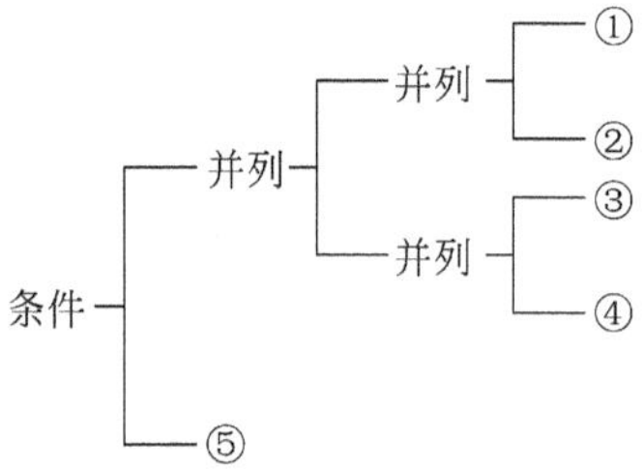

这是由五个分句组成的三重复句。

多重复句也有四重、五重的,但因为少用,所以不再举例了。分析多重复句,除了要看它有几个分句之外,还得注意它有几重的关系。

16.3 复句常犯的错误

复句的语病经常出现在关联性词语方面。如"从而"用在分句之间，表示结果或进一步或连贯的行动："我们通过研究，从而找到解决问题的方法"。

下面的句子就错用了"从而"：

×这是锦江集团在宁波的首家宾馆，从而拉开了沪甬两地旅游经济合作的序幕。

"从而"前后要求有调和的句式，不能一个是静态的"是"字句，一个是动态的行为句。上例的前分句应改为，"锦江集团在宁波设立了首家宾馆"(邢福义，2002：245)。

×如果说这些人掌握了理论，不如说他们只是记住了一些书本上的定理公式和记录材料。

表示选择关系，必须用"与其……不如"，而不是"如果……不如"。

16.4　紧缩句

紧缩句是指用单句的形式表示复句内容的句子。一个复句最少需要有两个被标点符号隔开的分句，而分句之间有一定的关系。紧缩句有复句的关系，但是在形式上却更像一个单句。它是用单句的形式表达复句的关系，我们把它当作特殊的复句。如：

① 他不请不来。

② 下雨不出去。

这两个句子都是紧缩句。例①隐含"如果你不请他，他就不来"，具有假设关系。例②隐含"如果下雨，就不出去"，或者"因为下雨，所以不出去"。

紧缩句里的谓语之间也可能用上关联性词语，如：

① 只有坐飞机才不致误了期限。

② 手捏着笔却只是发抖。

例①,如果在句子中间用上标点符号,句子便成为“只有坐飞机,才不致误了期限”,就是一个复句。例②如果用上“虽然……但是/却”,就是复句。

紧缩的结构也可以作为句子的一部分,这种结构叫作**紧缩短语**,如:“那天,有事没来的人很多”,“有事没来”是紧缩短语充当定语。“他吓得听见枪声就尿裤”,以“听见枪声就尿裤”为补语。

紧缩句和连谓式很相似,在结构上都只有一个主语,谓语类似动词连用。但二者的区别有下列三点:一、连谓式的两个谓语除了有目的关系之外,没有其他关系,如“他赖在这里不走”,是连谓式,而“他出去不在家”是紧缩句。二、连谓式的谓语之间没有关联性词语,而紧缩句的谓语之间可以有关联性词语,如例③和例④都是紧缩句。三、紧缩句的谓语也可以是不同的主语,如“下雨不出去”(不出去的主语是“我”)、“他已经跑了怎么处理”(“处理”的主语绝对不是“他”),这两句的主语是不相同的,都是紧缩句。

练习三十六

一、试说明下列复句有几重关系:

1. 与其制定一套新宪法,倒不如我们把现有的和成功实行的加以整理、重写,并且恢复它的条理。

2. 由于他们必须按照旧价转售他们的组屋,然后才以较高的价格购买新组屋,因此,对于迁入新镇同他们的子女居住在同一座组屋的做法,并不感到热心。

3. 孩子也许是在小贩中心用餐，或索性自己在家里蒸蛋吃了就算，然后出外玩一整天。

4. 为了确保华校的教育水平，为了使学生能顺利地学好两种语文的课程，并且有效地提高英文水准，教师团体希望有关当局能随时为理科教师提供有关加强英语能力的训练课程。

5. 掌柜是一副凶脸孔，主顾也没有好声气，教人活泼不得；只有孔乙己到店，才可以笑几笑，所以至今还记得。

6. 窗外是阴暗的天，风吹动树枝，溪水带着单调的声音流过山石中间。

7. 过去研究历史的人不十分注意语言的发展和人民活动之间的关系，而研究语言历史的人又往往忽略了人民活动的历史，因此有些连带的问题不能得到完满的解决。

8. 从商代遗址的发掘，我们可以知道商代已有了都城；由地下所发现的生产工具和卜辞的记载，可以知道当时的农业和手工业都很发达，而且农业已经成为主要的生产方式。

9. 这些作品和著作有各自不同的修辞风格，但语法没有很大的不同，可见当时书面语言已经有比较一致的语法规范。

10. 在大量的卜辞里，出现的词语很多，语法也并不简单，足见当时的语言已经相当发达。

11. 我宁可看《红楼梦》，却不愿意看新出的《林黛玉日记》，它一页能够使我不舒服小半天。

12. 死亡似乎已离她自己不远，只要她一闭目，一垂头，她便可以很快地离开这苦痛的人世。

13. 无论刮多大的风，下多大的雨，无论天气怎样的寒，还是怎样的热，无论家中有什么急事，还是身体不大舒服，瑞宣总不肯告假。

14. 在平日，他爱思索；即使是无关宏旨的一点小事，他也要思前想后地考虑，以便得到最妥善的办法。

15. 屋里非常的闷热，他不敢到院中去，一来是腿软得像没了骨头，二来是怕被人家看见他。

16. 两个人好像有一种默契:你说,我就听着,我说,你就听着。

17. 有的是很多人说过的,不用交代出处;有的只记得有人说过,出在哪本书或者哪篇文章已经查不出来,只好在这里总的声明一句:没有掠美的意思。

18. 这样的飞行,在今天看来,当然是非常可笑的,不过,这却是人类历史上的一项创举,因为人类竟能够从地上飞起来。

19. 诸葛亮见刘备有远大的抱负,而且诚恳地请他协助,就答应了刘备的请求。

20. 由于现代科学文化飞速发展,图书激增,书目的形式不断演变和革新。

21. 我之所以能坐上位子,而位子又须每天更换,就是由于每天总免不了有人旷课的缘故。

22. 他被这突然来临的事震动了,以致就像受到电击一般,精神在半痴半呆的状态之中。

23. 她既然爱好音乐,那么就从音乐方面去打动她的心。

24. 司马迁有丰富的社会实践和进步的历史观点,自然就认清了自己的写作责任,端正了自己的工作态度。

25. 只有抓住语法特点,划分词类才有客观标准,才可以避免主观臆断,避免出现那种"仁者见仁,智者见智"的情况。

26. 只有在词的分类的一般原则指导下,才能谈得上词的归类;也只有在充分地深入地研究一个个词的特性,解决好归类问题的基础上,才能最终解决词的分类问题。

二、下列句子的关联性词语有些错误,请加以改正:

1. 不管天气发生这么大的变化,但是他都坚持要出去。

2. 这个厂生产成绩之所以如此突飞猛进,其根本原因是因为工人和资方密切合作。

3. 母语前途不只是一项教育问题,而是一个涉及政治、经济、社会等多方面的大问题。

4. 要是大家都把悌道推广，这样，所有的朋友，都可以成为兄弟姐妹；而整个社会就像一个大家庭，人人相亲相爱，彼此关怀，充满了手足般的温暖。

5. 要沟通人类之间的感情，使社会进步，人类变得更文明，唯有学习与掌握语文不可。

6. 如果说这些人掌握了理论，不如说他们只是记住了一些书本上的定理公式和记录材料。

7. 同学们不但鼓励我，老师们而且也替我修改演讲稿。

8. 一方面教师应该肯定学生的进步，另一方面也要严肃地指出他们的缺点。

9. 我不但相信他，而且以前反对他的人，现在也相信他了。

10. 一个国家唯有尽量对贪污这种病毒提高警惕，并使贪污成为一种不可宽恕的罪行，从而维持人们的高度道德勇气。

11. 在普通语言学里，韵律词的概念尚属新创，并且正在不断的发展之中。

12. 我们要做的不仅仅是在隐喻的层面谈论身体政治问题，而是要在中国现代文学的身体叙事分析中将“身体”上升为中国现代思想的符码，并对之进行深入解读。

三、朱德熙《单句、复句、复句的紧缩》(1999，第2卷：38)说：“两个或两个以上在意义上有关联的主谓结构联合起来表达一个完整的意思，每一个都不做另一个的任何成分，这样的句子叫复句。”邢福义认为“定名结构和主谓、动宾结构可以一起组成复句”，你有什么看法？

参考文献

Charles N. Li & Sandra A. Thompson《汉语语法》,University of California Press,1989.
北京大学中文系 1955/1957 级语言班编《现代汉语虚词例释》,商务印书馆,1982。
常敬宇《谈动词的叠用》,《语言教学与研究》1981 年第 2 期。
陈爱文《汉语词类研究和分类实验》,北京大学出版社,1986。
陈建民《汉语口语》,北京出版社,1984a。
陈建民《汉语口语里的追加现象》,见中国语文杂志社编《语法研究和探索》第 2 辑,北京大学出版社,1984b。
陈亚川、郑懿德《吕叔湘著〈汉语语法分析问题〉助读》,语文出版社,2000。
崔应贤《现代汉语语法学习与研究入门》,清华大学出版社,2004。
丁声树等《现代汉语语法讲话》,商务印书馆,1979。
范继淹《范继淹语言学论文集》,语文出版社,1986。
方绪军著《现代汉语实词》,华东师范大学出版社,2002。
房玉清《实用汉语语法》,北京语言学院出版社,1992。
何伟渔《中学语法教材讲析》,华东师范大学出版社,1990。
侯学超编《现代汉语虚词词典》,北京大学出版社,1998。
胡附、文炼《现代汉语语法讲话探索》,商务印书馆,1990。
胡明扬主编《词类问题考察》,北京语言学院出版社,1996。
胡裕树主编《现代汉语》(增订本),上海教育出版社,1987。
胡裕树、范晓主编《动词研究综述》,山西高校联合出版社,1996。
金文明《不伦不类的"乎于"》,《咬文嚼字》2001 年第 8 期。
黎锦熙、刘世儒《联合词组和联合复句》,上海教育出版社,1985。
李大忠《不能重叠的双音节形容词》,见中国语文杂志社编《语法研究和探索》第 2 辑,北京大学出版社,1984。
李芳杰《定语易位问题刍议》,见李芳杰《汉语语法与规范问题研究》,武汉大学出版社,1993。
李临定《现代汉语动词》,中国社会科学出版社,1990。
李临定《现代汉语疑难词词典》,商务印书馆,2001。
林裕文《偏正复句》,上海教育出版社,1984。

陆俭明《汉语口语句法的易位现象》,《中国语文》1980 年第 1 期。
陆俭明、马真《现代汉语虚词散论》,北京大学出版社,1985。
陆俭明《周遍性主语句及其他》,《中国语文》1986 年第 3 期。
陆俭明《陆俭明自选集》,河南教育出版社,1993a。
陆俭明《现代汉语句法论》,商务印书馆,1993b。
陆俭明《新加坡华语语法的特点》,《南大语言文化学报》1996 年第 1 期。
陆俭明《现代汉语时量词说略》,见北京大学中文系《语言学论丛》编委会编《语言学论丛》第 23 辑,商务印书馆,2001a。
陆俭明《现代汉语中数量词的作用》,见陆俭明《陆俭明选集》,东北师范大学出版社,2001b。
陆俭明《新加坡华语词汇与语法》,新加坡玲子传媒,2002。
陆俭明《现代汉语语法研究教程》,北京大学出版社,2003。
陆志韦等《汉语的构词法(修订本)》,科学出版社,1964。
吕冀平《复杂谓语》,上海教育出版社,1985。
吕冀平《汉语语法基础》,商务印书馆,2000。
吕冀平《吕冀平汉语论集》,社会科学文献出版社,2002。
吕叔湘《汉语语法分析问题》,商务印书馆,1979。
吕叔湘主编《现代汉语八百词》,商务印书馆,1980。
吕叔湘《试论非谓形容词》,《中国语文》1981 年第 1 期。
吕叔湘《汉语语法论文集》,商务印书馆,1984。
吕叔湘《通过对比研究语法》,见吕叔湘等著《语法研究入门》,商务印书馆,1999。
吕叔湘《现代汉语单双音节问题初探》,《中国语文》1963 年第 1 期。收于胡裕树主编《现代汉语参考资料》,上海教育出版社,1981;又收于马庆株编《二十世纪现代汉语语法论文精选》,商务印书馆,2005。
骆峰《兼语动词的范围》,见胡明扬主编《词类问题考察续集》,北京语言大学出版社,2004。
马汉麟《马汉麟语言文字论集》,商务印书馆,1993。
马庆株《汉语动词和动词性结构》,北京语言学院出版社,1992。
马庆株《数词、量词的语义成分和数量结构的语法功能》,见马庆株《汉语语义语法范畴问题》,北京语言文化大学出版社,1998。
马真《"比"字句内比较项 Y 的替换规律试探》,《中国语文》1986 年第 2 期。
马真《简明实用汉语语法》,北京大学出版社,1988。
梅祖麟《梅祖麟语言学论文集》,商务印书馆,2000。
孟维智《主谓谓语句的范围》,见中国语文杂志社编《语法研究和探索》第 2 辑,北京大学出版社,1984。

倪宝元《汉语修辞新篇章——从名家改笔中学习修辞》,商务印书馆,1992。
齐荣《谈"外位语"》,见中国语文杂志社编《语法论集》第二集,中华书局,1957。
任宣知《方位词组与含有方位语素名词的划界问题》,《语言教学与研究》1986年第1期。
任学良《汉语造词法》,中国社会科学出版社,1981。
上海教育出版社编《汉语知识讲话》,上海教育出版社,1984。
宋玉珂《现代汉语动词表示长时的几种形式》,《语言教学与研究》1986年第1期。
宋玉柱《论"连……也……"结构》,见南开大学中文系编《语言研究论丛》第二辑,天津人民出版社,1980。
宋玉柱《现代汉语语法论集》,天津人民出版社,1981。
宋玉柱《泛论语法形式和语法意义的相结合》,见王振昆、谢文庆、刘振铎编《语言学参考资料选编》,中央广播电视大学出版社,1983。
宋玉柱《语法论稿》,北京语言学院出版社,1995。
苏培成《有关副词"都"的两个问题》,见北京大学中文系《语言学论丛》编委会编《语言学论丛》第十三辑,1984。
孙德宣《助词和叹词》,上海教育出版社,1984。
孙良明《中国古代语法学探究》,商务印书馆,2005。
孙玄常《宾语和补语》,上海教育出版社,1984。
田申瑛《语法述要》,安徽教育出版社,1985。
田小琳《香港中文教学和普通话教学论集》,人民教育出版社,1997。
汪惠迪编《时代新加坡特有词语词典》,新加坡联邦出版社,1999。
王海棻《简明古代汉语读本》,社会科学文献出版社,2002。
王力《汉语史稿》,中华书局,1980。
王力《中国现代语法》,商务印书馆,1985。
王力《汉语语法史》,商务印书馆,2000。
王绍新《谈谈后缀》,见王绍新《课余丛稿》,北京语言文化大学出版社,2000。
王松茂主编《汉语语法研究参考资料》,中国社会科学出版社,1983。
王振昆、谢文庆、刘振铎编《语言学资料选编》,中央广播电视大学出版社,1983。
吴锡根《动宾式类推及其规范》,见陈章太等编《世纪之交的中国应用语言学研究》,华语教学出版社,1999。
萧国政《新加坡华语虚词使用说异》,见深圳市语言文字工作委员会办公室、深港澳语言研究所编《双语双方言(六)》,汉学出版社,1999。
萧国政《汉语语法研究论》,华中师范大学出版社,2001。
邢福义《说"NP了"句式》,《语文研究》1984年第3期。
邢福义《语法问题探讨集》,湖北教育出版社,1986。

邢福义主编《现代汉语》，高等教育出版社，1991。
邢福义《汉语语法学》，东北师范大学出版社，1996。
邢福义《表达正误与三性原则》，见吕必松主编《语言教育问题研究论文集》，华语教学出版社，2001a。
邢福义《汉语复句研究》，商务印书馆，2001b。
邢福义《汉语语法三百问》，商务印书馆，2002。
徐仲华《主语和谓语》，上海教育出版社，1985。
叶南薰《复说和插说》，张中行修订，上海教育出版社，1985。
于根元《副 + 名》，见中国语文杂志社编《语法研究和探索》(六)，语文出版社，1992。
俞敏《说“跟”和“和”》，见俞敏《俞敏语言学论文集》，黑龙江人民出版社，1989。
张斌、胡裕树《汉语语法研究》，商务印书馆，2003。
张斌主编《现代汉语短语》，华东师范大学出版社，2002。
张静主编《新编现代汉语教学自修手册》，上海教育出版社，1984。
张万起《论现代汉语中的量词并用现象》，见《纪念王力先生九十诞辰文集》编委会编《纪念王力先生九十诞辰文集》，山东教育出版社，1992。
张为之《句子和句子分析》，上海教育出版社，1985。
张志公主编《现代汉语》中册，人民教育出版社，1985。
赵元任《汉语口语语法》，吕叔湘译，商务印书馆，1979。
赵元任《借语举例》，见《赵元任语言学论文集》，商务印书馆，2002a。
赵元任《赵元任全集》第一卷，商务印书馆，2002b。
《中国语文》杂志社编《汉语析句方法讨论集》，上海教育出版社，1984。
周洪波《语文词典收词中的观念更新问题》，见陈章太等编《世纪之交的中国应用语言学研究》，华语教学出版社，1999。
周建成《“率先”的误用》，《咬文嚼字》2001 年第 1 期。
周荐《汉语词汇结构论》，上海辞书出版社，2004。
周清海《语法纲要》，新雅出版社，1979。
周清海编《新加坡华语词汇与语法》，新加坡玲子传媒，2002。
周祖谟《周祖谟学术论著自选集》，北京师范学院出版社，1993。
朱德熙《语法讲义》，商务印书馆，1982。
朱德熙《语法答问》，商务印书馆，1985。
朱德熙《朱德熙文集》第 1、2、3 卷，商务印书馆，1999。
庄文中《中学教学语法与语法教学》，语文出版社，1999。